广东省“211工程”三期重点学科建设项目

主编 徐真华

全球化背景下的外国语言文学研究丛书

后语言哲学之路

ON THE WAY TO POST-PHILOSOPHY OF LANGUAGE

「既然『东方不亮西方亮』是自然的，『西方不亮东方亮』自然也是自然的：后语言哲学在中国文化土壤中生出。」

钱冠连 著

上海外语教育出版社
外教社 SHANGHAI FOREIGN LANGUAGE EDUCATION PRESS

图书在版编目（CIP）数据

后语言哲学之路 / 钱冠连著.
—上海：上海外语教育出版社，2014（2016重印）
（全球化背景下的外国语言文学研究丛书）
ISBN 978-7-5446-3875-3

Ⅰ. ①后… Ⅱ. ①钱… Ⅲ. ①语言哲学—文集 Ⅳ. ①H0-53

中国版本图书馆CIP数据核字（2014）第258447号

出版发行：上海外语教育出版社
（上海外国语大学内） 邮编：200083
电　　话：021-65425300（总机）
电子邮箱：bookinfo@sflep.com.cn
网　　址：http://www.sflep.com.cn http://www.sflep.com
责任编辑：周岐灵

印　　刷：上海信老印刷厂
开　　本：890×1240 1/32 印张 9.875 字数 288 千字
版　　次：2015 年 3 月第 1 版 2016 年 3 月第 2 次印刷
印　　数：1 100 册

书　　号：ISBN 978-7-5446-3875-3 / B・0031
定　　价：28.00 元

全球化背景下的外国语言文学研究丛书

编委会名单

总序

外国语言文学学科的发展是与国运衰微、西学东渐、现代大学勃兴紧密联系在一起的。随着1840年鸦片战争的爆发,东西方文明在古老中国不断冲突、碰撞、磨合以及融汇,其剧烈之程度在中国对外交往史中前所未见。西方列强的坚船利炮使东方老大帝国的羸弱暴露无遗。清政府内洋务派为了挽救清廷的统治危机,主张引进、仿造西方的武器装备和学习西方的科学技术,兴办洋务,创设近代企业,将发展重点放在"器物"层面,"师夷长技以制夷"。1894年,中国在甲午海战中惨败,民族危机空前深重,引起思想文化教育界强烈震动,"中学为体,西学为用"受到空前挑战,"制度"革新摆上核心日程,变法维新运动持续高涨。

此时,时代需要中国与西方之间的"翻译者",从一开始,外语就承担了读懂历史变迁、推动民族奋起自强的重任。中国一批最早接受西方思想的知识分子,如魏源、郑观应等,为译介西书和传播西方的政治体制、科学知识,发挥了很大的作用。1862年,被誉为近代第一所国立外国语学院的京师同文馆应运而生,恭亲王奕䜣等人在给清政府的奏折上阐明了建馆的意图:"欲悉各国情景,必先谙其言语文字,方不受人欺蒙。"作为清代最早培养译员的洋务学堂和从事翻译出版的机构,同文馆为推动中国近代化作出了积极而重要的尝试。此后,得益于外语的译介作用,西学在中国的发展步伐不断加快。曾负笈海外的严复翻译了一批重要的西方著作,他的译著(如亚当·斯密的《原富》、斯宾塞的《群学肄言》、孟德斯鸠的《法意》,尤其是赫胥黎的《天演论》,以"物竞天择"、"适者生存"、"优胜劣汰"的生物进化理论阐发救亡图存的观点)启蒙与教育了一代国人,产生了振聋发聩的影响。戊戌变法之年,中国第一所国立综合性大学——京师大学堂创立伊始,即开设英、法、德、俄、日5个语种的课程。1902年,京师大学堂复学,且随即合并了京师同文馆,次年更名为译学馆。随着现代高等教育在中国的兴起,外语专业作为一门独立学科在我国建立并逐步发展。揭橥"民主"和"科学"两面旗帜的"五四"新文化运动,为外语学科增添了发展动力和活力。

适值“三千年未有之大变局”,以促进中国近代化为宗旨的海外留学热潮激情涌动。1872年到1875年间,由近代中国留美第一人容闳提议,清政府先后派出四批共120名幼童赴美国留学。这些留美幼童是中国历史上最早的官派留学生。此后,旨在寻求真知的官派和自费留学逐波激荡。这些留学生归国后分布在政界、军界、实业界、教育文化界等各个领域,不少人成为中国近代历史上的知名人物。及至民国时期,一批既饱览西学又具有深厚国学根底的“海归”执掌大学外文系或者从事外文教学研究工作。作为“睁眼看世界”的文化精英,他们学习和借鉴西方先进的理念、模式和方法,制订学术范式,建立课程体系,名师俊彦辈出,学术声誉远播。从当年北京大学、清华大学、西南联大等高校外文系的一流学术阵容可见一斑。在外文界,前辈不懈开拓进取,后学奋力继承创新,学术薪火相传,在短短数十年内为外语学科奠定了较为厚实的基础。1949年以后,由于国内、国际形势的嬗变,外语学科的持续发展受到很大干扰和破坏。1978年中国实行改革开放政策,长期以来对外封闭的坚冰开始消融,外语学科又受到重视,得以焕发新的生机和活力。

近30多年来,科学技术迅猛发展,社会思潮与思想观念更趋丰富多元,学科既深度分化又高度综合,这些变化既拓展了外国语言文学的外延,又深化了其内涵。尤其是20世纪90年代后,全球化趋势深入发展,国与国之间相互依赖相互依存明显增强,对人类社会的影响涉及经济、政治、教育、社会及文化等各个领域,为外国语言文学创设了新的发展环境和条件。在这个进程中,我国外语界就全球化背景下外国语言文学的使命和责任、外语教育规划、外语学科发展路径、外语人才培养模式等理论和实践问题进行了积极的探索,为推动我国经济社会发展、促进中外文化交流、培养高素质国际化人才作出了重要贡献。在全球化背景下,我们面临进一步提升高等教育国际化水平、繁荣发展哲学社会科学、扩大中国学术的国际影响力和话语权、增强国家文化软实力、增进国际理解的艰巨任务。哲学社会科学要繁荣发展,既要“请进来”,也要“走出去”,对本国传统文化精髓,既不狂傲自大,也不妄自菲薄;对外国优秀文明成果,既不全盘照搬,也不一概否定。在纵横捭阖的大时代面前,我国学术发展更需要世界眼光、国际视野和“海纳百川、有容乃大”的广阔胸怀。面对新形势、新任务,外语院校和外语系学科有独特和不可替代的优势,有责任、有义务、有能力推进内涵发展、质量提升、品牌建设,服务于整个国家学术的发展,服务于国家外交战略能力的大幅提升。

国学大师、清华研究院“四大导师”之一陈寅恪先生曾经说,“读书必先识字”,他自己就精通梵语、英语、法语、德语、巴利语、波斯语、突厥语、西夏语,还修习过中亚古文字和蒙古语。时至今天,要了解古希腊、古埃及、古印度、古巴比伦文明的历史,要感受罗马帝国的辉煌和文艺复兴的灿烂,要领略工业革命和西方哲学的魅力,要把握当前国际社会发展的律动和人类进步的脉搏,外国语言文学仍然是一种十分重要而必不可少的工具、载体和媒介。在全球化背景下,普世价值往往能更易超越民族、文化、宗教、局域认知等,通过外语这座桥梁得以交流和沟通、发扬和传播,从而提升人类社会的福祉。

高等学校的根本任务是培养人才。为适应全球化和高等教育国际化的需要,外语院校和外语学科一项很重要的使命和责任,就是要践行“立足平凡、追求卓越”的教育理念,创新人才培养模式,着眼于培养全球化、高素质公民。这种人才,具有较高的公民素养,“不能仅仅是语言、翻译方面的专家,更要在此基础上成为对象国研究和区域研究的专家,成为外语精湛、专业突出、高素质的复合型、复语型的国际化人才”(教育部副部长郝平)。简而言之,全球化、高素质公民的内涵可以用“中国灵魂、世界胸怀、现代意识”十二个字来表述,它包含了人与自我、人与国家、人与世界三个命题。第一,大学生要追求自我完善,务求“格物、致知、诚意、正心”,修身自持,赋予个体生命实际意义。第二,大学生要理性爱国,正确理解与认同传统文化,自觉参与现代中国的社会—文化转型进程。第三,大学生要用全人类而非单一国家民族的眼光关注诸如气候变化、核扩散、大规模传染病等国际性难题,不断提高跨文化交际能力,对外具有独立的品格和开放的心态。

在全球化语境下,外国语言文学需要遵循学科发展规律,顺应国家政策安排,不断加强自身建设,逐步提升学科的影响力和话语权。推进外国语言文学基础理论研究,密切追踪国外学术前沿,注意学习和借鉴,但不能满足于“跟随”和“阐释”,要力争取得有突破性的、具有国际影响的原创性外文理论成果。充分发挥外语学科优势,整合相关学科资源,开展全球问题、国际区域和国别问题的长期跟踪研究,为国家外交战略服务。积极主动对接国家和地方战略需求,就外语教育教学和对外交往的重大理论和实践问题,鼓励个人自由探索,支持学科集体攻关,为党和政府提供高水平的决策咨询服务。比如,广东外语外贸大学在广东省政府的鼎力支持下组建的广东国际战略研究院,近年来就国际金融危机、中国—东盟自贸区成立、日本地震海啸等重大问题对广东的影响及对策,组织外语专家和相关学科学者进行专题研究,向有关方面提交了高质量的调研报告,对政府施政和企业决策产生了积极的影响。“走出去”,是繁荣发展我国哲学社会科学的重要环节。外语院校和外语学科可充分发挥自身独特优势,健全高端国际型人才培养体系,重点培育一批高水平、专业化的翻译团队,培养造就一批造诣高深的翻译名家,翻译并向海外推介一批中国文化经典和学术精品。要适应学科分化与综合的趋势,加强外语与经济、管理、法律、文化、军事、信息技术等学科的交叉和融合,在保持传统语言文学学科优势的基础上,努力催生出一批能与国际学术界直接对话、具备学术话语权的新型特色交叉学科。加强与港澳台外语界的交流与合作,积极参与国际学术活动和学术组织,积极参与和推动国际学术组织有关政策、规则、标准的研究和制定。

以“工程”、“项目”和“课题”等名义对高等学校发展实行管理和调控,是我国高等教育体制的重要特色。目前,少数外语院校进入国家“211 工程”建设高校行列,外国语言文学学科也拥有一批国家级重点学科、教育部人文社科重点研究基地、教育部特色专业建设点、国家精品课程、国家教学名师等,这些总体上构成了外语学科领域的学术制高点。2008 年,广东外语外贸大学“全球化背景下的外国语言文学研究”入选广东省“211 工程”第三期重点学科建设项目,其系列专著凝聚了“语言 · 文学 · 文化”、现代技术与语言教学评估、跨文化交际与管理、翻译研究与实践等研究方向,来自政府的支持为广外外语学科的创新发展提供了新的机会和平台。出版“全球化背景下的外国语言文学研究丛书”,一来可作项目成果的初步展示,二来以此就教于同行专家学者。

慢工出细活,厚积才能薄发。全球化背景下外国语言文学学科的发展,与中国改革开放与现代化建设事业一样,依然任重而道远。

是为序。

徐真华①

2011 年 6 月

---

① 徐真华,广东外语外贸大学教授,博士生导师;广东省人民政府文史研究馆馆员,文史馆文学院名誉院长。

卷首语

西方哲学的语言性转向,滥觞于20世纪之初,兴旺70年左右,影响至今,但"形而上学已经恢复了它的中心地位"(苏珊·哈克2004①)。既然"东方不亮西方亮"是自然的,"西方不亮东方亮"(王寅2008②)自然也是自然的:后语言哲学在中国文化土壤中生出。

(中国)后语言哲学的四原则是:(1)吸取西语哲(分析传统和欧洲传统)的营养;(2)从日常社会生活中挖掘出新的语言哲学问题(所谓"节外生新枝");(3)它的研究方法,主要表现为从词语分析(形而下)找入口,从世界与人的道理(形而上)找出口(乐意接受其他方法与风格);(4)重视汉语语境,实现西语哲本土化。

---

① 苏珊·哈克.2004.当代世界学术名著·哲学系列(总序一).北京:中国人民大学出版社。

② 此为王寅先生于2008年1月在广东外语外贸大学召开的第二届中西语言哲学研究会年会暨中西语言哲学研究会成立大会上主题发言中的一句话,后于2012年在《中国后语哲与体验人本观——十一论语言学研究新增长点》一文中再次引述此句(《外语学刊2012年第4期》)。这句话恰当地比喻了后语言哲学在中国诞生的必然性,含义深远。

致谢

在我的脑海中，保存着一本我的提携人名录。有着重大影响的著名语言学家邢福义先生是其中一个。这是我一生的温暖源头之一。三十多年前吧，我还在湖北恩施师专教书，邢先生是湖北语言学学会的会长，我向他提出参加学会之事，他回答干脆："发表你论文的杂志档次高，我同意。"2004 年，他主编的《汉语学报》(2004 第二期)把拙文"以学派意识看汉语研究"放在篇首位置发表，遂有后来的一连串反响：最重要的是 2005 年《中国学术年鉴·人文社会科学版 2004》大篇幅转载该文，且《中国高校哲学社会科学发展报告》(邢福义 2005:305-323)中的评价为："该文发表后，产生较大反响。《光明日报》连续发表语言学者的文章，认为此文的论说'很值得重视'，'学派不盛不仅是语言学界的现实，也是整个中国学术界的现实'。"窃以为，一篇论文被教育部蓝皮书(即《发展报告》)如此引用，多多少少透露出执笔者的深意：希望该文会对学科的发展有所影响吧。2013 年，我收到中国出版集团·世界图书出版公司的编辑孔先生来信，邀请我为由邢福义先生担任总主编的《中国语学文库》赐稿，这也可以解读为，总主编对我抱着一点希望啊。后来虽然在彼出书不成，那是事出有因。但是，一旦我邀请他赐我一短序，他几乎二话不说，第三天就电邮给我了。在此基础上，他将此文再加修改与丰富，立即寄给了《光明日报》"国学"专栏(2014 年 5 月 6 日，16 版)，前后不到 10 天就见报了。感谢他对语言哲学发展的关心以及对我本人的又一次提携。他的眼光，还有超越亲疏的大文人精神与胸怀，为众多的狂躁中的知识分子做出了榜样。

对我一生命运产生重大影响的徐真华先生(广东外语外贸大学前书记兼校长，现在为博士生导师)，他又一次出手帮助。在了解到我不得不寻找新的出版社时，他几乎没有什么考虑，就决定将拙著纳入他领导的出书工程之中。

我的老友王寅先生，对后语言哲学活动的态度鲜明的支持与加入，使事实上存在着的中国后语言哲学的溪流，形成了公开的潮流与趋势。其作用之大，不言而喻。这次他写序，又是一次推动潮流的有力之举。

老友郑延国教授（翻译理论家、书法家）读过《钱冠连语言学自选集——理论与方法》之后认为，为了让更多人了解和研究西方语言哲学，以达到“走出我们自己的语言哲学之路来”的效应，有必要另成一书，可冠名《语言哲学论》。他曾三度写信给我，多次电话问及，这种事在学术界少见。为朋友出书，墨催远问，诚督恳促之状，只有我这个当事的朋友才能感知，外人怎么也不会相信的。须知，即使论文集出世，也不会引述他一文一字。这种既不沾功也不带利的纯友谊，如今有几多啊？

学生王爱华，这部书的通篇整理由她独力完成。四年多来，一字一符，都渗透了她的心血。我已经将她的名字以编辑的身份写上了封面，她坚决地谢辞，但我仍然觉得自己对不起她。

广外发展规划处的余泽浩先生，在与上海外语教育出版社接洽的过程中，一切为我着想，认真、耐心地为我做好沟通工作。

上海外语教育出版社的领导与编辑，以超常的程序与效率处理拙著。责任编辑周岐灵女士，笃守职责，善于沟通，一切为读者着想。

对以上各位先生，我由衷地感谢。

2014 年 5 月 31 日

目录

下篇 关于语言哲学

序言

打开钱冠连先生用电子邮件传来的《后语言哲学之路》原稿，封面上两行文字扑入了眼帘：既然“东方不亮西方亮”是自然的，“西方不亮东方亮”自然也是自然的：后语言哲学在中国文化土壤中生出。

这两行文字，用的是散文表达方式，凸显的却是普世性的哲学原理。我无比振奋。首先，“既然‘东方不亮西方亮’是自然的，‘西方不亮东方亮’自然也是自然的。”这朴实的话语，让我立即想起唐代诗人王昌龄的诗句“青山一道同云雨，明月何曾是两乡”，并且立即演化成为“青山绿水无偏见，红日何曾忘四方”。其次，“后语言哲学在中国文化土壤中生出”这样豪壮的话语，让我仿佛看见，有一位中国汉子，站到了高山之巅，发出了信心十足的呼喊。

并非每个学者都能有钱先生这样的襟怀和见识。满清后期以来，外强入侵，国弱受欺，面对洋人，国人往往自卑自贬。这在《官场现形记》、《二十年目睹之怪现状》中，可以看到十分形象的描写。这种状况，影响我们几代人，在学术研究上也是如此。说一件小事。1981 年 6 月，语法学术讨论会在密云举行，这是第一届中年语法学者的学术讨论会，特邀吕叔湘、朱德熙二位先生出席了会议。在“密云会议”上，在讨论到句子类别问题时，我谈及高名凯在《语法理论》中曾提出“句类”、“句型”、“句模”的三角度分类，话刚出口，一位与会朋友立即打断，说：“那是高先生自己提的！”接着，他转谈别的问题，我再也没法开口。这件事，三十多年来一直萦绕心头，挥之不去。无论什么学说，都是某一个人自己先提出来的，为什么外国某人“自己”提出来的就是理论，高先生“自己”提出来的就根本不屑一提？就因为高先生是中国人？这种心理自卑，实际上已经成了一种民族自卑，对于我们的学科建设，对于我们的学术发展，妨害极大。

最初的（中国）后语言哲学思路，是钱先生在 2007 年《西语哲在中国：一种可能的发展之路》一文中提出来的。关于（中国）后语言哲学，冠连先生总结出了“四原则”:(1)吸取西语哲(分析传统和欧洲传统)的营养;(2)从日常社会生活中挖掘出新的语言哲学问题(所谓“节外生新枝”);(3)它的研究方法,主要表现为从词语分析(形而下)找入口,从世界与人的道理(形而上)找出口(乐意接受其他方法与风格);(4)重视汉语语境,实现西语哲本土化。在本书的导论部分,钱先生写道:“允许有西方的分析传统、欧陆阐释传统,也应该允许(中国)后语言哲学(四原则)的生存与发展的空间。我们要强调的是,中国学者做语言哲学的方式与风格各有千秋,却都是花。后语哲四原则单打独斗,就活不了。”我情不自禁地感叹:好一颗中国心! 好一份中国志! 好一个中国梦!

应该特别指出:关于“中西语言学的学派与流派”,本书中冠连先生有专文论说。他分析道:西方语言学的学派与流派,可圈可点的甚多。中国的汉语研究情况如何? 在《北京大学百年国学文粹·语言文献卷》里,从吴承仕、黄侃、钱玄同、林语堂、罗常培、王力、陆宗达,到周祖谟、朱德熙、裘锡圭,所列论文精彩纷呈,却让人看不到学派与流派的任何提示。不过,他又分析道:吕叔湘对汉语语法研究有很大贡献,对后人有巨大影响,邢福义就是接受吕叔湘影响最深的学者之一。如果不揣冒昧,也许可以给吕叔湘语法研究这个学派起个名,称之为实据派。至于我国的外语学者,没有自己的学派,是显而易见的事实。要说有“流”有“派”,恐怕也是跟着西方在“流”,跟着西方在“派”,在这一点上,我们必须有足够的反省的勇气。

我个人曾写过一篇《汉语语法研究之走向成熟》的文章,发表在《汉语学习》1995年第1期上面。我认为:走向成熟,意味着尚未成熟。因为,毕竟还在“走”,只是“向”。成熟与不成熟,对于一门科学或一种艺术来说,学派或流派是否形成,应是突出的评判标准。而学科的成熟,学派或流派的形成,需要众多学者一代接一代地作长时期的努力,不可能毕其功于一役。水到才能渠成,主观上再着急也没用。后来,我多次就汉语语法研究的学派问题作了若干进一步的解说。窃以为,钱先生提到的吕叔湘语法研究“实据派”,那只不过是一个并未成形的淡淡的影子,表明了他对学派问题的关心,仅此而已。我之所以写出上面这些话,是因为我觉得我跟钱先生心灵相通,都一直在关注着一个相同的命题。不过,他视野更宽,他的论说哲理性更强,这是我所不及的。

《荀子·解蔽》:“精于物者以物物,精于道者兼物物。”意思是:精通某一具体事物的人,可以管理这一具体事物;精通各种事物之理的人,可以全面兼顾地管理各种事物。我们的老祖宗,在这里谈的就是哲学问题。语言学,内部包含不同层次的许许多多学科;往外说,又跟许许多多的学科发生关联。仅以语言学内部来讲,谁个能够样样都能精通?然而,我们不能没有哲学意识。多了解点语言哲学,多思考些语言哲学问题,这对个人素质的提高和整个学科档次的上升,都会大有好处的。应该感谢钱先生出版《后语言哲学之路》一书,这部专著为我们学界输送了营养!

邢福义

2014 年 4 月 8 日凌晨

作序

寂寞书斋不寂人

——序《后语言哲学之路》

一

承蒙钱冠连先生抬爱,请我为他的新著《后语言哲学》作序,但我却认为,这是他再次提供我先睹为快的机会。手捧书稿,心潮澎湃,激动不已,浮想联翩。钱先生虽已年过七旬,依旧笔耕不止,这正体现了中华民族知识分子的执着追求!

"继承创新、与时俱进",亦已成为当今学术时代的最强音,也表明了我国再立世界民族之林的决心。正是在这一口号的引领下,学术界迎来了百花齐放、百家争鸣的崭新时代。钱先生正坚守了这八字方针,践行着"寂寞书斋不寂人"的人生境界,近年来出版了数本专著和百篇论文,大倡创新之风,专行前沿之事,为语言学界乃至哲学界发挥着指引作用,"节外不断新枝生,竿头更见鲜花开",为语言学界和哲学界谱写了流芳的华章。

二

读书人皆有如下体会:写一本专著难,写出一本创新性专著更难!钱先生凭借锲而不舍的奋斗精神,迎难而上,为我国学术界树立了光辉榜样。他不仅连连出书,而且一出,就是一本沉甸甸的大作!可谓本本见彩,篇篇出新,堪称我国外语界的"理论拓荒者"。他的每本专著都有自己的新理论、新范畴、新命题,且文字流畅,警言妙语俯拾即是,为我国学界不断输送新养分。

他于1988-1992年间尝试将"美学"应用于诠释语言美和言语美这一全新命题,建构了《美学语言学》这一新兴的语言学边缘学科。功夫不负有心人,成果终报拓荒者。该书曾被多家期刊和报刊转载和评论,深受国际名人高度赞扬,在学界引起了重大反响。

他于1997年出版了《汉语文化语用学——人文网络言语学》,基于母语语料的分析提出了语用学中的"三带一"理论,坚持将后现代哲学中的"人本主义"融入到语用学研究之中,开拓性地将语用学定位于"人文网络言语学",从而开创了中国学者研究语用学的新篇章。

他于2002年出版的《语言全息论》,率先运用"宇宙全息律"、"生物全息律"、"系统论"等创造性地解释语言的全息性质,揭示了各种语言性质的根源以及存在各种语言理论的缘由,提出了"语言与自然大宇宙、人的生物体等全息同构"的命题。

他于2005年正式出版了《语言:人类最后的家园——人类基本行为的哲学与语用学研究》,尝试从语言哲学的高度来解释人类的基本生存状态:语言是人类的最后家园,从而为"中国后语言哲学"奠定了理论基础:我们必须基于人本精神研究语言才可直抵语言之精髓,这与体验哲学和认知语言学的核心原则不谋而合,或是有谋而合。

我们知道,在20与21世纪之交时,钱先生开始发表语言哲学系列论文,一路走来,硕果累累,一篇接着一篇的高质量论文问世,一本接着一本的高水平专著面世,吹响了外语界进军语言哲学的冲锋号,将我国外语界的语言学研究推入到一个全新的平台。站在这个平台上再重新审视昔日之语言理论,大有"一览众山小"的感觉。特别是他提出的"从语言入,从哲学出"的研究新思路,为我国外语界学者打开了一个语言和哲学相结合的新窗口,也奠定了中国后语哲的基本研究方向。

这四本专著和百篇论文奠定了钱先生在我国学界的崇高地位,足以彰显他继承创新的探索精神,更表明了他"立足本职、兼达天下"的学者胸怀,确实为世人树立了辉煌风范。

三

说实话,作为一位学者,能做到这个份上,即便罢手,也可心安理得,安享晚年了。但他依旧锲而不舍，奋发图强，老骥伏枥，志在千里，又写出了新作《后语言哲学之路》，为建立有我国特色的语言（哲学）理论做出了重要贡献。

很多学者认为，当今西方语言哲学的高潮时期已过，形而上学死灰复燃，重新占领了哲学的中心地位。在此形势下，我们该怎么办？研究西方理论的学者无非有以下两个选择：

(1) 跟着西方学术大潮跑，也将注意力从语言哲学转向"形而上学"，这便是大多数中国学者所惯用之法；

(2) 努力将西方理论本土化，使其与中国实际情况紧密结合，当西方语哲之灯不亮时，点亮中国这盏灯。

钱先生没走第一条路，跟着跑，照着说，这也实在是太老套了！他以自己深厚的学术功底，再次发扬"创新"精神，毫不犹豫地走上了第二条路，大力开发中国人文科研的方向。他于2007年提出了"西语哲在中国：一种可能的发展之路"，为我国外语界和哲学界指明了一条崭新之路。

所谓"后"，即英语中的"Post"，该词原义为"田径场上的终点"，而"Post-Philosophy of Language"无非就是以西方上世纪初兴起并发展至60年代后逐步衰落的"语言哲学"为界，重在探索其后的发展新观。再加上"中国"二字后，突出了我国学者的研究成果。在"西方语言哲学"和"中国后语哲"两者之间，既有连续性和关联性，也有差别性和批判性，更有发展性和超越性，还可能是后来者居上。当学科发展到这个程度，此时的"后(Post)"就有了"反"之义，不仅是一个简单的"反、批"，更主要含"辩证性反"之义。因此，"中国后语哲"更强调国外理论本土化，这一直是我们所钟情的研究之路。正体现出荀子的"青，取之于蓝，而青于蓝；冰，水为之，而寒于水。"这一千古至理名言之精髓。

笔者曾征得钱先生和哲学界朋友的同意，提出了西方哲学的"第四转向"，即"后现代转向"，这正好与钱先生的"中国后语哲"思路完全合拍。正是在此大好形势下，我国外语界的语言哲学研究已从"单兵训练"进入到"集团军行动"，将"个人爱好、随手阅读"纳入到"有计划、有组织"的正常轨道，从"闭门读书，参悟修行"迈入到"交流相长，互补长短"的新时期。一句话，经过钱先生及其同仁十数年的努力，我国外语界的语言哲学研究已逐步迈出了“星火燎原”之初始状态，逐步过渡到“渐趋旺盛，始已结果”的新阶段。他所倡导的中国后语哲，不仅实现了他“建立中国的语言学理论学派”之梦想，而且还迈上了“健康发展、蓬勃向上”的道路。

四

钱先生在《后语言哲学之路》导言中述及的“两个传统、一个发展”，就已明确指明了中国后语哲的两个运思方向：

(1) 传承两个语哲研究传统；

(2) 开发一个本土化新方向。

两个语哲研究传统是指：(1)英美分析方法；(2)欧陆语言整体观①，正是他们的努力，将语言抬高到至高无上的地位，语言不再是工具，而是凌驾于人之上的一只无形之手，人一出世就被语言之手把控着，或曰，人一来到这个世界，就被投入到“语言系统”的控制之中，我们别无选择，只能生活在“语言的牢笼”之中。因此，一切存在都是语言中的存在，语言与世界同构，语言就是世界，形式就是内容，前者甚至比后者更重要，语言才是我们人类生存之家！正是在语言哲学家们如此的推动下，语言才获得了如此高的地位，这让语言学家们喜出望外，倍感振奋，深感教研语言直接关系到人类的生存、世界的命运。

钱先生不仅为我国外语界（包括中文界）提出了一个外国理论本土化的新方向，而且还提出了具体运作方案：在吸收西方语哲上述两个研究传统的基础上，更要将其与我国当下的语言研究现状紧密结合起来。昔日，在引进外国理论的过程中曾出现了一些“水土不服”的现象，当引以为戒；今日，钱先生提出的“中国后语哲”及其运作四原则，是切实可行的，适用于当下我国语言学界的具体情况。

说到这里，我们深感语言学和语言哲学事关重大，当抓紧机遇，奋发图强，勇担重任，不负时代之重托。有三句话要说：

① 这两个专业术语中的地名“英美”和“欧陆”虽不很严谨，但学界早已习惯这一说法，此处仍使用传统术语。

(1) 第一句话送给语言学方向的硕士生和博士生:你们选择语言学作为专业目标,本身就站在了时代的最前沿,肩负着时代的最重任,实属“上对花轿嫁对郎”之举。这一事业值得我们将终身托付于它!

(2) 第二句话送给外语界和中文界同行:认清形势,把握机遇,尽快进入语言学理论前沿,迅速融入世界人文学术大潮之中,努力掌握西方语言哲学以及中国后语哲的理论和方法,不负自己的光荣使命!

(3) 第三句话送给我国综合性院校的校领导们:倘若心中有丝毫“让外国语学院”边缘化的念头,将其置于“不为”之列,那都是人文素质较差之体现,终将会被淹没在后现代人文大潮之中!

五

“寂寞书斋不寂人”,这是钱先生的著名诗句,仅此七字却深藏哲理。昔日的读书人都曾期盼有一个舒适的书房,可在此斗室之内尽享人生乐趣,畅游中外,纵贯今昔,此乃知识分子的乐趣所在!

这在二三十年前似乎还是个梦想。幸得改革开放,我们的居住条件有了较大改善。现如今,不管大小,人人都有了书房,也都摆上了书柜装上了书,可这仅是一个外在的物质条件,沉寂的房间,冰冷的板凳,印上各种符号的纸堆,对有些人来说犹如负担,不喜好读书,更怕写文章,好不容易得个文凭评上教授,盼着船到码头车进站,该刀枪入库、马放南山,卸掉担子、离开书房,放缓脚步练身体,一劳永逸,享受生活,高枕无忧。此时他心中的书房自然是寂寞的。一旦人心懒散,无心恋书,再好的书房也自是一个冷寞的空间!

只有人心思学,向往读书,视书如命,冰冷的板凳才变得温暖,沉寂的书斋才会温暖。这便是西哲第四转向(后现代主义)以及中国后语哲所大力倡导的“体验人本观”,只要有了人,才有了这个世界,又因人有求知的本性,这世间才有了书籍和知识。此时,书房中的一切才会显出一片生机。在热衷读书的人心中,书斋再冷也可暖人心,板凳再凉终不觉寒。

可见,这句名诗闪烁着后现代哲学所倡导的“人文主义”思想:只有有了人,才会有我们所存在的世界;只有有了诚实的读书人,沉寂的书房才会变得温暖如春。同样的道理,只有坚守人本精神,才可直抵语言或语哲之真谛，这正是中国后语哲的核心立场，当“从人之语言入手，从人之哲学出口”，才能做好我们这个时代的文章，更好地理解我们的当今社会，站在学术研究之前沿，融入到整个世界人文大潮之中。这便是钱先生的“人本书斋观”，身居斗尺书斋，心系广袤天下，也是当今天下读书人的共识。

只有坐得书房冷板凳的人，才可看透世态炎凉，领略人间乐趣；只有历经筚路蓝缕的磨练，才能深谙读书人之存在状态，饱尝硕果累累之愉悦！钱先生用自己的一生，实践着自己的格言，为天下文人做出了榜样。他用一片读书人的真情温暖了自己的书房，经过数十旬的奋斗，摘得了如此之多且还沉甸甸的葡萄。现如今，他高举着中国后语哲的东方之灯，以求能照亮中国21世纪语言学和语言哲学研究之路，实为中国之幸，民族之荣！

安得温暖书房千万间，大庇天下学人俱欢颜。

多彩世界风云更多舛，我当岿然不动守书斋！

王 寅

2014年“五·一”节

于川外大安居小苑

导言

语言哲学的两个传统、一个发展

西方语言哲学有两个传统（请参见本书下篇“关于语言哲学”），而当代的中国外语学者在中西语言哲学研究会的推动下，做了一些发展的尝试（请参见本书上篇“语言哲学”）。

西方哲学的语言性转向，滥觞于20世纪初，兴旺70年左右，影响至今，但“形而上学已经恢复了它的中心地位”（苏珊·哈克 2004[1]）。既然“东方不亮西方亮”是自然的，“西方不亮东方亮”自然也是自然的：后语言哲学中国文化土壤中生出。

1. 西方语言哲学的分析传统

要说到分析哲学（一般称之为“英美分析哲学”[2]），就一定要提及西方哲学此前的两个阶段：本体论（Ontology，我更愿意推荐王寅的新译法：毕因论[3]）与认识论（Epistemology）。“西方哲学研究的是最普遍的与抽象的世界特性，还研究我们赖以思考的范畴，如心智、物质、推理、证据，等等。在哲学里，我们借助概念达至世界本身，遂概念也成了研究的题目。”（Simon Blacburn 1994：286）哲学以“达至世界本身”为目的。“世界本身”被当成

---

① 苏珊·哈克.2004.当代世界学术名著·哲学系列（总序一）.北京：中国人民大学出版社。

② “英美分析哲学”这一说法，总是有点儿别扭。Frege（1848－1925）被公认为分析哲学的奠基者，德国人。Wittgenstein（1889－1951）是语言哲学大家，奥地利人。Tarsky（1902－80）亦为大家，波兰人。

③ 我们知道，Ontology中的“on-”意为“be”，据此可知它就是一门研究Being的学问。王寅先生（2008）根据Being的发音将其译成“毕因论”，音义兼顾，它的宗旨就是“穷尽世界成因”，不失为一种简洁明了的上佳译法，比“本体论”、“是论”、“存在论”更到位。

了“存在(物)”的集合。“存在”就是被西方哲学纠缠的千年老题。哲学研究的对象有两个,一是“最普遍的与抽象的世界特性”,一是范畴。我们思考时不必直面世界的某个对象,那样做是经验科学家的事。哲学的思考,因其普遍性与抽象性而变得很困难,方便的思考是依赖范畴进行的,也只有依赖范畴才能进行。思考时,与范畴同时成为依赖工具的还有概念。本来,“概念”是桥,走过它,可以达至“世界本身”。可是,让哲学家走去走来的桥,走多了,把“桥”也当成了研究题目,与目的地(世界本身)相提并论了。应该说,西方哲学自从前期的科学与美学独立出去之后,自苏格拉底、柏拉图、亚里士多德以来,经笛卡尔、康德的推动,其研究路线大致为“针对最普遍的与抽象的世界特性+依赖范畴思考+借助概念+达至世界本身”。

然而,在20世纪初,西方哲学发生了重大转变,即所谓的“哲学的语言性转向”(the linguistic turn),引起了一场分析革命,即以一种细致入微的语言分析方法进行哲学活动。分析传统的语言哲学是西方哲学一段潮流或者一个运动的结果。“这一变化,不仅猛增了对语言问题的兴趣,也是以语言为手段来重铸千年的哲学老题。语言便这样充当着理解和解决哲学问题的首要方式。”(Baghramian, M., 1999: xxx)这段话值得注意(见下)。

语言哲学的目的:“重铸千年的哲学老题”、“理解和解决哲学问题”,语言哲学没有脱离西方哲学的千年老题,它只是“重铸”(recasting)这些老题。有人误以为语言哲学是为了解决语言学问题而诞生的,是语言学的分支。这样想,就离题不啻千里。它只是为了解决哲学问题,哲学家对语言学本身并无兴趣——据我所知,一些学者私下认为,“对语言进行深层次的思考,就是语言哲学”。这样理解语言哲学是成问题的。须知,语言学本身就是要对语言进行深层次的思考,难道语言学允许对语言进行浅层次的思考吗?

语言哲学的研究方法与研究风格是“以语言为手段(来重铸千年的哲学老题)”。一言以蔽之,就是以语言为手段来做哲学。因为有了这样的方法,便产生了这样的风格:不厌其烦地拿出一个一个的语言表达式(expression)或者词语(term)说出关于世界的道理,即说理论事、说是论非。比如,佛雷格以表达式 The Evening Star、The Morning Star 说出了涵义与指称这样的大题目。又比如,罗素以表达式 the teacher of Alexander (“亚历山大的老师”,一个限定描述语)来说明,名称(如 Aristole,亚里士多德)就是限定描述语的缩写(这样,Aristole 就是 the teacher of Alexander 的缩写了),描述语提供出名称的意义并决定名称指称何物何人,而克里普克断然反对这一观点。又比如,一个词语 Milan (米兰)在 Milan is a city in Italy (米兰是意大利一城市)中,我们使用它;而同样的词语 Milan 在“Milan” has five letters (“Milan”有五个字母)中,却是被提及。这里说出的一个有关世界的道理是:使用与提及的区分在于,当一个词语本身是讨论的题目时,它是提及;相反的情况是使用。类似的例子都是在词语层面上操作。

语言哲学研究的内容有:什么是语言?语言的目的为何?我们究竟是怎样相互理解的?在哪些条件下我们说的话才算有意义?是什么产生了语言的各种成分?是什么使我们的言说具有了意义?什么是意义?语言与世界之间是什么关系?语言描述了这个世界吗?或者,语言以某种方式构建了实在(reality)的图像吗?语言歪曲了实在还是使我们能够准确地解释“何物存在着?”(What is there?——提请充分注意:这个问题是西方哲学的典型问题。)人们陈述之真伪是由这个世界决定的还是由我们的语言常规决定的?命名与其指称的对象之间,有何联系?(Baghramian, M., 1999: xxviiii)上面的问题几乎个个都被语言哲学家反反复复地提出、论述、磋商、反驳、推翻、捍卫……其中,“什么是意义”与“命名与其指称的对象之间有何联系”成了核心问题。

而分析哲学发展到后期, 大约是 20 世纪 90 年代或更早一点, 有了另外一个标签:语言哲学([the] philosophy of language)。为此,语言哲学家往往用“分析传统的语言哲学”(philosophy of language in the analytic tradition)指出其背景(Baghramian 1999: xxx-xxxi),还有另一个更简约、更有启示性的表达是“分析性的语言哲学”(analytic philosophy of language)(Alessandra Tanesini, 2007: 64),其前的“分析性的”(analytic)一词就能直观地将语言哲学的分析传统交待出来。我们若不理解以上这两种表达式所包含的这段历史,就会模糊语言哲学的历史源头,所以最好读读分析哲学史,比如 Dummett M. (1981, 1993)、江怡(2009)、王路(1999)、陈嘉映(2003)、Lycan. W. G. (2008)、莱肯(2010)。了解了这段历史就会知道,语言哲学是分析哲学换了标签的说法。支持这个说法最有力的证据是:《西方哲学英汉对照辞典》(*Dictionary of Western Philosophy: English-Chinese*)中，philosophy of language 词条指出："在广义上，语言哲学几乎是分析哲学的同义语。"①(Nicholas Bunnin、余纪元 2001:755)。

2. 西语哲的欧陆阐释传统(欧陆哲学家的语言关怀)

欧陆哲学家的语言哲学研究路子——我们最好不使用"欧陆语言哲学家"这顶帽子——与分析哲学家迥异。徐友渔、周国平等(1996:118-119)指出："……而德法传统则大异其趣，在某种意义上是先知-信徒式的。各门各派自行授业招徒，不像语言分析学派……形成一个学术共同体。……他们各自都是某一独立哲学派别的代表，提出了与他人迥然不同的、自成一体的学说观点。想一想胡塞尔对意向性的现象学分析，海德格尔对此在的追究，伽达默尔对理解和解释的阐释，哈贝马斯把一切最终落实到社会批判，德里达大反'逻各斯中心主义'，倡导'分延'概念，再比较分析学派对意义、指称、真理等问题的集中讨论，差异便会一目了然。"这一段叙述让我们了解了两点：一、欧陆哲学家们各自干了什么；二、他们不是一个学术共同体，而是各自为派。

那么，在什么意义上，仍然可以把他们的从业说成是语言哲学呢？"我们显然不宜把本章讨论的六位哲学家(即胡塞尔、海德格尔等)称为语言哲学家，虽然他们也大谈语言，虽然其中有人把语言置于本体论地位，但他们毕竟只是在阐述自己的中心学术时带出了语言问题，虽然往往要自始至终借助于谈语言才能表达自己的见解……不过，语言关怀还是像一根红线，将德法哲学家极有个性、色彩鲜明的思想串在一起了。"(徐友渔、周国平等 1996:118-119)很清楚，欧陆的哲学家们在从事自己的主业的时候"带出了语言问题"，语言问题是"附带的"，从这一意义上说，我们使用"欧陆哲学家的语言关怀"这个表达式在实质上标出了(语言哲学的)欧陆的阐释传统的特点。

那么，又为什么说欧陆的传统是阐释？"阐释"做何解？李鸿儒(2011)的著述《欧洲大陆哲学：历时与共时交叉点上的节点凸现》对此多有启示，

① 原文是："In a broad sense, philosophy of language is nearly synonymous with analytic philosophy."

值得参考。下面,我们不妨从海德格尔哲学的语言关怀中探知“阐释”的味道。

“语言是存在之居所”这个命题通过《关于人道主义的信》提出来之后,海德格尔又多次阐发,直接而又到位的阐明至少有七处。

第一处:“任何存在者的存在居住于词语之中。由此,下述命题也为真——语言是存在之居所。”[①]这一处的解释,以它的直接与到位,以它的干脆与明确,几乎可以当成西方阐释传统的[②]语言哲学的宣言。如果有人问:“西方语言哲学意义上的‘语言是存在之居所’为何意?”那么最简明干脆的回答是:“任何存在者的存在居住于词语之中。”

第二处:“我曾把语言称之为‘存在之居所’。”[③]语言乃是在场(being present)之操持者,因为在场之显露已然委诸道说之栖居着的显示了。语言是存在之居所,因为作为道说的语言乃是栖居的方式[④]。这一处的关键思想是:语言乃是在场之操持者,在场之显露已然委诸道说了。

第三处:“在‘存在之居所’这一说法中,我并不意指在形而上学意义上的被表象的存在者之存在(the Being of beings),而是指存在之到场或现身(the presence of Being),更确切地说,是指存在与存在者(Being and beings)之二重体[⑤]的到场或现身(the presence of the two-fold or Zwiefalt),但这种二重体是就其对于思想的重要性方面来理解的。”[⑥]应该特别指出的是,他有关二重体(存在与存在者)的到场与现身的阐述,解开了西方哲学中“什么是存在”的纠缠之结:一旦将存在与存在者区别开来,那么:相对于实体(实物)的虚体(虚物)就有了地位;存在可以不出场;无形存在也是存

① Heidegger, M., The Nature of Language, in *On the Way to Language*, 1982b, p.63. “The being of anything that resides in the word. Therefore this statement holds true: Language is the house of Being.”

② 在钱冠连《语言:人类最后的家园》第43页并无“阐释传统的”这个限定语。这是观点的转变,请注意。

③ In Heidegger, *Letter on Humanism*, 1947. (Tr.)

④ Heidegger, M., The Way to Language, in *On the Way to Language*, 1982c, p. 135.

⑤ 有的学者如孙周兴(见《在通向语言的途中》海德格尔著,孙周兴译,商务印书馆,1999,北京)将the two-fold译成“二重性”,令人费解。因为,“二重性”是一个东西的两方面的性质表现。但是,the two-fold明明白白地指Being and beings这两个对象,故本书尝试新译为“二重体”。

⑥ Heidegger, M., A Dialogue on Language, in *On the Way to Language*, 1982a, pp. 26–27.

在,也能存在;"形而上学史将存在者当存在,存在被遗忘"的重大缺陷得到了纠正。

第四处:"只有在合适的从而就是能胜任的词语命名某物为存在,并且把当下存在者确立为一个存在者的地方,某物才存在(*is* or *ist*)。这岂不是也意味着,只有在合适的词语说话之处才有存在吗?"①

第五处:"词语破碎处,无物存在。"②

第六处:"相应的情况是,如果词语能赋予物以'存在',那么词语也必须先于任何物而存在——也就是说,词语必然本身就是一物。于是我们看到的情景是,词语这个物赋予另一个物以存在。"③

第七处:"词语即是给出者。给出什么呢? ……词语给出存在。"④伽达默尔对于语言的态度与海德格尔相似,认为语言不仅是人在世界上所拥有的东西,人正是因为语言,通过语言,才拥有世界。⑤ 在海德格尔的思想深处持守着这样一个观念:说语言仅仅是人交流思想的工具,那是贬低了它的价值,它的更深刻的价值还在于,它是使存在出场的存在。

海德格尔哲学的语言关怀是:存在者的存在居住在词语之中(**以上这一节参见钱冠连** 2005:42-46)。

从海德格尔的上述研究中,欧陆哲学家对语言的关怀可见一斑。他们所谓的语言哲学"阐释",是这样一种味道:不是在细密地分析语言的一个个表达式或者词语,而是通过语言这一个"类",言说对世界的道理。我们知道,对"阐释"还有另外一种路径,即从 hermeneutics(阐释学)的路径来理解,但是,我认为的语言哲学的阐释味道,与历史上欧陆哲学家的 hermeneutics 的路子不一样。此处限于篇幅,不予展开。

---

① Heidegger, M., The Nature of Language, in *On the Way to Language*, 1982b, p. 63.

② 最先说出这句话的是诗人 Stefan George, 其诗作 The Word 的最后一行为:Where word breaks off no thing may be. 海氏将其改写为陈述句:'Kein Ding ist, wo das Wort gebricht.'(英语为 No thing is where the word breaks off.) 可参见 Heidegger, M., The Nature of Language, in *On the Way to Language*, 1982b, p. 60.

③ Ibid., P.86.

④ Ibid., P.88.

⑤ 徐友渔等,《语言与哲学》,北京三联书店,1996: pp.235-237。

3. 对西方语言哲学的一个发展

对西方语言哲学的一个发展,体现为中国学者提出、逐渐成型、现在仍在发展中的(中国)后语言哲学的四原则,可以说,愿意遵循这个思路的学者,已经形成了一个学术共同体。

经过笔者多年的实践,觉得对西方语言哲学感兴趣的中国语言学家,必须走出自己的学习与研究语言哲学的路子来。

最初的(中国)后语言哲学思路,是钱冠连在2007年"西语哲在中国:一种可能的发展之路"(请见本集)一文中提出来的。

2011年,著名的语言学家、语言哲学家王寅是中国学者中第一个公开支持钱的立场的。他对后语言哲学提出了修改方案,认为其核心可归结为以下四点:

(1) 努力吸取西语哲中的丰富营养,掌握理论,学会方法,活学活用,不再炒作它的老问题,而要专注于"节外生新枝",这可谓之"创新性";

(2) 以日常生活中的具体词语为入口,以哲学大道理为出口,不断在理论上做升华处理;不断从"形而下"进入"形而上"思索层面,这可冠之以"分析性";

(3) 以后现代哲学的"多元化"为方针,大力倡导多路学者联手协作,选题和风格定要多样化,才可共创"百家争鸣"新气象,这可称之为"多样性";

(4) 科研当走"洋为中用、中西合璧"之路,大力开发汉语语境下的语哲研究,在实现"西语哲本土化"时不忘点亮中国之灯,这可概括为"合璧性"。

以上四原则之间存在一个严密的逻辑关系和循序渐进的发展路径:(1)是基础,要静心念书,提高学养,修炼成道,树立创新思维的意识;(2)是在(1)的基础上,掌握理论和坚守创新原则后还当进一步明确具体的科研方法,理论与实践相结合;(3)在前两点基础上进一步打开学术视野,掌握"眼观四路、耳听八方"的本领,学问便可"做大、做好、做优",真正实现"人无我有,人有我精"的目标;(4)从空间上的联合迈入时间上的贯通,文科研究当兼顾古今中西,不可偏废!这便是"学贯中西、通古达今"的最高境界!

应该说,这个修改,在方法论上,比钱最初提出的思路有了进一步的完善。王寅,作为著名语言学家和语言哲学家,对中国后语言哲学的支持与参与,使事实上存在着的中国后语言哲学的溪流，形成了公开的潮流与趋势。

2011 年，钱冠连在北京“语言与价值”国际研讨会上，有一个主旨发言（请见本集子中的 *From the Classical Analytic Philosophy of Language in the West to the Post-analytic Philosophy of Language in China* 一文）（《从西方经典的分析性语言哲学到中国的后语言哲学》），全面地向国内外哲学家介绍了经过调整后的（中国）后语言哲学的概念，并介绍了王寅、刘利民、杜世洪与他自己的体现中国后语言哲学几条原则的成果。其文已收入德国杂志 Proto Sociology 出版的“语言与价值”（北京国际学术研讨会）论文集（钱冠连 2014）。编辑者（Peter Ludlow）在与我沟通、修改该文文本的过程中表示，他们愿意了解中国的这批学者怎么做他们的后语言哲学。

这个后语言哲学思路，在后来的《论人自称与物被称的数目的巨大不对称》（请见本集）一文中，又有了进一步的调整。

愿意遵循这个思路的中国学者，已经产出了一批引人注目的成果。下面将他们的代表作加以简要提及。比如王寅，这些年来可谓笔耕不止、成果累累，他的著述太多，现仅将他本世纪的主要后语言哲学著述列在本书参考数目之后，作为附录。

刘利民《在语言中盘旋——先秦名家“诡辩”命题的纯语言思辨理性研究》（2007 年在笔者指导下完成的博士论文）以及另两篇（2007（2）：77-83. 2009（9）：43-49）发表之后，引起国内语言学界、哲学界的广泛关注，表现出鲜明的后语哲四原则。霍永寿在（2012；2013）《从述谓观看中西语言哲学的研究路径》与《辞或命题：中西语言哲学基本范畴对比研究》中，在研究西语哲时，总是不忘与本土哲学对比，这个精神，正是后语言哲学的核心。王爱华在“语言与价值”北京国际学术研讨会上的发言“对厚语词的符号学解释”，以其问题之新，引起了与会学者注意，其文也收入德国杂志 Proto Sociology 出版的“语言与价值”论文集（北京国际学术研讨会）（王爱华 2014）。她的另一论文（王爱华 2006）《论明达语言性及明达语言维度观》表现出善于吸收西语哲的学养而又巧于过渡出新问题的能力。梁瑞清（2012；2013）的《咖啡的芳香：语言、经验与意义》和论文《语言的指引性浅谈——以早期 Wittgenstein 和禅宗为例》，以学力深、问题新、中国文化厚重（禅宗）的特点，丰富了四原则。

现在，本文对后语哲四原则重新表述为：

(中国)后语言哲学的四原则是：(1)吸取西语哲(分析传统和欧洲传统)的营养；(2)从日常社会生活中挖掘出新的语言哲学问题(所谓“节外生新枝”)；(3)它的研究方法，主要表现为从词语分析(形而下)找入口，从世界与人的道理(形而上)找出口(乐意接受其他方法与风格)；(4)重视汉语语境，实现西语哲本土化。

这个集子中，《论反合及其语言踪迹》与 *On Opposite-accord and Its Linguistic Traces*（两种文本，一个内容）、《模糊指称：无穷递增和无穷递减的跨界状》、《论人自称与物被称的数目的巨大不对称》、《论扩展式工具性语言》五篇论文以及即将发表的“‘马’给不出马的概念”，几乎是上面四原则的丝丝入扣的体现。另外要交代的是，这 5 篇论文的前 4 篇，是《钱冠连语言学自选集·理论与方法》(钱冠连 2008)的语言哲学部分(15 篇论文加一个章节精选)所不曾包括的东西，是新面孔。增加的这些新论文，形成了这个集子的上篇“语言哲学”(共 5 篇)，而下篇冠名为“关于语言哲学”(共 15 篇)，这样的分开更为科学。

简要综述了后语哲四原则及其形成的过程之后，另一个更让人感兴趣的问题出现了：由这个学术共同体的形成和发展，可推及任何一个学术共同体是怎么形成的？现在我们看看梁瑞清的一段话是如何回答这个问题的。对于后语哲共同体，梁瑞清身处其中，是自者。但是，对于我的学术道路，梁是他者。我们看看一个他者对钱的学术道路的点评(梁瑞清 2008b：282-288)：

“自 1999 年‘哲学轨道上的语言研究’(上)发表至今(2007 年)，该系列在时间上跨越了八个春秋。它们在(钱)先生本人的学术生涯中固然占有极重要的分量，就是对整个中国外语界的学术走向来说，也同样具有里程碑式的重要意义。八年来，……从而启动了国内语言学的哲学研究路径。在这个意义上，这八年是先生创造历史的八年。……这一连串的问题促成了钱先生语言研究的哲学性转向……先生一方面通过对哲学文本的解读，用哲学的眼光打量语言学各分支学科(特别是句法、语义学和语用学)的主流理论，以便理清它们的哲学脉络。另一方面，……他揭示出‘中国语言学者对西方哲学家参加语言研究的动机困惑不解，对他们的成果解读不明的结症’。……如果说先生的追本溯源为我们了解西方语言哲学起了启蒙的作用，他的理论创新为我们如何利用西方语言哲学这个营养钵来从事语言研究起了示范的作用,那么,他对创新的方法论的阐述则无疑具有前瞻性的指导意义。……特别值得一提的是,‘西语哲在中国’和‘中国式回声’更像是一个学派的纲领性宣言。……我倒是宁愿将这一研究路子称作哲学语言学,只不过它并不局限于语言学某一特定学科,而是对语言学各分支学科进行一种哲学综观,从中发现问题,然后运用哲学智慧解决之。”

当初,梁瑞清这段话是对《钱冠连语言学自选集》的语言哲学部分的导读。现在,我认为这段话仍然起了导读作用。那么,就一个学术共同体的形成与发展来说,梁的评论里,可以读出什么线索和什么启示? Posterity will judge. 让后人评说吧。

作为结论,我想说的是,这个集子的意义在于:第一,这个集子记录并见证着国内外语界走上后语言哲学之路的一段重要历程。第二,它向读者显示了,学习与研究语言哲学还可以按这个样子即“(中国)后语言哲学四原则”的样子来进行,从而对语言学提供丰富的营养,这些营养可以变成有效地推动语言学前进的一种动力。

允许有西方的分析传统、欧陆阐释传统(欧陆哲学的语言关怀),也应该允许(中国)后语言哲学(四原则)的生存与发展的空间。我们要强调的是,中国学者做语言哲学的方式与风格各有千秋,却都是花。后语哲四原则单打独斗,就活不了。

钱冠连

2014 年 3 月 9 日于白云山下

上篇　语言哲学

I.

论反合及其语言踪迹

内容提要：面对同样一个对象——思维或事物的变化和运动规律，以往的哲人与思想家各有术语或表达式加以概括，其中五种是：老子之道用“冲气以为和”概之；黑格尔以“辩证法”（“正-反-合题”）括之；辩证唯物主义以“事物发展三原理”示之；冯友兰用“仇必和（而解）”晓之；钱锺书以“违者谐而反者合”示之。由此，本文将尝试增加一个新的术语来概括，即“反合”（the opposite-accord）。本文讨论之后指出，上述六者在实质内容上有重要的相通之处，但不能认定它们是同一的！此乃本文的第一个任务。

反合论尝试回答的问题是：老子“正反合”[①]逻辑辩证如何相通于佛家与恩格斯自然辩证法？新增术语“反合”与其他五者如何联通？方法论上，语言哲学之为语言哲学，为何特别重视词语的处理？“反合”这一术语有什么方便之处？“术语索引之力”（本文提出）为何是一个术语或表达式是否胜任概括某个范畴（或概念或思想）的重要检测标准？“反合”这一术语有什么独特的涵义（sense）？

就本文的第二个任务，反合论果然索引出自然语言中几个反合式语迹，回答了如下几个问题：(1)作为自然语言中一个根本的反合现象，拼音为何是现在这个方式？(2)怎样重新解释奇怪的汉语两端字和外语两端词？(3)有趣的反合式字组与词组为何是那样构造的？(4)怎么会出现（汉）两个并列的半句（这样的表达式）？

本文的结论之一，“反合”这个新增的术语，与其他五个术语和表达式一样，能概括与说明思维与事物的一体两面的既相反相

① 此处的老子“正反合”一说，并非老子本人提出，而是由近人南怀瑾对老子的概括，且与黑格尔所说之“正题-反题-合题”（简写“正-反-合”）不一样。

克而又相合相谐的变化和运动规律。它与其他五者联通,相互补充与映照。它具有一些方便之处,具有术语索引之力,但它有独特的涵义,故不可被其他五个术语或表达式取代,其涵义是:(1)思维与事物的一体两面的相反相成;(2)一个思维过程、一物、一事件的内部矛盾与对立着两面的转换。(3)突出反也守住了合,即“相反状的合”,合字是核心词。反与合,缺一不可。另外,“反”与“合”的生成是自然的,起之于思维与事物变化和运动自身,不是人为从外部强加的。缺了“合”的反,肯定不是事物自身的变化和运动,是没完没了的乱,是持续的无序;缺了“反”的合,就不是思维与事物的自身的变化和运动。反合才是稳妥的合。“反合”这一术语是讨论哲学问题的一个方便的语言框架。

一次成功(如果成功)的新的术语的产生,不啻为一次新的思想洗礼。即使“反合”这个术语不能被立即接受,本文的论证过程本身也是一次思想的洗礼与碰撞,因为论证本身有助于理解语言哲学何以是语言哲学,体现“哲学从谈论对象到谈论词语的转变”(Quine 1962),因而本文特别重视处理词语、理清意义及梳理概念。总之,在思维训练上与方法论上,本文具有一定的意义。

结论之二包括三个方面:

(1) 从实践上验证“反合”,它果然具有术语索引之力,能够索引出几个自然语言的“反合式语迹”:音声相和、汉语两端字与外语两端词、反合式字组与词组(即(汉)反正结合字组–反正柔和字组以及(外)反正结合词组),最后,(汉)两个并列的半句。

(2) 而且,所发现的反合式语迹可以解释人的存在方式、思维与世界。首先,在一个思维过程、一物与一事件中普遍存在的反合现象,在语言上也有生动的观照。其次,几个反合式语迹的构造方式,恰好就是我们人类自己存在的方式的某些方面。最后,词语本身就是关系,而这种关系总是(在词语中)保持着物。

(3) 就算反合论新的概括不能立即被人接受,它却指导发现了几个反合式语迹,这使我们对自然语言的认识又加深了一步。

关键词: 反合;术语索引之力;反合式语迹;语言哲学;一体两面

第一部分：论反合

1.0 导言：面对同一对象的五种命名

在人类历史上，面对同一现象——思维与（或）事物[①]的一体两面的既相反相克而又相合相谐的变化和运动规律，哲人和思想家给出了许多命名，本文选取其中五种讨论：（1）老子："冲气以为和"；（2）黑格尔："辩证法"；（3）"辩证唯物主义"；（4）冯友兰："仇必和（而解）"；（5）钱锺书："违者谐而反者合"。

"一体两面"可以看作是"一个统一体的两个对立面"（冯友兰 1992：257）的简略说法。

我们可以把（人的）一个思维过程或者一物或者一事件（下一级是一事件的一过程、一状态与一性质）等等作为一个统一体来看待，即"一体"。那么，它的"两面"即两个对立面，总是呈现出相反（相克）而又相合（相谐）的变化和运动状态。

现在，让我们简略地提及这同一个现象——在思想（于是有人的思维过程）和世界（于是有事物）中普遍存在着的一体两面的关系。

首先，在一体（即一个思维过程、一物与一事件）的内部，总有两个对立面的相生相克变化和运动。关于一物或一体的相反相成，钱锺书举出剪刀的运动状态与人的咬嚼过程以说明之。他先指出"噬、啮也，嗑、合也。凡

① 这里的"思维与事物"的提出，是根据黑格尔"思想和世界"所作的引申。黑格尔辩证法认为，"矛盾是普遍存在的，它说明了思想和世界（thought and the world）的一切变化和运动。"［Nicholas B. & JiyuanYu，2001：257：*Dialectic*（Hegel）］本文作者由"思想"引申出"思维"，借以表明思想过程，而由"世界"引申出"事物"。显然，"事物"是从"世界"（主要指"物质世界"）里引申出来的。而现代科学还发现了"能量世界"与"信息世界"，这后面两个世界里的变化与运动规律如何，显然是黑格尔辩证法所未概括进去的东西。这就得等待科学发现进一步地与哲学沟通，这是后话了。

物之不亲,由有间也;物之不齐,由有过也;有间与过,啮而合之,所以通也。”注意:嗑,即上下牙齿对碰、对咬。他接着说:“噬嗑为相反相成(coincidentia oppositorum)之象。……(噬嗑)蓋谓分而合,合而通:上齿之动也就下,下齿之动也向上,分出而反者也,齿决【决:裂开,断开】则合归而通矣。……近世则有以剪刀(scissors)及咬嚼(the action of our jaws in mastication)为喻者,正同‘噬嗑’之象。……亦皆拟议**反而相成,分而有合**耳。”(钱锺书 1994:22-23,着重号为笔者所加)请注意,既说反与分,也说成与合。剪刀的运动状态是说明反而相成的妙例之一。剪刀的两片如若顺着一个方向运动,则剪不断东西(剪刀目的不达),剪刀的两片如若相向(相对、相反)运动,则能剪断东西(这才是剪刀的目的)。“黑格尔和马克思把矛盾理解为精神或历史的辩证发展的必要的冲突”(Nicholas B. & JiyuanYu 2001: 200: contradiction)。即是说,矛盾是辩证发展的必要的冲突。**必要的冲突,也是一体两面的性质。一体两面必然发生这样的冲突,才能达到辩证的发展。**

其次,在一体的内部,矛盾与对立着的两面在不断地转换着,比如,电流之正极与负极的流动与转换,又比如,“有与无、难与易、长与短、高与下、前与后”的转换(参见《道德经》第二章),“曲与全、枉与直、洼与盈、敝与新”的转换(参见《道德经》第二十二章),重与轻、静与躁、痞与泰、正与反、是与非、因与果、生与灭、呼与吸、冲虚与盈满的转换。“生,是死的延续;死,是生的转换。生也未曾生,死也未曾死,生死如一,(何足忧喜!)”①不是说生与死同一,而是说它们互相转换。

这就是我们面对的同一个现象、一个关于思维与事物的一体两面的变化和运动的规律。

1.1 老子之道:冲气以为和

我们的问题是,道里面哪一个术语或表达式最能概括一体两面的那种

① 参见星云大师、刘长乐所著《包容的智慧 II:修好这颗心》,湖北人民出版社。

变化和运动状况?

老子下述四处中,有两处直接出现"反"字,有一处出现"冲"字,亦即"反"。

第一处:"反者道之动,弱者道之用。"(《道德经》第四十章)"反"是道的变化和运动状态,是推动道前进的动力;"弱"是道的作用。任何事物都是在相反相成的变化和运动中生成的。

第二处:"道生一,一生二,三生万物。万物负阴而抱阳,冲气以为和。"(《道德经》第四十二章)老子用"一"代替道这一概念,表示了一个统一体。以"二"指阴、阳二气,说"道"的本身包含着对立的两个方面。阴、阳二气所包含的统一体即是"道"。因此,对立着的双方都包含在"一"中。"三",即是由两个对立的方面相互矛盾冲突所产生的第三者,进而生成万物。本文以"冲气以为和"代表老子之道,是因为后来的黑格尔辩证法(参见下一节)与这个表达式最为相通。我们祖先之智绝不输于洋人。

第三处:"牝牡之合。"(《道德经》第五十五章)男女交合。牝牡(雌雄)之合是最具常识意味的反合。正是男与女之反合,才有人类衍生的正合。事实上,牝与牝不能合,牡与牡也不能合。把这个牝牡之合想通了,再理解反合才是正合,一点也不觉别扭了。

第四处:"正言若反"。(《道德经》第七十八章)正面的话听起来像是它的反面。

我以为,"冲气以为和"可作老子之道的代表,它对反合论提供极为重要的支持。

1.2 黑格尔"辩证法":"正–反–合题"

此前,在和谐的概念中,"赫拉克利特认为万物是对立的和谐(the harmony of the opposites)"(Nicholas B. & JiyuanYu 2001: 427: Harmony)。

黑格尔的辩证法[*Dialectic*（Hegel）][1]的概念受到康德的二律背反和费希特的正题、反题与合题的三一式过程的影响。黑格尔主张，"矛盾是普遍存在的，它说明了思想和世界的一切变化和运动。……黑格尔主张，辩证法不单纯是思维过程，而且是概念本身和绝对理念所进行的发展。更重要的是，辩证法也构成了世界的自发的自我发展。他认为，事物通过变为它的对立面，然后解决矛盾而发展为综合(a synthesis)，这个过程不断进行一直达到完善(complete perfection)。这个三一式结构(tripartite structure)也是黑格尔哲学的建筑结构。"[Nicholas B. & JiyuanYu 2001：257：Dialectic（Hegel）]黑格尔"把自己的哲学称为逻辑学(the science of logic)"，他接着强调，逻辑不是一个静止的形式系统，而是思想过程，有对立面，有统一，还强调了"基本的逻辑过程"。什么是他所说的基本的逻辑过程呢？逻辑学"涉及思想的过程，按此过程，一范畴被另一范畴所包含，并由此发展为其对立面(contradictory)，这些范畴在一更高的全体中到达统一(unity)，这个统一又为进一步的发展开辟了道路。在黑格尔看来，从正题到反题，然后再到合题，是基本的逻辑过程。"(G.W.F.Hegel 1999)可以想到的是，后来中国哲学家(如冯友兰等)常常使用的"一个统一体的两个对立面"(冯友兰 1992:257;1996)及更为简明的"一体两面"这些说法与黑格尔上面说的 unity 以及 contradictory 总是有千丝万缕的联系的。梯利(Thilly F.1914：468-469)明确地解说是"从抽象的一般的概念开始(正，thesis)，这个概念引起矛盾(反，antithesis)，矛盾的概念调合于第三个概念中，因而，这个概念是其他两个概念的综合(合，synthesis)。"罗素(Russell 1972：732)也指出，黑格尔的辩证法"是由正题、反题与合题(thesis, antithesis, and synthesis)组成的。"

不难理解的是，"事物通过变为它的对立面，然后解决矛盾而发展为综合，这个过程不断进行一直达到完善。"这个论断中，事物即正题，事物的对立面即反题，综合继而完善是合题。这个论断中所包含的正-反-合题，是我们新增概括("反合")所特别注意的。

---

① 试比较:康德的辩证论[*Dialectic*（Kant）]

1.3 辩证唯物主义：事物发展的三原理

在辩证唯物主义中，“它坚持认为，物质世界[①]不是静止不动的。事物充满矛盾或对立(contradictions or opposites)，这些矛盾驱使事物产生发展的连续过程。这种发展是通过认识和调解内部矛盾的前进过程。发展的基本原理包括量变到质变的规律、对立面互相渗透的规律(the law of the inter-penetration of opposites)、否定之否定的规律。”(N. Bunnin & JiyuanYu 2001：257-258：*Dialectical Materialism*)

我们尤其注意事物发展的三原理，即量变到质变的规律、对立面互相渗透的规律、否定之否定的规律。三原理中，对立面互相渗透与否定之否定，给我们的反合论以充分的启发。

1.4 冯友兰：“仇必和(而解)”

冯友兰在概括两种辩证法思想的根本对立时，用的是“仇必仇到底”与“仇必和而解”。(冯友兰 1992:258)在本文中，用“仇必和”来简称“仇必和而解”；又因篇幅限制，只触及他所主张的“仇必和”，而不涉及“仇必仇到底”。

他认为，“‘仇必和而解’的思想，是要维持两个对立面所处的那个统一体”。(冯友兰 1992:258)

他还认为，“‘仇必和而解’是客观的辩证法”(冯友兰 1992:260)，“一个社会的正常状态是‘和’，宇宙的正常状态也是‘和’。”(冯友兰 1992:260)对于这一点，冯氏的论证有三个方面，第一是“一个统一体的两个对立面，必须先是一个统一体，然后才成为两个对立面。”(冯友兰 1992:

---

① 这里不可能提及能量世界、信息世界甚至是虚拟世界里的变化与运动规律。

257)……第三是“所谓‘和’,并不是没有矛盾斗争,而是充满了矛盾斗争。”“在中国古典哲学中,‘和’与‘同’不一样。‘同’不能容‘异’,‘和’不但能容‘异’,而且必须有‘异’,才能称其为‘和’。……客观辩证法的两个对立面矛盾统一的局面,就是一个‘和’”(冯友兰 1992:260)。

冯友兰以上“仇必和”论述,与本文增加的新概括“反合”完全契合。“仇”就是“反、敌、对立”。

1.5 钱锺书:“违者谐而反者合”

关于正言若反,钱锺书先是指出,“夫‘正言若反’,乃老子立言之方,《五千言》中触处弥望,即修词所谓‘翻案语’(paradox①)与‘冤亲词’(oxymoron②)……”他接着列出三种情形:第一种是,“世人皆以为其意相同相合,例如‘音’之与‘声’或‘形’之与‘象’;翻案语中则同者异而合者背矣,故四十一章云:‘大音希声,大象无形’。”第二种是,“世人皆以为其意相违相反,例如‘成’之与‘缺’或‘直’之与‘屈’;翻案语中则违者谐而反者合矣,故四十五章云:‘大成若缺,大直若屈。’”第三种是,“复有两言于此,一正一负,世人皆以为其意相仇相克,例如‘上’与‘下’,冤亲词乃和解而无间焉,故三十八章云:‘上德不德’③。此皆蘇辙所谓‘合道而反俗也’”。(钱锺书 1994:463-464)

值得我们注意的是第二种情形,“违者谐而反者合”。“反者合”直接支持了本文作者的“反合”论。钱锺书说“反者合”只是翻案语,是修辞手法。我们认为,它不仅仅是修辞手法,而是思想与事物的一体两面之间的关系。

---

① Paradox,近世亦译为“悖论”。

② Oxymoron,近世亦译为“矛盾形容法,如 cruel kindness”,真乃又冤又亲,确如钱锺书所译“冤亲词”。

③ “上德不德”还有一解:上德之人不求德,这样与下句“是以有德”才相配。

1.6 “反合”

1.6.0 “[常]反合”与“[哲]反合”区别

我们将新添“反合”一词,来对一体两面的关系作一个概括,并作为语言哲学中的一个范畴。

在日常生活里,“[常]反合”与“[常]正合”是一对反义词。汉语用到“[常]正合”(the well-accord)的典型句子是:“(一人或者一物)正合(另一人的意愿)”(请注意“[常]正合”前后分别出现了不同的统一体),英语言说的典型句子是:*It* well accords with *my wishes*.(请注意“accords”前后分别出现了不同的统一体,斜体示之。)另外,日常生活中“[常]正合”意谓“刚好合了”,“刚好”是副词,当状语用,其后的“合”是动词。反之,则说:“你那样不合我意,这样倒是反合我意。”这样,下面紧接着就好区分“[常]反合”与“[哲]反合”了。

“[常]反合”的词性是副+动组合,相当于“反而合了”,“反而”是副词,其后的“合”是动词,在句中的功能是作谓语,它的意义是,一人或一事反而合了什么人的意愿。

“[哲]反合”的词性是(两个并列的)名+名组合(比较:英语尝试以 the opposite-accord,以名词为核心的组合),在句中功能是作主语或宾语,其意义是,一体两面先反后合的变化与运动的结果,即对立面先是矛盾斗争(反),后来达到新的统一体即新的平衡(合)(详见 1.6.5)。

于是,我们得到的认识是:“[哲]反合”与“[常]反合”是一同三不同,即二者同音,但不同词性组合、不同功能、不同意义。

“[哲]反合”与“[常]正合”不是一对反义词。当然,哲学里也没有“正合”这一范畴。

特别提请留意:“[常]正合”是在两者即两个统一体之间产生,比如说某一人造物与另一人造物之间,或者某一个人与另一事件之间,而“[哲]反合”是在一个统一体内部的两面之间产生。所以,且不论“[哲]反合”与

“[常]正合”是不是一对反义词,它们二者简直不相干。故本文不讨论“[常]正合”。

但是,本文从这里往后所出现的“反合”均指“[哲]反合”,不再以[哲]注解之。

在哲学里以“反合”来承载一体两面之间的各种关系,初听起来非常别扭,我们的文化心理不习惯它,却有它的理据与独特的涵义。

1.6.1 老道“正反合”与《金刚经》推理句式的启示

本文从老道的“正反合”与《金刚经》推理句式中得到了方法论的启示。

老子先是提出了道与名的涵义,几乎同时又推翻了道与名的名相。“道可道,非常道;名可名,非常名。”“这种建后即破的辩证,就是正反合的逻辑辩证。”(南怀瑾 1992:41)南怀瑾概括出“正反合”[①]这种逻辑辩证,确实是老子论道的方法论之一:先用正的方法(正),随即用负的方法(反),最终给对象定性即澄清(合)。不可否认,后面随即而至的那个否定(“反”)增加了认识对象的难度与神秘性,但同时也使认识越来越深刻。

佛经呢?佛经如《金刚经》中的推理句式与上述的逻辑辩证,有同亦有不同:佛说第一波罗密,即非第一波罗密,是名第一波罗密。(赵朴初 2011:B11)认为这种推理是“同时肯定又同时否定”[②]。赵之所论颇中肯綮。又见“佛说般若波罗密,即非般若波罗密,是名般若波罗密”(李叔同 2006:68-69)佛经中的这种句式,从形式上看,为“佛说 A,即非 A,是名 A”。毛泽东曾风趣地与赵朴初开玩笑说:“佛说赵朴初,即非赵朴初,是名赵朴初”(赵朴初 2011:B11),前面两小句,相当于黑格尔辩证法的正题与反题,但后面那个跟进的“是名 A”却不是合题,是一个名相,增加了问题的复杂性。这便是佛家、老道以及黑格尔辩证法的同亦不同之处。

这于我们有两点启发:一、要注意用负的方法,二、“正反合”中,毕竟

---

① 不定南氏受到了费希特的正题、反题与合题的三一式过程与黑格尔三一式结构的影响。

② 赵朴初,2011,“书法 赵朴初”,参见广州《新快报》2011 年 11 月 27 日,“大道”周刊之 B11.

"反"通向了"合",反与合毕竟是直接粘合起来了。我们在反合论的论述中,充分注意到了这两点。

1.6.2 "反合"与其他五者联通

一、"反合"相通于老子的"反者道之动"、"冲气以为和"、"牝牡之合"及"正言若反"。"反合"尤其与"冲气以为和"更为密切,双方都反映了一体两面的变化和运动状态。二、"反合"可与黑格尔辩证法"正-反-合题"相对照。具体地说,"反合"可以与"事物即正题,事物的对立面即反题,综合继而完善是合题"互相阐明。三、"反合"与事物发展的三原理——量变到质变的规律、对立面互相渗透的规律、否定之否定的规律——互相参考。值得强调的是,对立面互相渗透、否定之否定与反合论的契合更清晰。四、"反合"也建构了"仇必和"所建构的一切思维与世界的规律。五、"反合"与"违者谐而反者合"中的后半部分尤其贴近。"反者合"与"反合"字面很相合,可是钱锺书的"反者合"并没单独而立,仅与"违者谐"相跟相随。

这六个表达式,各自结晶着自己所属的体系,不能相互代替,亦无高低之分。但是,"反合"还面临着这一概括是否成功的考验。

"反合",与其他五者互相发明,它建构了思维与事物一体两面的全部关系、图景与现实。

1.6.3 重视词语处理

本文作者为何极其重视"反合"这一术语的处理?

首先还是因为它是一个自然而然的、必要的哲学范畴。

其次,词语的陈述方式直接结晶出具有独特意蕴的哲学概念。一个语词的涵义(sense),是由它的呈现方式(the mode of representation)决定的,因为呈现方式透露了该语词的认知内容或者认知意义(the cognitive content or significance)(参见 Frege 1952)。这就是说,涵义(sense)随呈现方式走!同理观之,"老子之道"("冲气以为和")、"黑格尔辩证法"("正-反-合")、"辩证唯物主义"("事物发展三原理")、"仇必和"、"违者谐而反者合”、“反合论”各有自己的呈现方式,故各有自己的涵义。换句话说,不能因为上述六者在实质内容上有重要的相通之处,就认定他们是同一的!既然如此,就不能用他者中的任何一个来取代“反合”。“反合”一词有其特定的涵义。

再次,它对于分析传统的语言哲学,是至关重要的一个环节。不重视术语概念的梳理,就等于拆掉了语言分析这个平台。蒯因的 *Word and Object*[①](《语词和对象》)把词语的处理几乎当做了哲学研究的主要工作(第 56 节“语义上溯”Quine 1960: 270)。在本节有五处说明了词语处理的重要性。“值得注意的是,我们谈论词语的场合多于谈论对象”(Quine 1960: 270)。“他(卡尔纳)认为,有关何物存在的哲学问题是我们能如何最方便地设置我们的‘语言框架’的问题,而不像毛鼻袋熊或独角兽的例子那样是有关语言外(的)实在的问题。”(Quine 1960: 271,着重号为笔者所加)“从谈论对象到谈论语词的转变”(Quine 1960: 271),几乎就是蒯因的语言哲学的总纲领。认识到这一点,对本文重视“反合”这一术语的处置,具有相当重要的意义。“语义上溯的策略是,它使讨论进入双方对所讨论的对象(即语词)和有关对象的主要词项的看法比较一致的领域。……难怪它对哲学有帮助。”(Quine 1960: 272)“反合”这一术语的设置“是方便的,对哲学是有帮助的”。哲学是人为的,哲学是为人的。什么语言框架能方便人们讨论问题,就把它设置出来。

海德格尔(Heidegger 1989: 63)指出,“仅当某个适切的即能胜任的词语给一存在着的事物命名且使当下的存在(the given being)成为一个存在(a being)时,某物才能存在(something *is*)。”(斜体为原文所有)这就是说,本文选择的那个“适切的即能胜任的词语”即“反合”,终于“使当下的存在(即本文要论证的反合现象)成为一个存在”,这不是一个文字游戏[②],而是一件重要的工作。

---

① 此书是由世界 12 位顶尖的哲学家以投票方式选择出来的近 50 年(2005 年之前 50 年)最重要的 12 本西方哲学大著中得票数第二的专著(参见中国人民大学出版社“当代世界学术名著·哲学系列”,陈波写的总序二)。

② 说它是“文字游戏”倒是不错。“游戏”是一个很严肃的词。它意味着规则约定,意味着维特根斯坦的“生活形式”。

本文力争到达的第一个理论目标就在于此:一次成功(如果成功)的新的术语或表达式的产生,不啻为一次新的思想洗礼。

1.6.4 “反合”的方便:术语索引之力

在上一节我们曾提到,蒯因认为,“有关何物存在的哲学问题是我们能如何最方便地设置我们的‘语言框架’的问题,而不像毛鼻袋熊或独角兽的例子那样是有关语言外(的)实在的问题。”(Quine 1960: 271)蒯因的意思是,在谈论哲学问题时,设置一个语言框架,当然比寻找语言外的实在物要方便得多。

现在,我们可以讨论设置“反合”这个语言框架的方便之处了。我们当然并非试图用“反合”这个词语去取代语言之外的一个并非存在之物,我们设置这一术语,只是用来方便地结晶出一体两面的全部图景。

这一术语(其后是概念①)可以纠正人类“喜正合,恶反合”的文化心理,人类要坦然地面对世界万物的本质。在生与灭、顺与逆、同与异、易与难的对立关系中,人类往往喜生、顺、同、易这一面是情有可原的,但是厌恶灭、逆、异与难一面,甚至连想都不愿想“灭”等等,这却是成问题的,甚至是危险的。把生当成是理想事件,而把死当成是悲惨事件。这是人性的固有求生之情状,也是固有的弱点。这就种下了最初的“喜正合,恶反合”的种子。中外的古代思想家与哲学家不是不知道“反合”之理,只是不那么情愿将“反合”结晶为语词。须知,一个概念一旦被一个语词(名相)表述出来,那个概念便被铆定。一旦某个概念被某一语词所铆定,便打下了被口耳相传的基础。可是人们就是看不惯、听不惯那个“反”字被人传来传去,其实,他们更应该看到“反”字后面“合”的状态!这种文化心理虽然对世界的认识不免偏颇,却也有一种启发:我们为什么就不能在哲学术语或表达式的概括中,既正确地解说世界的道理,又让人们乐于接受呢?本文在反合论的简略解释中反复强调“合”字是核心词,就是满足人类的文化心理的需要。

---

① Words label concepts.语词给概念贴上了标签。

"反合"一词,作为一个学科的、范畴的也是概念的结晶体,其方便之处是,让"反"与"合"形成显豁的对立关系,便能够充分索引出万物是对立中的和谐的事实。有什么样的术语或表达式,便索引出什么样的事实。一个关键术语或表达式总是有一定的"索引之力",它是科学和哲学的建构现实的功能体现。这也是检验术语或表达式是否正确的标准。一个术语越是能索引出新的事实与新的发现,就越是一个精确的术语,就越具有强大索引之力。这一点会在本文的第二部分(几个反合式语迹)得到验证。关于术语或表达式的这些见解,不是本文的副产品,是语言哲学的正当之事。

1.6.5 "反合"的独特涵义

反合是稳妥的合。

"反合"的意义可归纳如下:(1)思维与事物的一体两面的相反相成;(2)一个思维过程、一物、一事件的内部矛盾与对立面的转换;(3)突出反也守住了合,即"相反状的合",合字是核心词。反与合,缺一不可。另外,"反"与"合"的生成是自然的,起之于思维与事物变化和运动自身,不是人为从外部强加的。缺了"合"的反,肯定不是事物自身的变化和运动,是没完没了的乱,是持续的无序;缺了"反"的合,就不是思维与事物的自身的变化和运动。

第二部分:反合式语迹

从这一部分起,我们将直接面对思想与语言。

本部分的第一个内容,是检测"反合"是否有"术语索引之力",第二个内容,是观察我们发现的几个反合式语迹,是否能对世界作出解释。

验证"反合"是否有术语索引之力的哲学意义在于这个过程能较好地实现"从谈论对象到谈论语词的转变"(Quine 1960: 271)。

这一哲学意义与《语言全息论》(钱冠连 2003d)里的思想显然是一脉

相承的。《语言全息论》第七章第六节中提到:“宇宙靠语言阐明。”结论篇即第十章的最后一句话是:“如果将‘天’比成世界、宇宙或现实,那么,语言全息论就是地道的‘天语合一’论。”

我们在“反合”的术语索引之力的指引下,在自然语言结构里寻找到几个反合式语迹,就能够印证反合现象的语言踪迹。它们是:音声相和、汉语两端字与外语两端词、反合式字组与词组(即【汉】反正结合字组-反正柔和字组以及【外】反正结合词组),最后,两个并列的半句。

2.1 音(与)声相和:语言中根本的反合

直觉告诉人们,语言里的拼音是由一个声音与另一个不同的声音拼合起来的。这样看问题就遮蔽了事情的真相。具有显豁的对立关系的“反合”这一术语引导我们发现,我们常说的“语音”,就是相反相成的两面——音与声——之新的综合体。也就是说,音与声相矛盾的结果走向了综合,即一个新的平衡与完善之体。

老子《道德经》第二章讨论了事物存在的相对性。其中提及了“音声相和”。但他没有在此明确指出,这就是人的语言的构成。

音,即现代语言学称的元音;声,即辅音。元音有韵,抑扬顿挫,能延长,故能余音婉转;辅音有爆破、切断、塞、擦。以上两者,缺一不可产生一个清晰的音节,故不可产生自然语言。可以作为旁证的是,禽无声,只有音,故仅能长鸣如鸟;兽无音,只有声,故仅能嘶吼如狮。人类能产生发达的流畅的精微的自然语言,而动物不能,其原因何在?因为人类避免了音音相加(即连续的韵母)只能长鸣;也避免了声声相加(连续的辅音,连续的爆破、塞、擦、阻、丝、卷、翘)只能嘶吼,而能将音与声反合拼音,拼出和谐的音节!明确的音节发生之后,才具备了形成有意义的音节的基本条件。自然语言由此诞生。

总而言之,音音不相拼合,声声不相拼合,惟一有效的拼音,只能是音与声反合。

2.2 汉语两端字与外语两端词

集两个相反的意义于一个基本语言单位(一汉字或其他语言一词)之上,这就是在汉语里的两端字和其他语言里的两端词。这里所说的基本语言单位,是一种语言里可以自由移动的、最小的有意义的使用单位。

对于两端字与两端词,举例如下:

汉语里,两端字如:陶:“快乐”与“忧”;舍:“停止”与“释放”;乖:“违反情理”与“听话”;仇:“怨匹”与“嘉偶”。还有:披、救、败、除了(两端字组只发现了一个,后面新增的字组也只有一个)。(钱冠连 2003d:187-197)尤:最优异;最恶劣。爽:爽快,畅快,舒服;差错,有毛病(如“口爽”,是味觉出了毛病,口腔乏味,食欲不振,不是品味好极了)。两端字组有:葳蕤[weirui]:草木茂盛;萎顿。

英语里,两端词如:ambition(雄心大志 vs 野心),astute(精明的 vs 狡诈的),dose(不愉快的经历 vs 愉快的经历),collaborate(褒义的‘合作’vs 贬义的‘通敌’),pious(真虔诚 vs 虚伪的善诚),spare(不给出 vs 给出),stuck(不能动 vs 积极地开始做某事),proud(褒义地‘自豪’vs 贬义地‘骄傲’)。新增英语两端词如:unsparing(无情的 vs 大方的),sanction(认可 vs 制裁)。

俄语里,两端词如:разучить(学会 vs 使不再会),рубить(砍伐 vs 建筑),славить(赞美 vs 造谣中伤),гордый(褒义‘自豪的’vs 贬义‘高傲的’),учить(自己学习 vs 别人教授),бесценный(极贵重的 vs 毫无价值的),прослушать(听完 vs 听不到),презрeчительный(被人蔑视的 vs 蔑视人的),пучина(土壤隆起 vs 深渊),просмотреь(仔细查看 vs 粗略地看)。

《语言全息论》中对两端字与两端词的解释是,两端词的两极语义总有相通的信息、相覆盖的部分,两极之中有了相通的部分,才有互相转换的可能。这样就形成了两个语义之间的互相包含,即全息关系。……两端中包含着共轭的信息,我们才能理解两端词的全息性。

《语言全息论》(第 188 页)提到了黑格尔对"相反两意融于一字"现象的注意,是有意思的。也就是说,(汉语)两端字或(其他语言)两端词是一个哲学问题。

特别值得注意的是,汉语中,两端字(陶、舍、乖、仇、披、救、败等)大大多于两端字组(极少极少,以"葳蕤"为例)。本文将汉语的基本语言单位定位在字上,是符合事实的。这个事实令人深思。

现在,我们用反合论解释它也正好。汉语两端字和其他语言两端词现象反映了事物之一体两面、相反相成的反合;对立性质、状态的转换之合的反合,即两个相反之义集合在一个汉字(少量的字组)里或其他语言的一个词里。

这样便可清楚地看到,在自然语言里的基本语言单位(一字或一词)上,两个相反的意义集于一身(一字或一词)的情形是普遍的,它反映了思维与事物运动的反合规律。

2.3 反合式字组与词组

反合式字组与词组,指的是形式上把两个(以上)相反意义的基本语言单位即(汉)字与(外语)词,组合在一起,作为固定的字组(汉)和固定的词组(外语)使用。

这里出现了"(汉语)字组"这一概念,须略加说明。不少汉语语法学家主张汉语里有词,有其方便之处,我不反对。本文里所用的字组,就包括了他们所说的词。使用"字组"的方便与重要性,在本节的最后部分交代。

汉语中有两种字组,它们直接体现反合现象,即反正结合字组与反正糅合字组。其他语言中也有反合式词组。

汉语中的反合式字组有三种情况。

第一种情况:反正拼合字组,是这样一种构式,即一个字组,由两个意义原本相反的字相加,但新字组的两个字,其原义清晰可见。新字组的意义模式为:新字组【a+b】→(a+b),式内"→"读作"其意为"。如:①曲直:喻指是与非;有理无理。既保留了曲又保留了直。②有无:指家计的丰或薄,有余与不足,基本上保留了各自的原义即有与无。③难易:艰难与容易。④盈亏:盈余和亏损。⑤公私:公家和私人。⑥收支:指钱物的收入与支出。⑦正反:正与反。⑧正负:正与负,正极与负极。⑨胜负:胜与败。⑩吐纳:吐故与纳新。如此等等。

第二种情况:反正糅合字组,是这样一种构式,即一个字组,由两个意义相反的字相加,但新字组未能保留各自的原义,其整体意义与原义大不一样了。这样结合成的新字组,情况有二:一是立即变成真正的糅合,对立双方的原义都不见踪迹,新字组的意义模式为:新字组【a+b】→(c);另一种情况是,新的字组之意向一个方向倾斜发展,另一方向的字意几乎消失殆尽。新字组的意义模式为:新字组【a+b】→(a)∨(b)。这种现象背后的推动力绝不简单,有待研究。例如:①舍得≠舍+得,而指愿意舍去、不吝惜。“得”的意义消失了。②横竖≠横+竖,而表示肯定。③反正≠反+正,而指由邪归正或敌方人员投诚,或者当副词用,表示坚定的语气,不因条件不同而曲意改变。④里外≠里+外,而指从里到外,表示整个、全部。⑤动静≠动+静,而指行动、动作;动作与说话的声音;情况与消息。⑥手脚≠手+脚,而指动作、举止;全力、心力;手段、本领;暗中伎俩;手面与排场。⑦快慢≠快+慢,仅指速度。⑧高下≠高+下,却指高度;犹差别;好坏;胜负;贵贱。⑨始终≠始+终,而指自始至终,一直;毕竟,终究。⑩厚薄≠厚+薄,而是指厚度(“薄”的意义消逝);浓淡、稀稠;大小、多少;亲疏。如此等等。

这里顺便提及,比较一下汉语中“正反”与“反正”两个字组,会发现有意思的现象。“正反”,为反正结合字组,就是正面与反面都指,“反正”呢,却是反正糅合字组,意为“由邪归正或敌方人员投诚,或者当副词用,表示坚定的语气”。两个字在一个字组内的位置颠倒一下,就会引起如此重大的变化,这个原因并非简单。

第三种情况:既结合又糅合的反正字组。新字组的第一义,意义模式为:新字组【a+b】→(a+b);新字组的第二义,意义模式为:新字组【a+b】→(c)。如:①左右:结合字组(保留各自的原义),指左面与右面;糅和字组:支配与控制。②东西:结合字组,指东面和西面;糅和字组:泛指具体或抽象的事物,也特指人或动物(含爱或憎的感情)。③是非:结合字组,指对的与错的,正确与错误;糅和字组:纠纷与口舌。④长短:结合字组,指时间与距离的长和短;糅和字组:是非与好坏;相关与牵涉;高和下、优和劣。⑤高下:结合字组,指高度的两极即高与低;糅和字组:指差别;好坏与优劣;胜负;贵贱。⑥前后:结合字组,用于空间,指事物的前边与后边,也表示时间的先后;糅和字组:指自前到后的经过与过程,也指轻重与尊卑。⑦虚实:结合字组,用于虚或(和)实;糅和字组:泛指内部的真实情况。⑧天地:结合字组,即指天和地;糅和字组:指自然界和社会;天地神灵;境界、境地。⑨雌雄:为雌性和雄性;糅和字组:比喻胜负、强弱与高下。⑩生死:结合字组,指生或(和)死;糅和字组:犹如死活,表示坚决;同生共死,形容情谊极深;相互间彼生我死,不可调和。

英语中的反合式词组,情形不一定像汉语那样,它有它自己的形式,如:a tall short man(在矮人中仍算高的人),rain or shine, good and/or bad, black and white, right and/or wrong,还有一大批采用矛盾修辞法(oxymoron)构成的反合词组,如:cruel kindness(残酷的善良),sweet bitterness(甜蜜的痛苦),sweet lies(甜蜜的谎言),beautiful tyrant(美丽的暴君),等等,很能体现反合的规律。上述反合式词组中,有的形成了固定搭配,有的尚未形成固定词组。

汉语中也有尚未成为固定用法的字组。如汉语中的"活死人"(命悬一缕的几乎快死了的人)、"活鬼"(比喻活动着的鬼)、"小大人"(行为举止像大人的小孩)都是可以接受的字组。

把两种相反意义的(汉)字与(外语)词组合在一起,也是普遍现象。这正好反映了思维与事物中的反合现象在语言中的纠缠。只要我们不把汉语的"曲直"与"有无";"舍得"与"横竖";"左右"与"东西"之类看成是一个基本单位,而是由两个(以上)基本语言单位(即汉字)形成的字组,那么,其他语言中这样的词组也不过是两个以上的基本语言单位(词)的组合。这就是说,自然语言中的反合式字组与词组都统一在几个基本语言单位的组合之上,就是普遍的事实了。

由此可见,思维与事物的一体两面的矛盾对立终而走向和谐的过程,在汉语反合式字组和其他语言的反合式词组中得到了淋漓尽致的体现。

2.4 两个并列的半句(对联)

楹联即对联——请注意“对联”这个说法里有“对”这个字——两个相对的并列的半句,有反合意味。巧妙楹联俯拾即是,此处仅举一例:(苏轼)吉水龙济寺联:

天上楼台山上寺
云边钟鼓月边僧

上例中,“天上”与“云边”,“楼台”与“钟鼓”,“山上”与“月边”,“寺”与“僧”,分别相对,而不完全相反,这可以说是对相反相成的摹仿。缺一联,也可以为美,但那是残缺的美。将两者合观,方为黑格尔的“完善”之美。也就是说,反合促成了语言的完善之美。这一点不仅关涉到语言中是否有反合式语迹,还进一步地让语言表达更完善、更美。

全文讨论与结论

正如海德格尔所说,“人在语言中发现了他存在的适当的处所(the proper abode of his existence)。”果然,我们在几个反合式语迹(音(与)声相和、汉语两端字与外语两端词、反合式字组与词组、两个并列的半句)中,发现了我们人类自己存在的方式即适当的处所(Heidegger 1982a: 57)。也就是说,几个反合式语迹的构造方式,也恰好就是事物与思想运动的方式。

如果不是“反合”这一术语(“反”与“合”形成尖锐对比)索引与提示,本文作者就不会领悟司空见(听)惯的拼音何以会如此地有效,也不会对两端字与两端词作出新的认识,也不会发现两个并列的半句之美美在何处,更不会第一次发现汉语反正结合字组与反正糅合字组的三种复杂的内部关系。如无反合论的引导与搜索,以上诸般奇妙的构词关系却仍然熟视无睹。这证明,“反合”这一术语能提供更多的线索并确实地引申出了更多的新发现,它是一个可胜任的术语。

哲学可以把人的视线带出一切限制的疆界。这表现了哲学洞穿一切的发现能力。

哲学家关心物的存在，语言哲学家将这样的关心变了一个样子，即进入到词语对物的关系中。"此关系不仅仅是一方面存在着的物与另一方面存在着的词语的联系而已，词语本身就是关系，这种关系总是在词语自身中以一物存在着的这种方式保持着物。"(Heidegger 1982b：66) 是的，词语本身就是关系，而这种关系总是(在词语中)保持着物。我们不是在几个反合式语迹中，看到了一体(一物、一事、一过程)的两面的关系——又反又合这样的关系吗？

结论

结论之一，"反合"这个新的术语，与其他五个术语或表达式一样，能概括与说明思维与事物的一体两面的既相反相克而又相合相谐的变化和运动规律。它与其他五者联通，相互补充与映照。它具有一些方便之处，具有术语索引之力，但它有独特的涵义，故不可被其他五个术语或表达式取代。

"反合"的独特涵义是：(1)思维与事物的一体两面的相反相成；(2)一个思维过程、一物、一事件的内部矛盾与对立着两面的转换；(3)突出反也守住了合，即"相反状的合"，合字是核心词。反与合，缺一不可。另外，"反"与"合"的生成是自然的，起之于思维与事物变化和运动自身，不是人为从外部强加的。缺了"合"的反，肯定不是事物自身的变化和运动，是没完没了的乱，是持续的无序；缺了"反"的合，就不是思维与事物的自身的变化和运动。反合才是稳妥的合。"反合"这一术语是讨论哲学问题的一个方便的语言框架。

一个新的术语或表达式的成功(如果成功)产生，不啻为一次新的思想洗礼。即使"反合"这个术语不能被立即接受，本文的论证过程本身也是一次思想的洗礼与碰撞，因为论证本身有助于理解语言哲学何以是语言哲学，体现"哲学从谈论对象到谈论词语的转变"(Quine 1962)，因而本文特别重视处理词语、理清意义及梳理概念。在思维训练上与方法论上，本文具有一定的意义。

结论之二包括三个方面：

(1) 我们发现了"反合式语迹":音声相和、汉语两端字与外语两端词、反合式字组与词组(即(汉)反正结合字组-反正糅和字组以及(外)反正结合词组),以及(汉)两个并列的半句。

(2) 所发现的反合式语迹可以解释人的存在方式、思维发展的方式及世界存在的方式。诚如海德格尔所说,"词语本身就是关系,这种关系总是在词语自身中以一物存在着的这种方式保持着物。"(Heidegger 1982b: 66)

(3) "反合"这个术语确有"索引之力"。

(原载于《当代外语研究》2013年1期)

II.

On Opposite-Accord and Its Linguistic Traces

Abstract: The author proposes a new term, i.e., the opposite-accord (OA), so as to reflect and to explain the laws of change and motion in thoughts and things, with the new term being in parallel with "Dialectic" by Hegel in addition to other 5 terms or expressions or propositions. The new term has "an indexing force of terms". As a result, the OA theory is really capable of indexing① some OA-type linguistic traces such as (1) the phonetic combination (of vowels and consonants into one syllable) as a basic OA phenomenon in language; (2) the both-ends characters in Chinese and both-ends words in other languages; (3) the OA-type character-groups in Chinese and OA-type phrases in other languages; (4) antithetical couplets in Chinese. Accordingly, the OA-type linguistic traces have proved themselves in explaining the way in which the world *is* and the way in which our thinking *is*.

Keywords: the opposite-accord (OA); indexing force of terms; both-ends characters/words; the OA-type linguistic traces; philosophy of language; two contraries of a thing/thought

---

① The "index" is used in this paper as a verb indicating to make researches after what is not yet discovered or to trigger out something under the indexing force of the term "the OA".

1. The Opposite-Accord (OA) Theory

1.1 The five names for the same phenomenon

In the past, our forefathers (philosophers and thinkers) labeled the same object, i.e., the laws of change and motion in thoughts and things, as many terms or expressions or propositions, among which there were five common or typical usages, including

— "冲气以为和" ("Their harmony depends on the blending of the breaths") by Lao Tsu (CSCAC 2010; Lao Tzu 1998, Chapters 42, 40, 55, and 78);

— "Dialectic" (thesis — antithesis — synthesis) by Hegel (Bunnin & Yu 2001: 257,427; Hegel 1999; Feng 1992: 257; Feng 1996: 81–4; Thilly 1962: 468–9; Russell 1972: 732);

— "dialectical materialism" (the basic principles of development①(Bunnin & Yu 2001: 257–8);

— "仇必和(而解)" ("Necessarily, enmity becomes reconciled") (Feng 1992: 257–8);

— "违者谐而反者合" ("The discordant tends to be harmonious, while the contrary, agreeable.") (Qian 1994: 463–4).

Now, the author of this paper tries a new term, i.e., the opposite-accord (OA), to refer to the same phenomenon.

Although the above six terms or expressions or propositions are connected very much in substance, they should not be taken as identical.

① The basic principles of development include the law of the transformation of quantity into quality, the law of the inter-penetration of opposites and the law of negation of the negation.

1.2 The inspiration from "Construction — destruction — accord" in Daoism and from inferences in the *Diamond Sutra* (《金刚经》) (See appendix)

1.3 The special importance to dealing with words

The author is placing much importance on dealing with the term, the OA, because, first, it is a necessary category of philosophy similar to Hegelian dialectic as mentioned above in 1.1.

Second, a mode of representation in a word crystallizes to form a unique concept/notion according to Frege (1952). The author accepts that *sense follows closely the mode of representation.* That is to say, one cannot assert that, for the above six terms or expressions or propositions in question are connected very much in substance, they should be taken as identical. Such being the case, one cannot take place of "the OA" with any one of other 5 terms. The term, "the OA", has a unique sense (see below).

Third, the special attention to tackling questions of words is a vitally important link in the analytic philosophy of language, if not the most important one. In his great work *Word and Object*, Quine almost considered the work of dealing with words as the main one of philosophical studies, as indicated in Section 56 "Semantic Ascent" (Quine 1960: 270). In this section he has 5 points at least assigned to brilliantly expound the significance of dealing with terms. In the author's view, the OA embodies the very approach to philosophy in terms of (1) "[W]hat is noteworthy is that we have talked more of words than of objects" (Quine 1960: 270), (2) "[T]he philosophical questions of what there *is* are questions of how we may most conveniently fashion our 'linguistic framework'" (Quine 1960: 271), and (3) "a shift from talk of objects to talk of words." (Quine 1960: 271) And the author holds that the OA can be said to be "[T]he strategy is one of ascending to a common part ... No wonder it helps in philosophy." (Quine 1960: 272) In one word, philosophy is done by people, so it should serve people. The OA is such a thing convenient in respect of linguistic framework.

Heidegger (1982b: 63) pointed that "something *is* only where the appropriate and therefore competent word names a thing as being, and so establishes the given being as a thing." (italics, original) Put in another way, the OA proposed by the author in this paper should be "the appropriate and therefore competent word" which is capable of "establishing the given being (i.e., the OA phenomenon) as a thing."

The first theoretical aim we are trying to arrive at is that we will be theoretically baptized, even if the new term, the OA, may not be a generally accepted usage for the time being.

1.4 The convenience of the OA

The convenience of the OA lies in the fact that with the help of it we are capable of crystallizing easily the whole panorama of two contraries of a thing or thought.

First, this term, the OA, therefore its corresponding notion, can correct such a kind of cultural mentality that human beings tend to have a special affinity for the positive (e.g., life), but to feel great fears for the negative (e.g., death). They are sick of the ill-accord and meantime disposed towards the well-accord. But they should face the nature of universal things unperturbedly. Even construing "the OA" literally, they actually can see the "accord" after the "opposite". As a result, the focus in the expression is still, of course, on the "accord".

Second, we have made the "opposite" and the "accord" such saliently opposed to each other that the term is to give us definite hints that all and only universal things should be in the unity of opposites.

In addition, as like begets like, every term is capable of indexing up its corresponding fact. A key term is always to beget a certain indexing-force which shows the function of science and philosophy to build reality. This is also a criterion of whether the term is successful and competent or not. The more new facts and more new discoveries a term can trigger, the more competent the term is, and therefore, the more powerful indexing-force the term has. This is to be further proved in the subsequent section (on some OA-type linguistic traces). The functions of terms are not by-products but serious issues of philosophy.

1.5 The unique sense of "the OA"

The unique sense of "the OA" is as follows:

(1) The two contraries of a thing and thought are both opposite and complementary to each other;

(2) The two contrary or opposed sides of a thought, a thing and an event are all the time inter-penetrated and transformed mutually;

(3) The "opposite" seems to be salient, but actually the "accord" is the keyword. All in all, not a single one can be omitted.

2. Some OA-type Linguistic Traces

In this part, we shall have a test by which we will see whether the term, the OA, has a certain indexing-force or not. Second, we will check whether some OA-type linguistic traces we have found here are capable of explaining the world.

2.1 The phonetic combination of vowels and consonants into syllables as one of the basic OA phenomena in language.

In Part Two of *Daodejing* (also known as *Tao Te Ching*), Lao Tzu, in discussing the relativity in universal things, mentioned *the harmony of vowels and consonants*, but he did not mean that this harmony is the basic form of human language (CSCAC 2010; Lao Tzu 1998).

In a syllable, a vowel is rhyming and sweet, rising and falling in a pleasant cadence, so it can linger on in the air long; by a flagrant contrast, consonant is assibilating and fricative. Without any one of the two, however, human beings cannot get clear syllables, and logically, natural language cannot be generated.

As collateral evidence, generally speaking, birds are said to have only vowels without consonants, so they are able to tune their songs for a canny long while like a lark is able to, while animals are said to have only consonants without vowels, so they can only roar like a lion can. Thus, luckily, only human beings may generate smooth and dedicate natural language. The reason is this: Human beings avoid having to have vowels plus vowels. Also, human beings keep away from consonants plus consonants. Instead, they are capable of combinating vowels and consonants into syllables in the shape of the OA. All in all, you cannot add vowels into vowels, consonants into consonants. The most effect of phonetic combination is that of consonants plus vowels by means of the OA.

2.2 Both-ends-characters and both-ends-words in language

A basic language-unit which gathers two contrary meanings within the same unit can be defined as what the author called a *both-ends-character* (*and both-ends- character-group*) in Chinese or a *both-ends-word* in other languages. Here, by a basic language-unit, I mean such a unit that is freely movable, minimal and meaningful in a language.

In Chinese, both-ends-characters, for instance, are as follows: 陶[táo]: happy vs. sad // 乖[guāi]: perverse vs. obedient, well-behaved // 仇[chóu]: enemy vs. [qiú]: spouse, companion // (Qian 2003: 187–197) 尤[yóu]: the most excellent vs. the poorest, the most inferior // 爽[shuǎng]: refreshed, comfortable vs. erroneous, hard, tasteless, tacky, etc. Consider, for example, the following *both-ends-character-group*: 葳蕤[wēiruí]: Hanging down in clusters, luxuriant vs. barren, meager, sparse, etc.

In English, "ambition" which can be used both as commendatory and as derogatory as in "Her ambition was to become a world champion" vs. "He no longer had ambitions to occupy the throne", "an ambition for aggression" // "astute": as in "an astute observer" vs. "play the most astute kind of politics" // "dose": as in "a correct dose of welcome", "a dose of Old World culture", "a heavy dose of ideology" vs. "a nasty dose of flu", "a dose of hell", "a hard dose to swallow" // "collaborate": work jointly on an activity or project, vs. cooperate traitorously with an enemy. // "pious": making or constituting a hypocritical display of virtue, vs. dutiful or loyal, especially towards one's parents. // "spare": give something of which one has enough to someone, vs. [with negative] try to ensure or satisfy one's own comfort or needs. // "stuck"... // "proud"... // "unsparing" ... // "sanction", etc.

In Russia, the same happens to разучить, рубить, славить, гордый, учить, бесценный, прослушать, презречительный, пучина, просмотреь, etc.

According to the theory of language holography (Qian 2003), the meanings between the two poles of a both-ends character (or both-ends word) are disposed to share a piece of interlinked information, i.e., overlapped parts of the information. The interlinked parts between the two poles make the two into any one of them from time to time. Thus, the two meanings embody or include one another, and therefore, the holographic relationship between the two is established. The conjugate information that the two poles share is the basis upon which we are capable of understanding the holography of a both-ends character or both-ends word.

Now we turn to the OA theory for help. The phenomenon of a both-ends character (or word) mirrors the laws of change and motion in thoughts and things, i.e., two contraries of one thing or thought are in a both antagonistic and harmonious state. The two sides of a process of thought, a thing and an event are all the time transformed mutually.

Thus, we have clearly seen in natural language that two contrary meanings co-exist in one character or one word (a basic linguistic unit). This phenomenon is very universal, which mirrors the OA-type law of change and motion in thoughts and things.

2.3 The OA-type character-groups and phrases in language

In terms of form or structure, an *OA-type character-group* or *phrase* can be considered as a combination of two (or more than two) basic linguistic units whose meanings are opposed to one another. In addition, the combination is used as a set character-group in Chinese or phrase in other languages.

In Chinese, there are three kinds of such OA-type character-groups.

First, what we call *an OA-type pieced character-group* is such a group in which one character is pieced to another. At the same time the original meanings of the two characters are contrary to one another, but the newly pieced character-group continues to clearly keep the original meanings of the two characters. The meaning model of the newly pieced character-group (C-G) can be formulated as the new C-G [a + b] → (a + b). In this formula, "→" reads as "means that". Consider, for example, (1) 曲直[qū + zhí] (the wrong + the right; or the unreasonable + the reasonable): both 曲 [qū] and 直 [zhí] continue to have their original meanings; (2) 有无[yǒu + wú] (rich + poor, or to have some + to have nothing, or presence + absence): 有 [yǒu] and 无[wú] continue to have their original meanings. (3) 难易: hard + easy. (4) 盈亏: the waxing moon + the waning moon; profit + loss. (5) 公私: public interests + private ones. (6) 收支: income + expenses. (7) 正反: positive + negative; the obverse side + the reverse side. (8) 正负: plus + minus. (9) 胜负: victory + defeat; success + failure. (10) 吐纳: to exhale + to inhale, etc.

Second, *an OA-type kneaded character-group* is a "chemical" combination which consists of two characters whose meanings are contrary to one another, but the newly kneaded character-group does not continue any longer to have the original meanings of the two characters, while kneading the two into a new meaning. Thus, the meaning model of the newly kneaded character-group (C-G) can be formulated as the new C-G [a + b]→(c). On the other hand, sometimes, the meaning of the newly kneaded character-group may lean toward the only one of the original two characters, with the meaning of the other having mostly disappeared. Thus, the meaning model of the newly kneaded character-group (C-G) can be formulated as the new C-G [a + b] → (a) ∨ (b). Consider, for example, (1) 舍得[shě dé] (give up, abandon + obtain, gain) ≠ 舍+得, but the integral meaning is "be willing to part with; not begrudge", while the meaning of 得[dé] (obtain, gain) disappears. (2) 横竖 [héng shù] (horizontal + vertical) ≠ 横 + 竖, while the integral meaning of 横 + 竖 indicates "anyhow; anyway; either way; in any case", etc.

Third, *an OA-type both-pieced-and-kneaded character-group* is that the first entry of meaning of the new character-group formulated as C-G [a + b] → (a+b), meanwhile the second entry of meaning, as C-G [a + b] → (c). Consider, for example, (1) 左右[zuǒ yòu] (the left + the right): the first entry of meaning keeps the original meaning of 左[zuǒ] (the left) plus 右[yòu] (the right). The second entry of meaning of 左右 (as a kneaded character-group) suddenly becomes "to control", "to knead and mould" and "to dominate". (2) 东西[dōng xī] (east + west): the first entry of meaning keeps the original meaning 东[dōng] (east) plus 西 [xī] (west). The second entry of meaning of 东西 (as a kneaded character-group) suddenly becomes "things" or "creature", etc.

In English, OA-type phrases, unlike in Chinese, have their own shape. Consider, for example, the following expressions: "A tall short man" may still be considered as a tall man among short fellows. And yet, we shall have "rain or shine", "good and/or bad", "black and white", "right and/or wrong" and "a love-hate relationship". According to oxymoron, we shall have "cruel kindness", "sweet bitterness", "sweet lies", and "beautiful tyrant", etc. Some of the OA-type phrases mentioned above are not yet established as set phrases. For additional examples see infra.

In Chinese, there are still character-groups which are not yet established as set collocations: "活死人" [huó sǐ rén] (a living dead man), "活鬼" [huó guǐ] (a living ghost), "小大人" [xiǎo dà rén] (a juvenile grown-up), etc.

It is universal to piece/knead together two (or more than two) basic linguistic units (a character-group in Chinese and a phrase in other languages) whose meanings are opposed to one another. This phenomenon mirrors a tangle in language provoked by means of an OA of thoughts and things.

2.4 Two juxtaposed half-clauses

Two juxtaposed half-clauses may be antithetical couplets① in Chinese culture, for instance. This written form shows the OA. There have been a

① The couplets are written on scrolls and hung on the pillars in a hall or study or, directly, on the gate. The couplets must be put absolutely in bilateral symmetry.

great many couplets in Chinese culture. For instance, the following couplets written by Su Shi, the great man of letters in ancient China, are good model of two parallel half-clauses.

天上(in the sky)楼台(a high building)山上(on the mountain)寺①(a temple);

云边(in the cloud side)钟鼓(a bell-and-drum)月边(below the moon)僧②(a monk).

(There is a high building in the sky and a temple on the mountain;
There is a bell-and-drum tower in the clouds and a monk below the moon.)

See the above couplets and we will find that "a high building" and "a bell-and-drum tower" as well as "in the sky" and "in the clouds" are juxtaposed to one another, so are "a temple" and "a monk" as well as "on the mountain" and "below the moon". Note please, the pairs of "a high building" and "a bell-and-drum tower", etc., are really in parallel, but they are not truly opposed to one another. They may be still said to imitate the both antagonistic and harmonious state. Although a single couplet may be still considered as beautiful without another half, it sounds beautiful incompletely. We will have Hegelian perfectness, if we have the two juxtaposed half-clauses. That is to say that the OA promotes perfectness in language. This is not only to involve in the fact whether there are some OA-type linguistic traces in language, but also this is to concern the problem of how to make everyday language more significant and more beautiful.

3. Discussion and conclusion

Just as Heidegger (1982b: 57) said that "[M]an finds the proper

① The last character must be in the falling-rising tone, the falling tone, and the entering tone.

② The last character must be in the level tone as distinctly from the above. That is why the author holds that couplets in Chinese classical culture cannot be translated from Chinese into foreign languages, if considering a good many factors.

abode of his existence in language", we have found the way in which man exists from such OA-type linguistic traces as the harmony of vowels and consonants, both-ends characters and both-ends words in language, the OA-type character-groups and phrases in language. Stated thus, the shape of the structure of the OA-type linguistic traces is nothing but a mode of motion of a thing or thought. This philosophical idea is intimately tied up with that of *The Theory of Language Holography*. The theory says that the universe is expounded with the help of language (Qian 2003: Section Six, Part Seven). The last sentence of Part Ten is that, "According to Chinese culture, the sky is a metaphor for the world or universe or reality, then, theory of language holography is exactly that of the sky and language united as one."

The indexing force of a term serves as an important testing criterion of whether the term can be qualified to summarize a category or not. Had it not been for the help of the indexing force of this term, the OA, *because of a sharp contrast between "opposite" and "accord"*, we really did not comprehend how come the phonetic combination of vowels and consonants into one syllable was so effective as it is now, for this combination is too quite common to be regarded as strange. Similarly, if it had not been for the hint of the indexing force of the OA, we really could not, for the first time, discover the three sorts of complex inner relationship within OA-type pieced character-groups, OA-type kneaded character-groups and OA-type both-pieced-and-kneaded character-groups. The OA phenomena are so common that we cannot see, at first sight, any OA-type trace without the hint of the term. Depending on this evidence, we believe that the OA is a competent term that can index up something new.

As the first conclusion of this paper, the newly-structured term, i.e., the opposite-accord (OA), is capable of reflecting and explaining the laws of change and motion in thoughts and things, with the new term being in parallel with other 5 terms or expressions or propositions. Thus, the author claims that the six terms cannot substitute one another, although they are complementary to one another. Also, the author claims that the OA can be considered as convenient and has the indexing force to a great extent.

The term, the OA, has a unique sense as listed in 1.5.

However, the both-opposite-and-according state arrives naturally from the very change and motion of a thought and thing; it has not been imposed artificially. The author would like to assume that all and only opposite accord is the most stable accord. The first theoretical aim we are trying to arrive at is that we will be theoretically baptized, once a new term is produced successfully. Even if the term (say, OA) is not accepted now, we have had a further understanding of the mode in which analytic philosophy of language was as it was, and of the reason why Quine pointed out that "a shift from talk of objects to talk of words." (Quine 1960: 271) In one word, the present work is of some significance in terms of methodology.

The second conclusion includes the following three aspects.

(1) We have found the OA-type linguistic traces;

(2) The OA-type linguistic traces can explain the mode in which human beings *exist*, in which the process of thought *develops* and in which the world *is*. Truly, "[T]he word itself is the relation which in each instance retains the thing within itself in such a manner that it 'is' a thing." (Heidegger 1982b: 66)

(3) The term, the OA, has indeed the indexing force.

[The Chinese edition of this paper published 2013/1, by *Contemporary Foreign Languages Studies*, Shanghai, China]

Appendix: The inspiration from "construction — destruction — accord" in Daoism and from inferences in the *Diamond Sutra* (金刚经)

Methodologically, we draw some inspiration from "Construction — destruction — accord" (i.e., the positive — the negative — the accord) in Daoism. So do we from the inferential sentences in *the Diamond Sutra*, one of *the Buddhist scriptures.*

How is the so-called logic-dialectic "construction — destruction — accord" by Nan Huaijing, according to Laozi's *Tao Te Ching* (Lao Tzu 1998), interlinked to Chinese Buddhism? First of all, Laozi gave the sense of Daoism and its name, nearly simultaneously he canceled the phase of both Daoism and its name, by means of saying that "The Way that can be told of is not an Unvarying Way; The names that can be named are not unvarying names." (CSCAC 2010: 2; Lao Tzu 1998: 3) Then, Nan Huaijing pointed out that the dialectic of this kind such as giving-canceling is the logic-dialectic "*construction — destruction — accord*" (Nan 1992: 41). As Nan has mentioned above, this logic-dialectic "construction — destruction — accord"①is truly one of Laozi's methods of arguing for Daoism. The method lies in that, first, he used *the positive* (construction), then he used *the negative* (destruction) immediately, finally, he was successful in having defined a clear object, i.e., the accord. One, however, cannot deny that that negative (destruction) he used immediately had made it more difficult and more mysterious for us to recognize that object, but, at the same time, that negative had made us have a sound grip of that object.

The logic-dialectic of Daoism mentioned above is basically agreeable with the *Diamond Sutra* and meanwhile is different from the latter a little. For instance, in the *Diamond Sutra* there have been such inferential sentence-structures as "What Buddha uttered is so-and-so and meantime is *not* so-and-so *any longer* immediately, still, the so-and-so is merely a name." Zhao Puchu (2011) considered this kind of inference as both *the positive* and *the negative at the same time*. Zhao is right when he said so. Formally, inferential sentence-structures of this kind in the *Diamond Sutra* are that "What Buddha uttered is A and meantime is not A any longer immediately, still, A is merely a name". To give just one small example: Mao Zedong once jested with Zhao Puchu, saying that "What Buddha uttered is Zhao Puchu and meantime is not Zhao Puchu any longer immediately, still, Zhao Puchu is merely a name." (Zhao 2011) Here we can see that the former "What Buddha uttered is A and meantime is not A any longer immediately" is equivalent to thesis and antithesis in Hegel's dialectic, however, the latter "still, A is merely a name" is not synthesis, but a given name. As a result, the given name has made the whole sentence too complicated to understand. Note, please, all this is similarities and differences between Buddhism and Daoism in respect of inferences.

Here, from the above we can draw our inspiration. First, we need to pay

① Nan Huaijing might have been influenced by Fichte's triadic process of thesis — antithesis — synthesis.

our attention to the method of the negative. Second, through "the positive — the negative — the accord", we see that "the negative" comes to "the accord" in the final analysis. Taking the two points into account to the fullest extent, we set up the OA theory.

III.

模糊指称：无穷递增和无穷递减的跨界状

摘要：(1)蒯恩处理模糊性词语的思路；(2)本文指出：以具有跨界状的词语(如“堆”)去指称世界的一个对象(如沙的一堆)，就产生了指称的模糊，或曰模糊指称；(3)本文提出“无穷递增和无穷递减的跨界状”这个概念的哲学上的方便之处在于，它使人们清晰地认识到，无穷递增和无穷递减的跨界状是模糊指称的固有属性，也是人们无法逃离模糊指称的根源。因此，逃离模糊指称不仅是不必要的，而且还是有害的。(4)为了支持“无须逃离模糊指称”这一命题，提出一个“抓嫌疑犯假想实验”。

关键词：模糊指称；跨界状；无穷递增(递减)跨界状；抓嫌疑犯假想实验

1. 蒯恩处理模糊性词语的思路

毫无疑问，指称是语言哲学的核心内容之一。蒯恩认为词语的模糊性是指称的异常多变(vagaries)现象。他对模糊性的研究，总的来说，是采用了发生学的方法。他指出，“社会成员在学习时就必须接受类似的模糊不清的边界(fuzzy edges)。这就是最初学习的词语不可避免具有的模糊性(vagueness)。”(Quine V. 1960：125)显然，他认为，就是这个“模糊不清的边界”导致了词语的模糊性。“模糊性不仅侵入了普遍词项(如 mountain),也侵入了单称词项(如 Mount Rainier)。”他又指出:“为一物理对象命名的单称词项的模糊性在于其对象在时空界限上的不确定,而普遍词项的模糊性则在于其外延可宽可窄而不确定。”

他对词语模糊性的处理思路与补救办法是:其一,用两级对立词的相对化或可消除模糊性,如在“大”“小”两级之间加进相对的“较大”“较小”。在“热”“冷”两级之间加进相对的“较热”“较冷”等等。可是,他立即指出,“但此种方法并不是解决模糊性问题的万能灵药”(Quine V. 1960: 127)。其二,“不随便触动模糊性……熟练地利用模糊性比精确的技术术语的组合更能达到准确性的效果。”(着重号为本文作者所加)本文作者在提出自己的解决方案时,特别注意到了这一观点。其三,“模糊性有助于处理线性话语。”其四,“模糊性并不影响含有模糊词语的日常语句的真值。……如果受到影响,……就会迫使我们引进一种新的语言惯例或改变了的用法以消除有关部分的模糊性。只要这种压力还未产生,我们不妨保留模糊性。因为我们暂时还不能判定哪一种概念框架的转换会最有效。”(Quine V. 1960: 128)

其实,蒯恩开出的上面的单子,一看就知道,处理办法有点无可奈何,而思路却是清晰不过的。第一条还算是办法,第四条也不失为是一个办法,但是马上又被他用退让话语(只要……,我们不妨保留模糊性)取消掉了。不但如此,还为模糊性评功摆好:“模糊性有助于处理线性话语。”“模糊性并不影响含有模糊词语的日常语句的真值。”

总的来说,他对待词语模糊性的解决思路是:不随便触动模糊性。……熟练地利用模糊性比精确的技术术语的组合更能达到准确性的效果。我们不妨保留模糊性。这一思路使我们深受启发。

蒯恩对解决模糊指称多多少少表现出无可奈何之状,其根子在于,他没有发现跨界状的无穷递增和无穷递减的性质。这正是本文要解决的问题。本文受到蒯恩的启发,提出无须逃离模糊指称。为了支持这一命题,本文提出一个“抓嫌疑犯假想实验”。

2. 无穷递增和无穷递减的跨界状

"Vagueness is a term to be vague if its range of application has borderline cases."（A. Tanesini 2007：177）如果一个词语的运用范围产生了跨界状(borderline cases)，那个词语就可认为是模糊的(vague)。这个定义是可以接受的。按我的理解，跨界状(borderline cases)是词语(例如"秃头(bald)"或者"堆(heap)")对一个世界对象(例如秃头或者一堆)所包含的边界不定的状态的承认，而不是创造自然语言的人在创造这个词语时出了错。

那么，以具有跨界状的词语(如"堆")去指称世界的一个对象(沙的一堆)，就产生了指称的模糊，或曰模糊指称。这是本文作者的定义。

词语"秃头"可认为是产生了跨界状的。就是说，存在着这样的个体，他既不是清楚的秃头，也不是不清楚的秃头。对于秃头，社会上从来没有一个清楚的认同，比如说，从来没有诸如头顶上存在无发区为 2×3=6(方寸)者可视为秃头的共识与表述。假如公认如此，凭什么说 6+1(方寸)或者 6-1 就不能认为是秃头？如果接受了 6+1 或者 6-1 也可视为秃头，那么，凭什么就说 6+1+0.1 或者 6-1-0.1 就不能视为秃头？如果接受了 6+1+0.1 或者 6-1-0.1，凭什么就不能接受 6+1+0.1+0.1 或者 6-1-0.1-0.1？如此这般，就形成了我称之为*无穷递增和无穷递减的边界划分*。这样，就把不定的跨界状，变成了*无穷递增和无穷递减的跨界状*。这就是说，*企图给一个本来具有无穷递增和无穷递减的跨界状的认知对象划定一个明确或者精确的界限的努力是徒劳的*。事实上，在模糊指称的运用层次，人们只要在某人的头顶上，发现一块相当的无发区，无须明确划定一个确数的无发区域，瞬间即可断定并称呼某人是"秃头"。

我们提出"无穷递增和无穷递减的跨界状"这个概念的哲学上的方便之处在于，*它使人们清晰地认识到，无穷递增和无穷递减的跨界状是模糊指称的固有属性，也是人们无法逃离模糊指称的根源*。

3. 抓嫌疑犯假想实验

先说说“堆”悖论。词语的模糊性往往是某些悖论的根源。有名的“堆”(heap)悖论,可为一例。Eubulides of Miletus(亚里士多德的同代人,约公元前350年)指出,“一粒(grain)沙不是一堆,而且,看起来为真的是,增加一粒沙到尚未成堆的沙上去,也不能把它变成一堆。然而,如此反复地运用这一原则,我们就会落入一个悖论的圈套中:即便一百万粒沙也不能做成一堆。”(A. Tanesini 2007: 151)既然一百万粒沙也不能做成一堆,那么,一百万+1(粒)或者一百万-1(粒),也不能做成一堆。于是,这里又出现了无穷递增和无穷递减的跨界状,最后只好取消精确划界的做法。

“当我们从一堆沙中减去一粒沙时,我们会得到同样的悖论结果。我们不得不下结论说,即便只有一粒沙也算是一堆。”(A. Tanesini 2007: 151)这是怎么一回事呢?不难想象,从一堆沙中减去一粒,那一堆仍然被称为“一堆”,那么,再减去一粒,那一堆也仍然可以被称为“一堆”,如此这般减少下去并同时称呼(“一堆”)下去,最开始被称叫为“一堆”的沙,只剩下最后一粒了,你还得叫它做“一堆”。正是“再减少一粒也还是一堆”的原则,即无穷递减,把你引向了悖论:一粒沙也被称为“一堆”。请注意:上面的“被称为”特别重要,如果没有人需要指称它,词语“一堆”是没有必要产生的。

现在,让我们提出一个解决“堆”悖论的假象思路:既然这个悖论的根子在于词语“一堆”的模糊性,那么看起来解决这个悖论一点也不难:我们将模糊的词语(比如“一堆”)明确定义吧,通过协商,假如我们规定一百万粒沙为一堆好了。此规定既成,从这一瞬间开始,我们就陷入了更多的困难。有哪一个傻瓜在它称为“一堆”之前去认真地数了数有没有精确的一百万粒呢?又有哪一个傻瓜会去将多一粒或少一粒的情状(case)不叫“堆”呢?因为事实上,“一堆”的集合中包括了超大堆、大堆、中堆、小堆、超小堆……于是,这一集合就自动地取消了对“一堆”的任何精确规定。严格地说，在运用中，精确定义也并未改变无穷递增和无穷递减的跨界状的发生，精确定义成为多此一举。

现在，我把这一假象思路发展成为"抓嫌疑犯假想实验"，即明确定义的悬赏通告抓不住嫌疑犯。这个假想实验的目的是证明，在模糊词语的运用层次上，逃离模糊指称不仅是不必要的，而且还是有害的。这个假想实验是这样设计的：

嫌疑犯悬赏通告1中，对某个嫌疑犯的外貌特征是这样描述的：瘦高个，身高约1.7米，抠眼儿，操河南口音，中年人。（无照片）

通告2中，对同一个嫌疑犯的外貌特征是这样描述的：瘦高个，身高1.735米，抠眼儿（眼窝陷坑深有0.3厘米），操河南南阳口音，中年人，年龄43.5岁。（无照片）

结果是，读过通告1的公民能向公安部门提供大量嫌疑犯逃窜信息，他们根据通告1提供的跨界区宽的数据特点，能够一一进行及时的、现场的核对。公民可以在近距离或者在不发生打草惊蛇的范围内核对嫌疑犯，公民自己不漏痕迹，从而确保了自己的安全。*这就是说，如果词语跨界区宽一些（但有一定限度），认知主题据以形成自己的综合模糊指称判断就容易一些。*

然而，读过通告2的公民，几乎不能提供任何嫌疑犯逃窜信息。因为通告2提供的信息太具体、太精确，即词语*跨界区太窄*的数据特点，无一数据能够及时地、现场地加以核对，如对身高约1.735米无法量身，对眼窝陷坑深有0.3厘米无法核对，对南阳口音不知情（比河南口音跨界窄得多）、对年龄43.5岁无法面对面询问。如若不然，就很容易吓走嫌疑犯。这就是说，*词语跨界区越窄（越精确），认知主题据以形成自己的综合模糊指称判断越困难。*综合模糊指称判断是准确、及时判断的认知基础，模糊不是不得已的让步，而是自然的认知基础。

4. 结论：无穷递增和无穷递减的跨界状两点启示

凡是呈现连续体的对象（世界一物或一过程），模糊指称是其特征，是其本相,为这一物或一过程起名的词语,就会自然地承认这个本相,生成跨界状,显现模糊性。如前面所提及的“秃头”“堆”,就是这样。如果给光谱中黄色与绿色的过渡带取名,给婴儿期与童年期之间的过渡年代起名(即生成词语),必有跨界状。跨界状实际存在着,人们本来可以无须划清界限,如果硬是要划界,那是人们为了认知世界上实在自身(reality itself)的需要。可是,在模糊词语的运用层次上,逃离模糊指称不仅是不必要的,而且还是有害的。与此相对照的是,内涵语境是必须逃离的(Quine 1960)。

综上所述,无穷递增和无穷递减的跨界状对我们有两点启示:(1)模糊词语是引起悖论的原因之一,悖论的消解是有方案的。“Solutions include approaches on denying the second, inductive premise, introducing ‘degrees of truth’, modifying classical logic into fuzzy logic.”(Simon Blackburn:2000:357)比如否认连续推理中的第二个演绎前提(小前提),引进真之程度理论,将类逻辑变换成模糊逻辑就是三个消解悖论的方案。(2)但是,模糊指称是事物或一过程的本相,是没有解决方案的。一旦承认跨界状的无穷递增和无穷递减的性质,就会消除对模糊指称的无可奈何的感觉,就会坦然地说,无须逃离模糊指称。

本文提出“无穷递增和无穷递减的跨界状”这个概念的哲学上的方便之处在于,它使人们清晰地认识到,无穷递增和无穷递减的跨界状是模糊指称的固有属性,也是人们无法逃离模糊指称的根源。

(2013 年 11 月 12 日白云山下)

IV.

论人自称与物被称的数目的巨大不对称

摘要： 在汉语里，作为第一人称的指称即“我”（英语 I），其变体特多，多达 108 个[①]，相比之下，一物之名称的最大数目仅有 3 个左右。如果有的话，这种巨大的不对称有何哲学含义？本文认为，汉语第一人称的巨大数目不具有哲学的普遍性，具有哲学意义的是上述两者之间的巨大不平衡。

汉语对人的指称（人称代词，尤其是第一人称）与对物的指称之间的这种巨大的不对称之意义在于：1）彰显人对自身生存状态的自关心，人自称的高度复杂性使我们认识了人的高度复杂性。2）彰显人对自身生存状态的自关心与对物的他关心之间的差异。这一差异，不仅提示第一人称对语言的复杂诉求终归可以看成是人对自己的优先彰显，还顺便地解释了 Frege 关于“呈现方式与认知内容”所不能解释的“我”的（超）多变体现象。3）研究“我”变体可与海氏的“此在”相呼应。“‘我’是此在的本质规定性”。在 *Being and Time* 里，人的优先地位是以海氏式的阐释方式实现的，在汉语里，是以人自称的方式实现的。人自称正是在进行“对自己存在的解说”。

假如某物在特定语言中的指称方式多有变体，该物的“存在和出场”（在存在性上）比他物得到更多张扬。人对世界一人一事的称呼与描述，其实是以自己的眼光干涉其中的。

关键词： 不对称；“我”变体；第一人称指称；物的名称；人的优先地位

① 这个数字是幽默的说法，不是一个准确的数字。

1. 导言：本文的理论取向

说哲学的分析潮流早已结束，说“形而上学已经恢复了它（在哲学中）的中心地位”①，都威胁不了本文的研究进路。因为这个进路是：**后语言哲学的思路**。后语言哲学与经典语言哲学的**相同之处在于**：1）从语句入（in linguistic terms）；2）从世界出（达至世界与思想）；

后语言哲学区别于经典语言哲学**的特点在于**：1）吸取西语哲（分析传统和欧洲传统）的营养，但不炒作它的老问题，而是**节外生新枝**。2）生出什么新枝呢？从日常社会生活中寻找一个具体语言问题，**从词语分析（形而下）找入口，从世界与人的道理（形而上）找出口**，管住入口与出口，但是让选题与风格多样化。3）**重视汉语语境**，实现西语哲本土化。

2. 正文

针对 a=b（the Morning Star is the Evening Star）这样的同一性（identity）之中的不同，Frege 提出了呈现方式（the mode of representation）与认知内容（cognitive content）的两点不同。循此两点不同，他指出涵义并不就是指称（Frege 1952），循此两点不同，也可以解释一物两名甚至三名（见下文）现象，但不能解释本文所发现的**人自称的（超）多名（多变体）现象**。补上这个漏洞是产生本文的直接推动力之一。

以一则流传在海外华人中的笑话，即“洋人求学记”，作为本文主要语料：

有一个老外为了学好汉语，不远万里，来到中国，拜师于一位国学教授门下。第一天老外想挑一个简单词汇学习，便向老师请教英语“I”在汉语

① 参见斯特劳森《个体：论描述的形而上学》，苏珊·哈克总序一，中国人民大学出版社，2004 第 1 版。

中应该如何说。

老师解释道：

(在)中国……，当你处在不同的级别、地位，“I”也有不同的变化，就象你们英语中的形容词有原级、比较级、最高级一样①。

比如，你刚来中国，没有地位，对普通人可以说“我、咱、俺、馀、吾、予、侬、某、咱家、洒家、俺咱、本人、个人、人家、吾侬、我侬”。

如果见到老师、长辈和上级，则应该说“区区、仆、鄙、愚、鄙人、卑人、敝人、鄙夫、鄙躯、鄙愚、贫身、小子、小可、在下、末学、小生、不佞、不才、不材、小材、不肖、不孝、不类、走狗、牛马走、愚小子、鄙生、贫生、学生、后学、晚生、晚学、后生晚学、予末小子、予小子、馀小子”。

等到你当了官以后，见到上级和皇帝，则应该说“职、卑职、下官、臣、臣子、小臣、鄙臣、愚臣、奴婢、奴才、小人、老奴、小的、小底”。

见到平级，则可以说“愚兄、为兄、小弟、兄弟、愚弟、哥们”。

见到下级，则可以说“爷们、老子、大老子、你老子、乃公”。

如果你混得好，当上了皇帝或王爷，则可以说“朕、孤、孤王、孤家、寡人、不榖”。

如果你不愿意当官，而去当和尚、道士，则应该说“贫道、小道、贫僧、贫衲、不慧、小僧、野僧、老衲、老僧”。

最后一点必须注意，一旦你退休了，便一下子失去了权利和地位，见人也矮了三分，只好说“老朽、老拙、老夫、愚老、老叟、小老、小老儿、老汉、老可、老躯、老仆、老物、朽人、老我、老骨头”。

上面一百零八种“I”，仅仅是男性的常用说法。更多的“I”明天讲解。

老外听了老师一席话，顿觉冷水浇头，一个晚上没有睡好觉。第二天一大早便向老师辞行：“学生、愚、不材、末学，走。”退了房间，订了机票，回国去了。

任何一个说话人可用“我”(第一人称)指称自己，即把自己当着一个世界对象来指称。这便是**人自称**。关于词汇“我”的意义的理论(即专名理论)认为，“词汇‘我’是一个逻辑上的专名，或者‘罗素式的单称词’

---

① 此笑语作者以汉语中的“我”与英语中的形容词的三级比较，不妥。

(Alessandra T. 2007: 94),即一个直接命名说话者所认识的对象的词汇。……'我'是这个特定主体的一个专名。这一观点的困难在于,即便我们承认我知觉到一个作为经验主体的自我,还是不清楚我怎么知道这个自我就是我自己。"(Nicholas & Yu 2001: 822)本文不拟讨论这个逻辑专名的困难,只是指出,上述"不清楚我怎么知道这个自我就是我自己"的情况,在汉语的人自称中似有不同:汉语中人自称的多种变体表明,似乎人还是模糊地意识到,我知道这个自我就是我自己。

物被人称,即**物被称**,即事物的名字,与人自称形成了对立。既然是任何一个说话人,"我"所指称的对象就是暂时的、变动不居的(Quine 1960: 173)。每换一个人自用"我"于己,指称的对象就换一次。这种"自我中心特称词"(egocentric particulars)(Russell 1940: 116),它们的外延与讲话者及其时空位置有着相对性,并有赖于说出它们时的语境。"它们会影响包含有它们的命题的真,因为这样的命题不能有恒常的真值。可以说它们有外延而无内涵。"(尼·布宁、余纪元 2001:286)但是,我们会发现,汉语中"我"的每一个变体中除了有所指即外延,还有内涵。

正是因为"我"的每一个变体有了内涵,才有了这篇论文所讨论的问题。

汉语从古到今出现了大量的"我"的替换词(即变体,以下简称"'我'变体"),它们可能吓退一个初学汉语的外国人,却大受几千年汉语母语使用者的欢迎。这说明了一个问题:在称呼自己时,仅"我"这一基本词(字)不足以介绍。猜想其原因,**恐怕是"我"还不足以张扬人性,**不能给出社会身份与身价、社会地位与等级的种种附加信息。

以上语料表明,在下面各种情况下,人自称(本文只涉及到汉语使用中的男性)怎样使用丰富多彩的"我"变体:面对普通人的时候;见到老师、长辈和上级时;自己当了官以后见到上级和皇帝时;见到平级时;见到下级时;自己当上了皇帝或王爷时;自己当了和尚、道士时;一旦我失去了权利和地位时;如此等等。

这一切都是为了增加"我"出场(我存在)的凸显度。这是出于人对自身生存状态的自关心的需要。

窃以为,汉语"我"变体是支持英美语言哲学家所谓的"第一人称优先性”(preferential first person)的最有说服力的证据。从认识论的角度来说，人自称相对于物被称的优先性，普及到一切人称对(一切)物称的优先性，反映了人类在认识世界的过程中基本上遵循着由己及人、由人及物的循序渐进的认知路径。

在使用“我”之前，我只是不被人注意地存在着。“我”名我，我便出场与现身了。“我”才能使我自己出场与现身。我曾经有这样的思想：“我们以言说使世界中的一物(实体或虚体)现身的同时，也使自己在世上出场或现身。……人在世上的出场比物的出场更具有意义。只有人的出场才使物的出场成为可能。”(钱冠连 2005 卷首语)这是第一个阶段。

第二个阶段，用上“我”变体时，我的出场便带上了种种凸显度。超大量的**“我”变体将原来隐匿的人性需求(张扬出社会身份与地位)凸显地、隆重地公开出来。**

本文对汉语里人自称的高度凸显与张扬的观察结果，与海德格尔“关注人的现实性，即一个真实的人的存在或生存到底是怎样的？这个问题具有哲学上的优先性”(Heidegger 1999, 1962)简直是不谋而合。在汉语的人自称超丰富表达里，我们读出了海氏所谓“一个真实的人的存在或生存”状况。海氏的详细解释是：“对自己存在(everyday Being-one's-Self)的解说使我们得以看见我们或可称之为日常生活(everydayness)的‘主体’那样的东西，即常人(the ‘*they*’)。”(Heidegger 1999/1962：149-150，着重号为本文作者所加)他所说的“常人”不是本真生存的人，而是非本真生存的人。但是，我们**这里的人自称正是在进行“对自己存在的解说”**！他又说：“这个谁是用我自己、用‘主体’、用‘自我’来回答的。”(Heidegger 1999/1962：150)。请注意“我自己”“主体”及“自我”都是可以回答“谁”的[①]，“我自己”“主体”及“自我”在日常用语里便是本文所强调的人自称的种种变体。窃以为，人自称就是反省的“我”的意识，用海氏的话说便是 reflective awareness of the “I”(Heidegger 1999/1962：151)。他又说：“‘我’这个词只可领会为某种东西的不具约束力的形式标记。”(Heidegger 1999/1962：151-152)

从上面的这些阐释看来，**研究“我”变体的重大意义在于能与海氏的**

① 这句话需要交待的术语太多，原句如下：The question of the “who” answers itself in terms of the “I” itself, the “subject”, the “Self”.

“此在”相呼应。“我”是此在的本质规定性。海氏不无暗示地说，“如果‘我’确是此在的本质规定性之一，那就必须从生存论上来解释这一规定性。”(Heidegger 1999/1962：152)。他意在提示，“我”是此在的本质规定性(*the ‘I’ is an Essential characteristic of Dasein*)。在 ***Being and Time* 里，人的优先地位是以海氏式的阐释方式实现的，在汉语里，是以人自称的方式实现的。人自称正是在进行“对自己存在的解说”**！

人自称情况，因时不同，因地不同，因文化不同，当它与张扬人性的种种附加信息相交时，就变得高度复杂起来。不同的附加信息，用于不同的“我”变体。

这与物被称的情况非常不同。最明显的不同在于，人自称之并列之名非常之多，物被称并列之名少了许多。一物一名，这是非常普遍的情况。一物两名者较少如“番茄”与“西红柿”。一物三名者也较少(参见下文)。

这一多(人自称并列称呼多)一少(物被称并列之名少)使我们发问：物被称为何少了许多？

一物两名或三名之间，正如 Frege 所指出，其表达方式与认知内容彼此是有区别的(Frege 1952)。一物如 Venus，清晨出现的时候，人们叫它 the morning Star，晚间出现的时候，人们称它为 the evening star。Frege 指出了这两个名字(后来罗素称之为“摹状语”)的极为重要的两点区别：一是这两个名称的呈现方式(the mode of representation)不同，二是认知内容(cognitive content)也不同。我增加的例子是一物三名，如有一物，它是块状粗根植物，汉语使用者可以根据它的形状像挂在马脖子上的铃铛叫“马铃薯”，根据它从南美洲进口中国，它又叫“洋芋”，根据它形如黄豆且埋在土里故叫“土豆”。这样的三个词表现了三种不同的呈现方式与认知内容。我以为，一物两名或三名的区别，是不同地域之人根据指称对象的物理性状的不同感知而定名的，也只需要物理性状就可以完成对物的区分性指称。而物理定性是外在的，是固定的，根据物理性状定名与定多少名，相对容易把握。

也就是说，一物多称的低概率是源于对事物物理性状的认知可脱离语境性较大，或说语境依赖性小，即语境敏感度(context-sensitivity)低(这一思想得益于梁爽提醒)。然而，以“我”变体名我时，我的物理性状不变也无须涉及,但我作为人,其人性张扬与社会性状却必须顽强地、细微地涉及。"我"的种种变称传达出不同的社会性状(在此是社会身份如级别与地位)。"在下"、"卑职"、"为兄"和"哥们"、"爷们"、"朕"、"贫道"、"老朽"以不同的呈现方式与认知内容显示出不同的社会身份的贵贱与色彩。人性与社会性状是内在的、多样的,据此定名与定多少名,相对地说,不容易把握。也就是说,人自称的众多变体源于语境敏感度高,即语境依赖性大,可脱离语境性为零。这是人自称超多名现象的内在驱动力之一。

我自称对人性张扬与社会性状的要求的无限性与模糊性,与物被称对物理性状的要求的有限性与明确性,是前者复杂多变与后者简单少变的原因。这是两者一多一少的内在驱动力之二。

两者一多一少的内在驱动力之三,人们为了减少呼叫的记忆负担,物体与事物的名字要尽量少,这才符合语言的经济原则。如果物被称之名也像人自称那样多,语言体系就会膨胀到人们无法承受的程度。这一点和梁瑞清(2008a)提出的语言地图说有相通之处。这是物被称时并列之名在竞争中淘汰多、存活少的重要原因。可是,为了凸显人性与社会性状,在人自称这一个项目上(毕竟是少数),即使牺牲了语言的经济原则也是值得的,因为一个项目上膨胀总量也不会大到人们受不了的程度。这是人自称时并列之名的竞争中淘汰少、存活多的重要原因。

两者一多一少的内在驱动力之四,并列称呼或名字之间的**竞争与淘汰结果,取决于一个称呼与名字所体现出来的呈现方式与认知内容是否能被另一个称呼与名字取代**。"中国"与"中华人民共和国"同时共存着,"马铃薯""洋芋"与"土豆"三名共存着,它们谁也没有淘汰谁,原因在于它们各自凸显了竞争对方无法取代的呈现方式与认知内容。但是,毕竟物被称的多名之间,决定竞争的优胜劣败的因素少而明确,容易导致凡是能被取代的名字都被淘汰掉了。

物体并列名称被淘汰的第五个原因是,对物体的认知修改或纠正(不是取代)进程快(这一思想得益于王爱华),而人自称涉及到自抬自高的利益,这种修改几乎不愿发生。而人自称并列名称之间,诸种竞争方无法取代的因素多到难以算计,只好让许多变体共同存活。不过,汉语中的人自称(如前所引语料)随着时代的推移,既淘汰了一批旧称呼,也产生了一些新称呼,这方面的情形本文不予讨论。贵称、自抬、自高自己是为了获取尽量多的利益与声名,贱称、自谦、自贬、自揶自己也是为了最终地保护自己的利益与声名,这或许是中国文化中特有的道德上的自谦观的生长与发展的理由。人的天性倾向于斤斤计较于社会地位与等级,于是加在名字上的隐匿信息随之增加,并列的称呼减不了多少,只能接受。

从以上人自称的超多名现象产生的五种驱动力来看,都不是呈现方式之不同与认知内容之不同所能解释的。

以上的分析,大致上可适用于"你"或者"you"以及"他""她"或者 he/she 第三人称的情形。这种情形恰好就是"**人被称**"。在"人自称"与"物被称"之间的对立,插入一个'人被称'(这一思想得益于梁爽),形成一个"**三元并存范畴**"即"人自称—人被称—物被称",分三方但不对立,可以应和由己及人、由人及物的循序渐进的认知路径。这个三元并存范畴体现了人对自身生存状态的自关心、对他人生存状态的他关心、对物的他关心之间的差异。

但是,各种语言特别是汉语中,似乎人被称(第二、第三人称)的社会身份的隐匿性信息变体却没有"我"名我时那样的多。原因在于,1)人自我膨胀之心总是多于膨胀别人;2)可能在于我更了解、更能认知自我,对他人的了解和认知是间接的与后一步的,所以称呼方式相对少一些(这一思想得益于王爱华)。

必须对物被称的情况作一重要补充:用以指称一个对象的语词,其变体越丰富,其(主动或被动地)凸显度越高;这可能是一条对人自称、人被称和物被称都适宜的规律——**假如某物在特定语言中的指称方式多有变体,该物的"存在和出场"比他物得到更多张扬**。

最后,汉语"我"变体的丰富与浓烈的自关心是否具有普适性?西语的"自关心"如果有,应该以什么为标记?须知西方人也跟我们一样是十分复杂的。但是,如果这个东西不具有普适性,那么导致汉语"自关心"的特殊根源在哪儿(这个讨论得益于刘利民、梁瑞清的提问)?我以为,这个问题变换成如下的问题则更为方便:**如果汉语"我"变体的丰富与浓烈的自关心不具有普适性,可不可以断言它是一个文化问题而不是一个真正的哲学问题呢?我的回答是:不可以**。原因如下:1)"我"众多变体是**指称**,我自身是指称的**对象**;2)这一切都是为了增加**"我"出场(我存在)**的凸显度;3)汉语中,人自称的特别丰富与物被称的相对少量,无疑体现了**人的认知规律**:先识己后识物。根据这三点,足以断言,**汉语"我"变体的丰富与浓烈的自关心是一个真正的哲学问题,但其中杂有地域文化现象**(也许汉语文化更加怂恿人自称的超大量出现)。

结论:设置"人自称—人被称—物被称"三元并存范畴的意义在于:1)彰显人对自身生存状态的自关心,人自称的高度复杂性使我们认识了人的高度复杂性。2)彰显人对自身生存状态的自关心、对他人生存状态的他关心、对物的他关心之间的差异。这一差异提示,人自称对语言的复杂诉求终归可以看成是人对自己的优先彰显,这是不能以 Frege 所提出的呈现方式之不同与认知内容之不同来解释的。3)**研究"我"变体可与海氏的"此在"相呼应。"我"是此在的本质规定性。在 *Being and Time* 里,人的优先地位是以海氏式的阐释方式实现的,在汉语里,是以人自称的方式实现的。人自称正是在进行"对自己存在的解说"**!

假如某物在特定语言中的指称方式多有变体,该物的"存在和出场"比他物得到更多张扬。人对世界一物一事的称呼与描述,其实是以自己的眼光干涉其中的。

(2008 年 12 月 17 日初稿,2009 年 2 月 6 日完稿)

V.

论扩展式工具性语言

——西方语言哲学系列研究之八

1. 理论源头:真值的语义理论

著名的语言哲学家塔尔斯基(A. Tarski, 1902-1980)认为提出真(值)的语义理论(the semantic theory of truth)①,需要克服许多困难,其中之一是,如何避免像说谎者悖论那样的语义悖论。他曾提出一个真(值)的形式化定义(a formal definition of truth),试图以此避免像说谎者悖论那样的语义悖论(A. Tarski 1999: 44-63)。

语义悖论是由那些说它们自身不为真或否定自己的真值的句子结构引起的。最简单的例子是"This sentence is not true"("这个句子不(为)真")。说这个句子是悖论,是因为:若说这个句子为真,那么它就是假的;若说这个句子为假,那么它就是真的。最著名的例子是最先由 Eubulides 设计的说谎者悖论:"这个克里特人说:'所有的克里特人都是说谎者'。"1902年 B. Russell 在弗雷格的逻辑方案中发现了一个集合理论悖论(被称之为"罗素悖论"),加深了自我指称(self-referentiality)会导致困境的意识

① 国内一些著作,将 the semantic theory of truth 译成"真理的语义理论",窃以为对 truth 的译法值得商讨。汉语里的"真理"所具有的内涵与事物真假的"真"或命题真假的"真"完全不同。这里的 truth 就是指的真假的"真"。Truth 作定语时,可译成"真(值)的"或者"真之"(以便与形容词"真的"相区别)。于是,我们就有了"真(值)的语义理论"或者"真之语义理论"、"真之概念"(the concept of truth)、"满意的真之理论"(the satisfactory theory of truth)、"真值条件"(the truth conditions)和"真之定义"(a definition of truth)、"真之冗余理论"(the redundancy theory of truth)等等概念的汉语译名。

(Baghramian 1999: 41)。Tarski 的真之理论(亦即真之语义理论)的出发点是宣称:适用于所有语言的普遍的一般的真之定义,也就是说,传统的真之符合论(correspondence theory of truth①)与连贯论会碰到像说谎者悖论那样的语义悖论。接下来,他的结论就是:试图在同一的语言当中列出一个给定语言的所有句子的真值条件时,悖论也就随之而生。怎么办呢?塔尔斯基解决悖论的办法是,首先区分工具性语言(a metalanguage)与对象性语言(an object language)。我们用工具性语言来谈论对象性语言,我们用工具性语言来解释和分析对象性语言。为了避免自我指称问题,他建议,"为真""为假"这两个词应该放在工具性语言里作谓语,而不是放在对象性语言里作谓语(Tarski 1999: 42)。

请注意谓语放到工具性语言中去的提醒。下面的 T 约定②以下列方式提供了英语句子的真值条件:

(1) "It is snowing"is true iff(if and only if)it is snowing.
("正在下雪"为真,当且仅当正在下雪。)

(2) "Grass is green"is true iff grass is green.
("草是青的"为真,当且仅当草是青的。)

(3) "Man is mortal"is true iff man is mortal.
("人固有一死"为真,当且仅当人固有一死。)

请看以上三句中的"为真"是不是都放到工具性语言里当谓语去了?双条件句(the biconditional,"当且仅当"为两个条件,故名)的左侧一边引号里的句子是对象性语言,引号之外的下半个句子是工具性语言。看看这样的办法是否解决了语义悖论:当我们再说某个条件不为真的时候,我们的处理办法就是,将不为真的那个句子放到对象语言里(即引号中),将"is not true"放到工具性语言里去,即"……"is not true。因为避免了自我指称不为真,即句子避免了否定自己的真值,语义悖论便消失了。"工具性语

① 真之符合论:一种具有自在性的客观认识,常常是针对自然科学的真理性认识而言,它是事物自身的客观规律,不受人们主观因素的影响。人们认识了这种真实并用语言确切而严密地描述,这时语言表达的意义是同客观情况完全相符的。说话人与听话人无论有什么主体特征,都不影响这个描述的真值。

② T 约定,即 Convention T,是 Tarski 真之语义理论的主要组成部分。下文将具体论述。

言”便这样被概念化出来了。

当然，塔尔斯基的最后目的显然不是为了解决语义悖论的问题。他最终的目的是要建立真之语义理论。下面的讨论对于本文将要讨论的工具性语言的扩展式极为重要。塔尔斯基对形式语言的真之概念下了定义。[①]

任何满意的真之理论必须符合下列条件：第一、实质上充分；第二、形式上正确。对于“实质上充分”来说，必须满足下面两个条件。第一个条件，即真（值）是依据某一特定语言 L 的句子来阐述的。这样，塔尔斯基采取新的语义和语言性的进路（semantic and linguistic twist）研究传统的真之概念。第二个条件是所谓 T 约定（Convention T），即塔尔斯基的真之语义理论的主要组成部分。T 约定阐明，“为了用一门语言 L 的工具性语言表示真之定义是充分的，T 约定必须拿出 L 语言中所有的句子作为结果，所有的句子都必须从表达式‘X 为真，当且仅当 *p*’中获得。表达式中，X 代替语言 L 的任何句子的名称或结构表达式，而 *p* 代替把那个句子解释（translation[②]）成工具性语言的表达式。”（Baghramian 1999：42）接下来就是他给出了我们已经在上面引用过的三个双条件句，即 T 约定提供了英语句子的真值条件。从理论上来说，那三个句子是远远不够的，因为“T 约定必须拿出语言 L 中所有的句子作为结果”。于是，我们再加上汉语（也是一门语言 L）句子：

(4) “正在下雪”为真，当且仅当正在下雪。
……（表示汉语中所有的句子）

在双条件句左侧的引号里，我们放入句子的名称，其右侧，是以工具性语言表达的那个句子的解释或表达式。这样的等式叫做 T 句子（T-sentences），它可以格式化为：X 为真，当且仅当 *p*（其中，X 是一个句子的名称，*p* 代表那个句子解释成了工具性语言）。这个表达式可以为任何给定的语言的每一个陈述句（indicative sentence）生成一个 T 句子，这样就确保了塔尔斯基真之定义的实质上的充分（Baghramian 1999：42）。

---

① 从下文可知，他这一定义与“真之定义”或“真之语义理论”是同义的。

② 这里虽用了 translation，却不应该译成“翻译”。按汉语中的理解，“翻译”显然是偏向在不同语言文化之中的转移翻译。所以，应译成“解释”——T 约定明确指出“用一门语言”，塔尔斯基用 translation 指的正是在同一种语言中且强调在同一种语言中转移与再解释。

塔尔斯基的理论对逻辑与语言哲学形成了相当强烈的冲击。这个理论被戴维森接受以后发展成为意义与解释的理论(Davidson 1984a),颇有影响。而且,现代语言哲学家都赞成塔尔斯基的真之语义理论的一些看法。当然,对这个理论的重要的或者正确的解释方面,还未取得普遍的一致。

2. 工具性语言的扩展式

什么是工具性语言?工具性语言是解释、分析和讨论对象性语言的语言。这个概括是对塔尔斯基真之语义理论的引申。本文要做的工作是引申出工具性语言的扩展式,并讨论其重要意义。

什么是工具性语言的扩展式?在真之定义(真之语义理论)里的 T 句子中的 *p* (it is snowing)还可以看作是对 X ("it is snowing")一字不差的反复,但我们一定要看到其实质乃是 *p* 与前面的"is true if and only if (为真,当且仅当)"一起做了工具性语言。如果认为扩展式里的工具性语言也是对对象性语言的重言反复或照本宣科的话,那就大错特错了。我们就可以从下面的实例里看到,工具性语言的扩展式所指的工具语言,是对对象语言的解释、分析和讨论,但绝对不是重言反复或者照本宣科。

2.1 在同一个叙述语篇中,一部分对另一部分的解释(分析与讨论)

先看下面两例:

(5) 善为士者,不武;善战者,不怒;善胜敌者,不与;善用人者,为之下。是谓不争之德,是谓用人之力,是谓配天古之极。(《老子》六十八章)

(6) 用兵有言:"吾不敢为主,而为客;不敢进寸,而退尺。"是谓行无行,攘无臂,扔无敌,执无兵。祸莫大于轻敌,轻敌几丧吾宝,故抗兵相若,哀兵胜矣。(《老子》六十九章)①

---

① 见《百子全书:老子·庄子》,辽宁出版社,1995 年,81-82 页。

例(5)《老子》六十八章中提出了一个重要的军事思想——不武、不怒、不与。总而言之是“不争”。这可以作为对象语言。

例(6)《老子》六十九章整个一段就承前章继续解释:何谓不争,如何不争,是即不敢主动进攻,而被动防御。不前进一寸,而后退一尺。这就像用兵布阵却无阵可布,抬手扬臂却无臂可扬,对攻却没有可攻伐的敌人,执握兵器却无兵器可执。直到最后提出这一结论:两军对抗力量相当者,哀兵必胜。这整个六十九章都是工具语言,因为它对六十八章形成了阐述关系,是工具语言的扩展式。

可以归纳到这个模式下的还有:

一本著作的书名是对象语言,整本书的叙述是工具语言;词典模式,即所立词项是对象语言,词项下面对它的解释是工具语言。

2.2 文学作品中作者对人物对话方式的描写

文学作品中,对象语言指的是人物说话的直接内容,下面例(7)中的“畜生!”便是对象语言。另外一方面,我们要关注作者是如何描写他说这段话的。在文学作品中,工具语言关心的是说话的方式,而不是说话的内容。这便是描写、解释、分析语言的语言。“怒目而视地说,嘴角上飞出唾沫来”是工具语言。

(7) “畜生!”阿Q怒目而视地说,嘴角上飞出唾沫来。(鲁迅《阿Q正传》71页①)

语用学对工具语言的关注,表现在专门讨论了工具性语用意识,即工具性语用意识的指示语,如“坦率地说”“据报道”等等。在一般情况下,我们不会先说出“我要威胁你了”,然后说出威胁的话。我们也不会先说出“我要警告你了”,然后说出警告的话。但是,一个人一旦对自己将要使用的话语有了关注的意识,明晰地知道自己要使用什么样的说话策略时,他也可以先说“我警告你,……”。语用学还讨论语言意识形态的自我监控:语言使用者总是监督着自己产出或解释话语的方式,如话

① 《阿Q正传》,载《鲁迅全集》第1卷,中国青年出版社,1956年。

间的犹豫和纠错就是在监督着自己的产出方式(Verschueren 1999:187-198)。

2.3 评论语篇对原语篇的解释

这一模式中,最典型的代表是经典(原语篇)与对经典的诠释(评论语篇)。

任何原文本,如法典、哲学、文学作品或政论文或其他体裁的原文本或者原语篇,都可以是对象语言。而对它们进行评论的另一个文本——通常叫评论文本或者评论语篇,都是工具语言。为什么?因为后者形成了对前者的解释、分析与讨论的关系。一般地说,引人注意的原文本,或因其思想深刻,或因其道德震撼,或因其事关国家民族大业,都会引发大量的工具语言即解释语言,如一部宪法、法典,一部划时代的思想著作或哲学著作,一部伟大的文学作品,一个国家领袖的关系国家民族生死存亡的讲话,一次关系到两个国家或多个国家或全世界和平安危的外交声明,等等。这样的原文本,即对象语言。这种情况下,工具语言(评论文本)对对象语言(原文本)所形成的解释、介绍、推荐、调控、引导的关系和对象语言本身联合起来,对一个国家民族的政治制度、前途命运、道德引导、经济基础、上层建筑、社会生活等等发生全面而深刻的影响。

详细讨论在3.2中进行。

2.4 翻译是工具性语言的扩展——语言哲学翻译论

(此节内容因与"语言哲学翻译论"一文重合,故在编辑本书时略去——编选者注。)

3. 工具性语言扩展式运用的三条规律及其意义

言语活动是往来于"三个世界"的交往行动。这三个世界是:客观外在世界、社交世界和主体世界(Habermas 1987/1998)。稍有不同的另一种观点认为,言语活动来往于这样三个世界,物质世界、社交世界与心智世界(Verschueren 1999:76)。我们所讨论的工具性语言的扩展式,比如:在同一个叙述语篇中,一部分对另一部分的解释;文学作品中作者对人物如何对话的描写;评论语篇对原语篇的解释;语言哲学的翻译论,都是在三个世界中穿行的。

这四个例子有一个共同特点,这便是,它们都是在文本中进行的。就是说,不是人说了话就完了,而是人说了话之后,又形成文本——叙述语篇的解释部分、评论语篇、译文语篇,都是形成了后一个文本对前一个文本的解释现象。文本对文本的解释,也是一种语言性行为(linguistic action,与非语言性行为相对)。当然,工具性语言对对象性语言的解释也可以不形成文本,如日常对话中听话人对说话人话语的解释(见3.2)。

3.1 物质世界中:非语言性的、自在的解释关系,虽然是解释关系,却未曾发生工具语言的运用

仅以物质世界而论(没有人参与活动的外在世界),自在物之间有没有解释关系呢?比如太阳与月亮,月亮与潮水,潮水与发电机,发电机与灯泡,灯泡与放光……,它们之间是不是解释关系呢?我们可以说上述的两物或物与事之间,都有因果关系,但我们也可以说这是解释的关系。如太阳光解释本不发光的月亮在夜空为何还能被地球上的人看见,月亮的引力解释潮水为何掀波浪,波浪推动解释发电机为何能发电,发电机发出的电力解释灯泡为何放光……。这种解释是不要言语的解释,既无对象语言,更无工具性语言。但是,我们可以把它们叫做非语言性的、自在的解释关系。所谓"自在的",指的是没有人干预的过程。

纯粹的物与物之间的关系当然用不着语言,但是人一旦用语言直接指称到物或关涉到物,语言就会来往于心智世界与物质世界之间。所以,这里有两件事要分清:一件事是,物质世界中物与物的对话是非语言性的、自在的解释关系。另外一件事是,语言可以来往、出入三个世界。两者是不同的事情。

3.2 心智世界中：语言性的、自为的解释活动即工具语言的运用

心智世界里的工具性语言状况是一种什么情形呢？在日常对话中，后一个人对前面一个人的话轮（对象语言）总是在解释与评价。这样解释分外显式与内含式。外显式的解释与评价（“你的意思是……”、“你简直是胡说八道”、“你这一分析是中肯的”等等工具性语言）是出声的，言说的，而内含式是无声的“心声”。这个汉语词“心声”妙极了：从无声的心理活动中读出了“声”的线索，心里想的就是声音将要说出而尚未说出的。即是没有做出外显式的解释与评价，只要是企图理解并付诸理解，解释必定是先行的——如果不经过听话人的在先的、无声的、在心智上完成的解释，他怎么能理解说话人的话语，并将交流进行到底呢？将交流进行到底是以相互解释为基础的。所以，生活在这三个世界中的主体，即说话人与听话人，一旦进入交流，他们之间的关系，便是相互解释的关系。

评论文本对原文本的解释关系，从根本上来说，还是在精神世界（心智世界）中进行的。这两者虽然不是人与人唯一的关系，但却是非常重要的关系。它是精神文明得以维系和发展的重要条件之一。它虽不是物质的，却能推动物质文明的发展。曹雪芹的《红楼梦》诞生了，它是原文本。从清朝起就有人解释，读者阅读的活动就是解释活动。阅读的进行是以解释为基础的。这是无声的解释。如果有人（如俞平伯）将无声的、在心智中完成的解释，写出评论文章，这便是公开的一度解释。如果有人（如毛泽东）又在口头上评论（批评也是评论）这些评论文章，这便是二度解释。接下来的学者在若干年以后又对毛的二度评论做出评论，这是三度解释。理论上说，可以有无限的再度的解释。在另外的层面上，越剧《红楼梦》的演出，就是对小说的解释；电视剧《红楼梦》、话剧《红楼梦》也是对小说的解释。有人对越剧的、电视剧的、话剧的《红楼梦》剧本进行评论，这也是再度解释。精神世界里充满了对文本的多次的再度解释，即再度解释频率高。对原来文本进行的多次再度解释便是工具性语言活动。高频率的再度解释是工具性语言运用的第一条规律。可以说，心智世界里的活动，除了原思考（既可以是未形成语篇成果但仍不失为成熟的、充分的思考，也可以是形成语篇成果的思考）以外，剩下的主要活动可能就是解释活动。这是工具性语

言活动再度解释频率高的根本原因。

有人问,通过语言媒介而实现的审美活动——听诗朗诵、观看话剧、看电影、读文学作品以及对文字作品的专题讨论等等——需要工具语言吗?事实上,涉及语言的审美活动仍然是他者的再度解释。无言地欣赏便是一种潜在的解释、无声的解释,尽管这样的解释没有呈现出语言活动来。解释过程就是欣赏过程,解释得越到位,欣赏的效果就越好。呈现出语言活动的有言的欣赏(如公开地评论、赏析、介绍、推荐、赞扬、批评等等)更是解释,更是需要工具性语言的运用。应该强调的是,心智活动中的工具语言的运用,尤其是出声的解释,与物质世界里存在着的(非语言的、自在的)解释关系相比,是一种语言性的、自为的解释活动。所谓"自为的",指的是人有目的之所为。

这一个类型中,最为典型的代表是经典(原文本)与对经典的诠释(评论文本)关系。对经典的诠释涉及"解释学"或"诠释学"(hermeneutics)。不仅对经典的诠释如此,本文所涉及的解释、再度解释或者翻译现象,都涉及诠释学。本文不必沿着这个方向发展。我们这里的主题是工具性语言的扩展式。经典与对经典的诠释联合起来对一个民族的深刻而广泛的影响,是一个世界现象。

西方世界中的《圣经》是一部极为重要的文学文本,它与对它的诠释(再诠释或再解释),形成了西方文化和思想的基石。《圣经》原文本与评论文本(非常高频率的再解释)深刻地影响了西方人的思维方式、行为系统、价值准则乃至社会结构。仅以西方哲学而论,作为对象语言,柏拉图的《理想国》、亚里士多德的《形而上学》与《诗学》、朗吉努斯的《论崇高》、笛卡尔的《第一哲学沉思录》、帕斯卡尔的《思想录》、休谟的《人性论》、康德的《纯粹理性批判》与《判断力批判》、黑格尔的《精神现象学》与《小逻辑》、叔本华的《作为意志和表象的世界》、尼采的《查拉图斯特拉如是说》、索绪尔的《普通语言学教程》、胡塞尔的《纯粹现象学导论》、维特根斯坦的《逻辑哲学论》与《哲学研究》、海德格尔的《存在与时间》与《诗、语言、思》、萨特的《存在与虚无》、伽达默尔的《真理与方法》、库恩的《科学革命的结构》以及福柯的《性史》,古往今来,西方以及东方对它们的工具性语言的解释与再解释频率,何其高尔:不啻为超连篇累牍,不啻为超书山文海。

在中国,老子、孔子、墨子、杨朱、别墨、庄子、孟子、荀子以及后来的所谓百家著作、直到近代的孙中山遗训、现代的毛泽东著作、当代的邓小平著作，以及对这些著作的评论文本，对中国相应时代的人的思维方式、行为举止、价值准则乃至社会制度的影响不可谓不刻骨铭心，不可谓不深入社会制度与生活的底里了。而且，一个有阅读能力的中国人，哪一个不是读过了相应的千言万语的诠释文本？我们不能只认为这样的刻骨铭心与深入底里的影响与渗透仅仅是原文本或者原来的经典的威力，如果这样看，就太天真了。任何经典不经过当代或后代的解释人与再解释人的体验与发挥，是不会达到那样程度上的渗透威力的。充分估计到工具性语言扩展式运用的第一条规律——高频率的再度解释，才能全面估价经典威力来自何方。这一看法，与朱熹[①]的认识不谋而合。朱熹认为，“大抵圣贤之言，多是略发个萌芽，更在后人推究，演而伸，触而长，然须得圣贤本意。不得其本意，则从那处推得出来。”（转引自潘德荣 2002）朱强调“须得圣贤本意。不得其本意，则从那处推得出来”自不待说，但这里他主要的着眼点却是提醒人们“更在后人推究，演而伸，触而长。”中国历史与世界史上，这种对经典的后来人的推究、演伸、触长的运用，还见得少吗？朱还说自古“无不变通的圣贤”（转引自潘德荣 2002），这是何意？这不就是指出经典的诠释人必须把握经典的要义而又根据当前的境况作适当“变通”吗？窃以为，这正是工具性理论扩展式运用的第二个规律：对原来文本的解释总是伴随着解释人的推究、演伸、触长与变通。这便是工具性语言扩展式中某种程度的失真与恢复真的斗争。好的再诠释与坏的再诠释，其区别只是在于是否离开本意。离开了甚至背叛了本意的再诠释则是歪曲或恶意篡改。从中国历史与世界历史的情况看来，对经典的解释发生歪曲或恶意篡改的情形虽然有，但从主流来说，忠实本意的推究、演伸、触长与变通到头来还是能纠正对原文本的背叛，即所谓正本清源、拨乱反正。关于诠释的目的，朱熹的看法是，“诠释的目的有三个层次：首先是理解经文的原义，即对本文的意义之把握；其次是理解圣人的原意，即理解作者的意图；第三，乃是读者所悟（接受）之义，在原义的基础上有所发挥。”关于诠释的方法，朱熹认为“包括两个方面，即句法与心法”。“句法：对经典的解释首先是语言文字的解

① 冯友兰（1996：251）认为：“朱熹是新儒家，理学代表人物。是一位精思、明辨、博学、多产的哲学家。光是他的语录就有一百四十卷。到了朱熹，程朱学派或理学的哲学系统才达到顶峰。”

释。”“心法是一种超越语言本身而基于读者体验的解释。”（潘德荣 2002）。本文以为，从大体上来说，朱熹诠释目的的三个层次里的第一层与第二层，是属于对象性语言的，而第三层是属于工具性语言的，即“在原义的基础上有所发挥”。这再一次强调了工具性语言对经典的能动性。而朱的诠释方法里，从大体上来说，也可运用到工具语言里：对经典的解释首先是语言文字上的，然后是超越语言本身而达到内心的体验。

不要将语言的工具功能与工具性语言混为一谈。最初的、原始的思考过程落于言筌时，语言充当了工具，可这落下的言筌并不是工具性语言。工具性语言只是对对象性语言而言的概念。最初的、原始的思考过程之后，以语言将思考对象（如未来的一场战争，将要进行的一项试验，要购买大量的机器零件）呈现出来，如一篇有序的战况分析发言、一份试验计划或一份购买清单，形成的这些产品，并不是工具性语言，而只是初始的言说或语篇。道理很简单，原来的思考对象（一场战争，一项试验，要买的零件）并不是对象性语言。思考对象可以是物（天体、细菌、软件等等），是事（克隆、老鼠将油瓶子打翻等等），是过程（某一实验过程、某一次考核进程等等），是行为（张三发出警告、某人发出邀请等等），但并不是对象语言。

3.3 社交世界中：大量的、无穷尽的工具性语言运用

社交世界只对人有意义。但是，没有光秃秃的社交活动，只有语言嵌入其中的社交活动（行为），因此，社交活动必然是嵌入了日常对话的活动。于是，社交世界中存在着大量的工具语言的运用：语言性的、自为的解释活动。这个世界里活跃着大量的、无穷尽的语言性行为与大量的、无穷尽的言语事件。只要对象语言一经进入或关涉三个世界尤其是社交世界，工具语言通常都跟随其后产生——这是工具性语言扩展式运用的第三条规律。产出了对象语言而不进行解释活动，这样的情形有，但比较少。这样的情形有两种：第一，某人说话之后别人没听见，写作之后不发表不公布，当然他人就没有机会进行解释或再度解释；第二，某人产生一个思想，仅仅是自己对自己说话或者写下来不发表，自己此后也不再进行思考。不进行再思考，就是自己不愿使用工具语言对自己的命题进行解释，这样就形成了原

文不进入社交世界的情形,也就从根本上掐断了工具性语言的产出。

我们在心智世界中讨论过的经典的产生和与对经典的诠释活动(即评论语篇对原语篇的解释),原则上来说,完全是为了社交目的而运用在社交世界中的活动。语际间的翻译活动,也是为了社交目的而运用在社交世界中的活动。正因为如此,工具性语言扩展式运用的两条规律(高频率的再度解释、对原来文本的解释总是伴随着解释人的演伸与变通)也在社交世界里甚至更容易在社交世界里表现得淋漓尽致。

4. 结论

我们从塔尔斯基真之语义理论出发,提出了工具语言的扩展式。在扩展式中,重点提出了语言哲学翻译论(当工具语言与对象语言不是同一种语言且真之定义的充分性得到满足时)。我们以扩展式的几个例子显示了来往于三个世界中的工具性语言运用的三条规律——高频率的再度解释、对原来文本的解释总是伴随着解释人的推究、演伸、触长与变通以及失真与恢复真的斗争;对象语言之后一般都有工具语言跟着发生。工具性语言扩展式大量地、普遍地运用于社交世界与心智世界中,这种情况对人的活动与行为,对社会上层建筑与经济基础,产生了深刻而长远的影响。通过这些发现,我们可以进一步认识人类的语言性行为的本质的某些方面,即与其说"工具性语言扩展式大量地、普遍地运用于社交世界与心智世界中",不如说人与人的社会关系,非常大量地、普遍地表现为人与人之间的话语上的解释关系。

(原载于《语言科学》2003 年第 3 期)

下篇　关于语言哲学

I.

From the Classical Analytic Philosophy of Language in the West to the Post-analytic Philosophy of Language in China

1. Theoretical surroundings

1.1 A methodological shift from Chinese philosophy to analytic philosophy (AP)

AP began disseminating in China in the 1930s. The past few years have witnessed radical developments in AP in China and the area of research has thrived.

It is useful for us to briefly review the traditional methods in research in Chinese philosophy as applied by Chinese philosophers, for the past methods have deeply influenced present research in AP. The first kind of the traditional method could be labeled as the formula of *introduction-and-clear-up*, which was often applied by Hu Shi (1891–1962), the late famous philosopher. More recently, contemporary philosophers Tu Jiliang, JiangYi and Zhu Zifang, etc., have been applying the formula of introduction-and-clear-up towards AP. The second method could be termed as the strategy of *analysis-and-criticism* which FengYoulan (1895–1990), the late influential philosopher, used to take very often. Modern philosophers Zhang Zhilin, Chen Jiaying and Xu Youyu, etc., have been applying this method to AP. The third method could be characterized as the approach of *further elaboration*. Contemporary philosophers such as Ye Xiushan, Zhou Guoping, etc., very often utilize such a mode. In this method philosophers narrow their focus on elaborating their own ideas, seizing upon a common practice from western philosophy. Sometimes their elaboration is in a different direction than in the West, sometimes to the extent that they "deliberately misunderstand" western philosophy (in the non-derogatory sense that they retask and improvise on the original Western ideas).

In mentioning these methods, I am not taking sides and advocating for one of them. Different Chinese philosophers have different preferences regarding these methods. Some, for example, Jing Yi, prefer the first and second kind to the third one, because the former two kinds are really of scholarship from the viewpoint of investigations of western philosophy. Others prefer the third method because it is more thought-provoking, even though the provoked thought sometimes goes off the established track of western philosophy.

In spite of the third method, Chinese philosophers do not think that they have a special way of their own to deal with AP. Their methodology, which they used to have treated western philosophy thus far, comes mainly from the West. That is to say, *they deal with analytic philosophy by means of the analytic tradition which is characteristic of AP*. In China, there has long been the prevalence of the formula as so-called "*first to-say-yes* (to literally echo what the original works say) *and then to-have-one's say* (to generate something new of one's own)". This formula, according to Jiang Yi, is a method for introducing western philosophy to China rather than a research method for AP. I agree.

Jiang Yi (1999) correctly pointed out that the absence of the verification principle and the scientific spirit of AP in the traditional Chinese philosophy has, no doubt, made the research in AP difficult to advance. This is why what we did in dealing with AP in the past was mainly introduction and recommendation of AP into China instead of initiating new research programs, and it is also a reason why we had difficulty for establishing direct dialogue with western philosophers of AP. However, in the latest decade, the chemistry of the situation has greatly changed. I would like to call the readers' attention to the wording of "difficulty for establishing direct dialogue with western philosophers". The goal now is to enlarge such an immediate dialogue, and it is my view that the most fruitful way to accomplish this is by looking to post-analytic philosophy of language, which has taken on the form of an exploratory approach towards the classical APL in China.

There is an opinion holding that, if the Chinese philosophers doing AP have their own way, they would lay stress on conceptual analysis, rather than logical analysis. Delicately clarifying the meaning of a concept and closely arguing a proposition is characteristic of analysis as it is done in China. The main representative of conceptual analyses, is Zhang Dainian (1989) and his book *On the Category of Concepts in Philosophy of Ancient China*, while the main representative of logical analyses is Jiang Tianji (1984) and his work *On the Contemporary Western Scientific Philosophy.*

Strictly observing the method of the combination of conceptual analyses and logical analyses, Jiang Yi (2008) proposed what he called "philosophy-topology research" as in his selected works *Thoughts as Mirror-Images.* "Philosophy-topology research" prioritizes logical analysis over conceptual analysis. That is to say, we have to make our thoughts themselves *logically* clearer and more effective first. Jiang holds that a conceptual analysis demands clarity in expression, while a logical analysis demands *effectiveness* in expression. In addition, he says, our special attention should be given to treatment of some problems in Chinese philosophy with some methods used in western philosophy, especially, with the analytical method in AP. Thus, we are capable of elucidating philosophical ideas that are of universal significance.

We all know that the situation in which the only people doing philosophy were philosophers in departments of philosophy of universities. That has recently changed significantly in China. Now much philosophical research is being conducted in departments of foreign language studies (FLS).

1.2 From a unique pattern for doing AP and PL to the Post-APL in China

It seems to me that AP and PL *is nearly the same thing*. In saying so, I appeal to a definition made by Nicholas Bunnin and JiyuanYu (2001: 755). "Contemporary philosophy of language resulted from the linguistic turn in philosophy and is based on the assumption that all philosophical analysis can be reduced to the analysis of language. In a broad sense, philosophy of language is *nearly synonymous with* analytic philosophy." (Emphasis added) Although their conclusion well accords with my opinion, other views on philosophy of language are prominent. For example, "philosophy of language" can be replaced by "analytic philosophy of language", with the latter emphasizing the analytic tradition.

Generally speaking, philosophy of language includes analytic philosophy of language in the Anglo-American tradition and the philosophy of language in the European hermeneutic tradition.

Now let's come to the pattern of *some Chinese philosophers being partial to AP and others, to PL.* Although such a distinction between AP and PL seems a little odd, the pattern can be explained.

Very encouraging progress has been made in the last 15 years thanks to the fact that a new tide of development of analytic philosophy of language has been rising in the area of foreign language studies. This is due to the sudden and unexpected participation of teachers of FLS in PL. These teachers are truly a new force suddenly coming to the fore. In the past, in China, the teachers of FLS were never trained for philosophy. But, for the last 15 years or so, they have taken part in the research in PL "under influence of linguistics" which is naturally related to AP. By "under influence of linguistics", we mean that *the teachers of FLS follow the trail of semantics and pragmatics directly into AP*. Consequently, in China, there appears *a unique pattern* in doing AP and PL that people are giving attention to. Those doing AP (rather than PL!) are mainly philosophers with formal philosophical backgrounds (they typically hold the position of "teacher of philosophy"); by contrast, people giving attention to (and doing) PL (instead of AP!) are mainly professors with FLS background (on university campuses they typically hold the position of "teacher of FLS"). It is not accidental at all that the teachers of FLS love philosophy of language. This is it. In one word, this unique pattern arises *from different professional perspectives or preferences*, namely, people from philosopher background see the same thing ("PL is nearly synonymous with AP") with *an analytic* preference, while people from FLS teacher background see, with *a linguistic preference*.

Teachers of FLS doing philosophy of language with the linguistic perspective or preference can be labeled as *PL philosopher(S) in FLS* for the moment. It is in this large group of PL philosophers in FLS that the post-analytic philosophy has emerged in China. That is the very reason why, in China, analytic philosophy (philosophy of language) has the most practitioners. No other country in this world has more people doing philosophy of language than in China. Accordingly, how could we ignore the different approaches taken by so many scholars towards the philosophy of language?

2. The post-analytic philosophy in China

2.1 The general tenets concerning PAPL in China

PAPL is *an approach* towards the classical APL *rather than a research method*. For the method characteristic of AP is already established as "the analysis of language" (Nicholas Bunnin & Jiyuan Yu 2001: 755) and as "a shift from talk of objects to talk of words" (Quine 1960: 56). Further, according to Du Shihong (2010), the primary, if not the whole, job of philosophy is still *exhaustive conceptual investigation by means of sufficient linguistic analysis*. The requirement for sufficient linguistic analysis is conceptual clarity, which is the greatest of the three key words in the slogan of analytic philosophy — "Faith, Hope and Clarity" (Brandom 2008: 213). In a phrase, the method for PAPL continues to be "the analysis of language", not different from the classical APL. Therefore, PAPL is similar to the classical APL in that both of them should be done along the same approach *whose entrance (into philosophy) is in linguistic analysis and whose exit is in the world and thought.*

What is the dissimilarity between PAPL and the classical APL, then?

According to the author (Qian Guanlian 2010: 1), what *PAPL as a philosophical approach* is as follows.

(1) PAPL is not dishing up the original (old) problems in the classical APL, but absorbing the quintessence from both the analytic tradition and the

European hermeneutic one, intending to grow "new branches (twigs) out of the old tree trunk";

(2) The new branches are precisely rooted in the concrete language problems hidden in our everyday social lives in our times;

(3) PAPL encourages researchers to try a large variety of topics and styles;

(4) PAPL attaches great importance to the native language, i.e., the Chinese language, in the hope of localizing PL in the land of China.

The above four points are *the core of PAPL*①.

The above core, according to Wang Yin (2011), can be reduced to the four principles such as innovation in researches, analysis in methodology, a variety of research styles and, finally, the path to integrate Chinese and Western philosophy.

2.2 The focus on "post-" within the PAPL

"Post-", according to Du Shihong (2010), means that AP has stepped into a new stage after witnessing a history of the five stages (Katz 1990; Urmson [in Rorty 1992]). In the new stage, conceptual investigation should be passed down from Wittgenstein (1975, 1980, 1986, and 1998) to contemporary scholars in China for the purpose of dealing with the philosophic problems hidden in the Chinese language.

Quine is believed to have put an end to the analytic tradition of philosophy, but he is still thought of as an influential analytic philosopher, a milestone in the development of western philosophy. Du states that PAPL in China has caught its breath with that of another milestone philosopher, Robert Brandom, whose analytic pragmatism is re-energizing the analytic tradition of philosophy in China. In other words, *Brandom might be regarded as an American representative of PAPL.*

John McDowell has described what Brandom is doing as perversely

① See "On Asymmetry of the Ratio between Numbers of Reference of Variants of 'wo' ('I') and Reference of Things" in *The Forum on the Philosophy of Language*, Volume One, Beijing: Higher Education Press. 2010.

transplanting perfectly healthy pragmatist organs into the rotting corpse of analytic philosophy (Brandom 2008: 202). Obviously, AP in the eyes of Rorty and McDowell is already dead. Now, Chinese scholars are engaged in putting vigor into the so-called dead AP. The various practices carried on by Qian, Wang Yin, Liu Liming and Du Shihong, etc., can be termed as PAPL.

By "post-", again, we intend to foster the strengths in the classical AP and circumvent the weaknesses in it. Concretely, the strengths in it are meant to be analysis of language, while the weaknesses are meant to be that, as an outcome of the analysis in the classical AP, we could see only the analysis but not philosophy, or only the analysis but not construction. Well, Qian's first creed about PAPL, i.e., "new branches out of the old tree trunk" as a productive suggestion, is of construction. Qian's third suggestion is focus on the Chinese language. In this respect, Qian happens to hold the same view as Brandom (2008) who held that *the best choice for the analysis of language is a native language*. Wittgenstein held the same stand.

2.3 Some case studies for PAPL in China

Some case studies to be listed below would be regarded as an explanation of the basic elements of PAPL in China.

2.3.1 Wan Yin's case

Subject-Object-Subject Multiple-Interactive Understanding Model (SOS): Theoretical Construction and Corpus Support

Western philosophers are mainly concerned about cognition and understanding via uni-directionality (from perception to rationality, or vice versa) or bi-directionality (interaction between subject and object, or between subject and subject), which have left many problems unsolved. On the basis of embodied philosophy, Wang has proposed "embodied universalism" [or embodied humanism], based on which "Subject-Object-Subject Multiple-Interactive Understanding Model (SOS)" has been developed, in the hope of solving the above-mentioned problems. The paper (Wang 2010: 39; 2011) has also used 40 English translations of one Chinese poem "Night Mooring by Maple Bridge" to support the new model. Mind now, the Chinese poem is the corpus support on the basis of the Chinese context, especially, the Chinese language.

SOS, as Qian understands, emphasized the multiple-interactive *relationship between persons and things*. In respect to SOS, the two "S" (subjects, i.e., persons) embodied one and the same "O" (an object, i.e., a thing) at the same time. Such an embodiment constitutes the basis upon which persons *share a common view on one and same object*, for it goes without saying that the objective surroundings (all over the world) are where persons share a common ground. The two "S"s on either end suggest post-modern humanism — focus on relational activities rather than subjective activities. This model criticizes philosophical objectivism on the one hand; but, on the other, clears up theoretically the trend that enjoys too excessively humanism but ignores the cognitive basis with the help of which people should have been capable of communicating well with each other.

Why are people capable of understanding each other and getting a common view on one and the same object? First, people face the same cognitive object, i.e., "O" in the SOS model. Second, people share the same body configuration (hence, embodied philosophy) which naturally causes the same reception, if experiencing the same object. Therefore, third, many persons, rather than two persons in the literal sense as two "S" in the SOS model, desire to communicate and negotiate with each other and they really communicate and negotiate. It is on the premise of the three guarantees (S, O, and S) that 40 English versions guarantee the same "night mooring", the same Maple Bridge and the same feeling from one Chinese poem "Night Mooring by Maple Bridge". Truly, the 40 English versions differentiate from each other to some extent, but you can not deny that they are certainly to have a basically common view, common impression and common emotion to a great extent. Thus, the too excessive humanism can be curbed.

The fact that the Chinese poem in Wang's case is the basic corpus support of the multiple-interactive understanding model SOS shows that the Chinese language effectively enables itself as a way to refresh, to some extent, western philosophy which was originally a production in the background of the English and German languages.

Wang regards his proposal of the embodied humanism and the SOS model as a result of PAPL.

2.3.2 Liu Liming's case

Re-interpretation of Pre-*Qin Mingjia* (School of Names)

The question Liu (2007) faces is that, about *Mingjia*, there are conflicting explanations in terms of philosophy, logic, science, and so on, none of which can exhaust all of their apparently "nonsensical paradoxes". Certainly, the framework of examining their thought must have been problematic. It is important to re-interpret *Mingjia*, as Feng Yulan pointed out, if *Mingjia* should be ignored, the Chinese philosophy would appear more irrational. This is a topic related to the question of whether philosophy is possible in China.

Liu's solution to the above question is to put *a triple-mode theory of language operation* to re-interpret the School of Names.

Humans are rational creatures, whose rationality is embodied in their instinct "to know". What they "know" via "saying" could be *concrete objects*, *concepts about objects and language itself* and for this reason the conceptual thinking of humans is embodied in different modes of cognitive language operation, each having its own semantic type and property. These modes are as follows:

1) The mode of *concrete-thing-oriented* language operation, its typical question being "What is this", with the focus on what a specific "this" means to the user of language, i. e., to know the phenomena of things; the truthfulness of the word meaning can be established by experiences;

2) The mode of *abstract-concept-oriented* language operation, as its typical question is "What is thisness", with a clear emphasis on the understanding of the essence of things; the meaning of "thisness" is resilient, which means the truthfulness of the word meaning can only be established indirectly and is subject to modifications;

3) The mode of *purely language-reflective* operation, with its typical question being "What is 'IS'", in which humans inquire into the pure being as being, i. e., the essence of Being itself. In this mode, the meaning of "Being" simply cannot be verified empirically, but is subject to language-logic examinations.

As a mode of thinking, the pure language-reflective operation mode is universally human. All nations, whatever languages they speak, are able to enter this mode of thinking, which makes it possible for rationalistic ideas to emerge in their thoughts. But because of the typological differences of languages, all nations do not follow the same language path towards the establishment of rationalism.

The pre-*Qin* philosophy of China attached great importance to language issues, but it failed to enter the mode of pure language speculation, because the classical Chinese language at the time simply *lacked* knowledge of *syntactic forms*. Nevertheless, the pre-Qin philosophers did come to speculations on questions of the certainty of the meaning of "names", as a result of their debates over issues of "name" and "actuality", "talking" and "doing", and "language" and "meaning" with a focus on the genesis of word meaning and the social function of language. *The purely linguistic speculation* of the pre-Qin School of Names (SN) was indeed born in the first philosophical debate in the history of traditional Chinese philosophy. The SN philosophy was a school that focused exclusively on the speculation concerning semantic certainty. The SN philosophical thought is characterized by 1) a deviation from, and a challenge to, the traditional and the common-sense ideas; 2) a purely linguistic analysis approach that is in no way directly involved with things in actuality; and 3) a pursuit after what really "is" *in a way characteristic of the classical Chinese language* and how the truth of the "is" can be established. Thus, the SN philosophy is not one concerned with actuality, nor is it with concrete ideas, but one riveted on the principles governing human thinking as revealed in language and language use.

With this understanding, Liu has attempted a new explanation of the so-called "sophisms" of the SN thinkers, specifically, the "Ten Propositions of HuiShi", the "Twenty-one Paradoxes of the Debaters" and GongsunLong's propositions, such as "Fire is not hot" (*huo* [fire], *bu* [not], *re* [hot]), "Tortoise is longer than snake"①(*gui* [tortoise], *chang* [long], *yu* [than], *she* [snake]), "White-horse is not horse"② (*baima* [white-horse], *fei*

① If this sentence were translated as "A tortoise is longer than a snake" (obviously wrong) in English, the original sentence in Chinese would lose the taste of sophism.

② If this sentence were translated as "A white-horse is not a horse" (obviously wrong) in English, the original sentence in Chinese would lose the taste of sophism.

[not], *ma* [horse])① and so on. As revealed by this research, these propositions of SN are not sophistic at all. Rather, they are ideas rich in analytical rationality, which have grown out of their serious inquiry into the certainty of meaning of "names". For instance, "fire" here does not denote *fire in actuality*, but *the name of the concept of fire. Mingjia* obviously proposes that *the concept of a thing is not the same as the thing itself*, and their argument is not what actually is, but what the nature of concept is. This is further clear in "Tortoise is longer than snake", which is their speculation on the ontological status of the adjective Chang ("long"). "Chang" can be used to describe both the temporal property (longevity) and the spatial property (length), but what is *Chang ("long") as "Chang-in-itself"*? This is a very important philosophical inquiry. The same is true of white-horse, as Gongsun Long has realized that the concept of *ma* ("horse") should be *colorless*, while "white" should have the ontological status of "*whiteness-in-itself*". His reasoning might have its own problems, but his idea is clear: the speculation on the nature of the meaning of names. This is unmistakably the philosophy of language.

The SN philosophers are endeavoring to seek after *the universality, necessity and certainty* of the "knowing" via "saying" on the part of human beings. If the SN had not suffered the vital crack-down from both academic and political authoritarianism, the history of traditional Chinese philosophy could have shown that the SN thinkers did set out on the road toward rationalism with the characteristics of the classical Chinese language analysis. This is not a mere coincidence with the analytic approach of the analytic PL. If the Western philosophy of language has been born of a philosophical tradition of ontology and epistemology, traditional Chinese philosophy could have, on the basis of its philosophy of language, devleoped *along such a path*, that is, developed its ontology and epistemology, or things of this nature, in the same sense as in Western philosophy.

---

① The above three propositions are taken from Zhuangzi (369-286 B.C.): *The Land under Heaven*, in "Twenty-one Paradoxes of the Debaters".

2.3.3 Du Shihong's case

There are two problems hidden in the use of the Chinese verb *jiazhuang* (pretend): One is the habitual use of *jiazhuang* in the pattern of "jiazhuang + verb", such as "*jiazhuang yaotou* (pretend to shake one's head)", "*jiazhuang heshui* (pretend to drink water)"; the other is the metaphysical use of *jiazhuang* in the seemingly plausible meta-pretense, *jiazhuang jiazhuang* (pretend to pretend). The two problems are not Chinese-specific. English is also faced with them. Austin's paper "Pretending" has dealt with this topic, but Austin has left the two problems unsolved. In addition, Austin has left another problem whether or not "it is usually *obvious when someone is pretending*". *If there is somebody performing an act of surreptitious pretending*, is his pretending obvious or unobvious?

In conducting a conceptual investigation into pretending, Du has established *the four conditions for pretending as a yardstick*. Measured with the yardstick, both Chinese's *jiazhuang jiazhuang* and Austin's "pretending to pretend" can be dissolved. That is, *jiazhuang jiazhuang* and pretending to pretend cannot exist as a semantic entity in the empirical world but merely as a form of diction in syntax. *Jiazhuang yaotou* and pretending to shake one's head can be well explained in terms of hermeneutic understanding. Austin's claim that "it is usually *obvious when someone is pretending*" *is only justified in the case of obvious pretending, not justified in the case of unobvious pretending such as surreptitious pretending. Du has arrived at a conclusion that human beings are capable of pretending only whatever they can manipulate, but unable to pretend whatever is beyond their powers of manipulation.*

2.3.4 Qian Guanlian's case 1

On Asymmetry of the Ratio between Numbers of Variants of "wǒ" ("I") and Reference of Things *in Chinese* (*Qian* 2010)

The grossly rich variants of "wǒ" ("我", "I" in English) in the Chinese language, i.e., reference of the first personal pronoun (the RFPP), amount to about 108[①], by contrast, the maximum number of names of one and the same thing typically amount to only 3 or so. What philosophical implication is there

① This number is humorously an approximate one, rather than exact one.

in this extreme asymmetry, if any? The author argues that the large number of the RFPP in the Chinese language is not philosophically universal, but what is philosophically significant is the grave imbalance between the two.

The significance of such an asymmetry between the numbers of reference of all personal pronouns, especially the RFPP, and reference of things lies in that: (1) Such an asymmetry displayed that human beings are extremely much concerned about their own existence. To put it another way, the enormous complication of the RFPP presupposes the extreme complexity of human beings; (2) The discrepancy between the human concern about his own existence and his concern about things suggests that the complicated appeal of the RFPP (我) to language should be eventually taken as the human preference for Self, which cannot be accounted for in terms of the "mode of presentation" and the "cognitive content" proposed by Frege. (3) Such an asymmetry also suggests that the variants of "wǒ" in Chinese and Heideggerian Dasein may echo each other, for "[t]he 'I' is an essential characteristic of Dasein." (Heidegger 1999: 152) In *Being and Time*, the preferential position of man is achieved by means of Heideggerian hermeneutics, while in Chinese it is done by means of the variants of the RFPP which are, therefore, nothing but "the explication of ... Being-one's-self".

If a thing has more co-referential names (e.g., 3 or so) in a specific language, then the "being or presence" of that thing becomes ontologically much more salient than other things. Philosophically, human beings project their measures onto names and expressions given to a person or a thing.

As for the number of *reference of the first person*, the grossly rich variants of "wǒ" in Chinese vary with the following cases: in the presence of ordinary folks, in the presence of a teacher or senior, in the presence of one's superior if one happens to have an official rank, in the presence of a fellow official, in the presence of one's inferior, in the case of one happening to be an emperor or a lord, in the case of a monk or daoist, in the case of one losing one's power and status, and so on and so forth. For example, 'wǒ (我[*standard*]), zá (咱[*dial.*]), ǎn (俺[*dial.*]), yú (余[*fml.*]), wú (吾[*lit.*]), yú (予[*lit.*]), nóng (侬 [*poetry*]), mǒu (某[*infml.* humble RFP]), zájiā (咱家[*colloq.*]), sǎjiā (洒家[*colloq.*, *esp. used by monks*]), ǎnzá (俺咱[*dial.*]), běnrén (本人[*colloq.*], literally "*myself*"), gèrén (个人[*infml.*], esp. "*the present speaker or writer*"), rénjia (人家[*humor.*], literally "*other people*"①), wúnóng (吾侬[*dial.*]), or wǒnóng (我侬[*dial.*]), etc., etc.

108 "wo" ("I") in Chinese correspond to 108 presences and cases!

2.3.5 Qian Guanlian's case 2

Language: The Last Homestead of Human Beings — Philosophical & Pragmatic Probe into the Basic Survival Ways of Man (Qian 2005) is also among PAPL. So is another monograph of his, *The Theory of Language Holography*. (Qian 2003)

3. The other colorful styles keeping pace with PAPL in the world of FLS at home

There are, of course, other styles of various hues in doing AP and the philosophy of language in the hermeneutic tradition.

Doing AP, many philosophers insist in their own styles different from Qian, Wang, Liu and Du. Their jobs are all "new twigs out of the old tree trunk", i.e., *they say their own say via an old topic/problem from the classical APL without using the Chinese language data.* Among others, Lin Yongqing, Cheng Xiaoguang, Liang Ruiqing, and Wang Aihua are the outstanding representatives of this group of philosophers in the analytic tradition.

In addition, Li Hongru is successfully doing the philosophy of language in the hermeneutic tradition. Shui Ran is noted for work on the philosophy of language against a background of the Russian tradition.

① This usage seems very strange, for it takes "I" objectively, courteously and modestly as "other people".

4. The revised tenets of PAPL

The introduction of the Chinese language into classic APL undoubtedly contributes to the trend of PAPL in China. The introduction of Chinese is not harmful to the pure language-reflective operation mode; nor is it impairing what should be universally human in philosophy. It also does not blemish so-called philosophical rationality. "... [B]ecause of the typological differences of languages, all nations do not follow the same language path towards the establishment of rationalism." (Liu Liming 2007) In one word, the Chinese language is effective in strictly insisting in the analysis of language and the hot pursuit of some new problems.

So we hereby are willing to propose the revised tenets of PAPL as follows:

(1) PAPL is not dishing up the original (old) problems from the classical APL, but is absorbing the important elements from both the analytic tradition and the European hermeneutic tradition, and by strictly insisting on rigorous analysis of language, contributes to the growth of "new branches (twigs) out of the old tree trunk";

(2) The new branches are precisely rooted in the concrete language problems hidden in our everyday social lives in our times;

(3) PAPL encourages researchers to try a large variety of topics and styles;

(4) PAPL attaches great importance to the native language, e.g., the Chinese language, which is contributing to the localizing of PL in China.

(Published 2014 by *Proto Sociology* Vol. 31)

II.

哲学轨道上的语言研究(上)

——西方语言哲学系列研究之一①

1. 西方哲学轨道上的语言研究的三个含义

西方哲学家一向干的工作是研究"存在"[being,有时将"存在"表述为"世界"(world)/"现实"/"实在"(reality)]。他们现在转向语言研究,也是为了研究存在(世界与现实)。不了解这段漫长的历史,怎么也不会理解他们在近代一窝蜂地分析语言。在他们自己看来,他们现在干的正是他们一向在干的事情。他们是通过语言分析而讨论存在。

事情当然不会是径情直遂。从哲学研究的本体论出发,第一阶段搞本体论——直逼"存在是什么? 世界的本质是什么?"——遇到了打不破的坚冰,只好转向第二个阶段——认识论(人是怎样认识到存在的? 思维与存在的关系、人的认识的来源、途径、能力、限制是什么?),又遇到了麻烦解不开,最后转到第三个阶段——语言论。

哲学是对思想的思想。哲学研究人的理性、人的思想,但"问题在于,当我们认识某一事物或某一思想时,我们能直接把握的不是人的内在的、隐秘的灵魂,而是通过语言表现出来的思想和理性。了解人和人之间如何借语言达到理解与交流,就成了懂得人的理性或思想的前提,意义问题成为哲学研究的基础和核心,自然是题中应有之义。"②

---

① 此文根据拙著《语言:最后的家园》第二章第三节"哲学轨道上的语言研究:解读与启发"改写。王宗炎先生详读全文并惠赐教益,谨深表谢忱。

② 徐友渔、周国平、陈嘉映、尚杰,1996,语言与哲学[M],北京:三联书店。

语言论这条思路的形成还由于西哲认为,许多哲学中的假命题是由于语言混乱造成的。要消除哲学上的糊涂,就要先消除语言上的含糊。由是而研究语言的意义,由是而产生日常语言分析学派哲学。在转向语言研究的途中,西方哲学家也有重大的区别。对此区别,周国平是这样认为的:"一派哲学家认为,弊在逻辑化的语言,是语言的逻辑结构诱使人们去寻找一种不变的世界本质。因此,哲学的任务是解构语言,把语言从逻辑的支配下解放出来。另一派哲学家则认为,弊在语言上的逻辑不严密,是语言中那些不合逻辑的成分诱使人们对一个所谓本体世界想入非非,造成了形而上学的假命题。因此,哲学的任务是进行语言诊断,剔除其不合逻辑的成分,最好是能建立一种严密的逻辑语言。不管这两派的观点如何对立,拒斥本体论的立场是一致的。维特根斯坦和海德格尔分别代表上面两派的哲学家。"①上面这一段话,理解稍有困难的是"弊在逻辑化的语言,是语言的逻辑结构诱使人们去寻找一种不变的世界本质"。怎么会逻辑上不严密的语言不好,而"逻辑化的语言"也是有弊的呢?这不成了左不是右也不是吗?其实,只要我们想想维氏在另一个地方的话,就能明白"弊在逻辑化的语言"一说。他在《哲学研究》中提出哲学是一种语言病。他主张"语言的日常用法是唯一合理的,一旦人们'哲学地'使用语言,问题就出来了"。他提醒人们不要将语言往纯逻辑的"理想语言"上引导,注意日常语言的合理性。如果过分地要求语言逻辑,同样会生出哲学麻烦("寻找一种不变的世界本质")。

应该说,谈语言是为了更好地谈存在,这不消说是哲学性质的;另外,从语言触摸到思想和理性并深入研究是哲学的己任,这当然也是哲学的。也就是说,哲学家大谈语言分析和语词意义是基于哲学的角度,而不是语言学的角度。

我们不妨将上述过程(语言分析何以成了哲学家的主题)简化为语言研究的哲学轨道三含义:(1)西方哲学研究两次转变方向——本体论搞不通了转向认识论,认识论搞不下去了转向语言论。(2)通过研究语言来撬开"存在",撬开思想与世界。人的思维是一种内在的交谈,哲学研究就是通过语词意义的分析将"内在交谈"外化出来,用利科的话来说,就是"把对

---

① 周国平,1998,哲学与精神生活[J],方法(1)。

语言的理解当成解决基本哲学问题的必要准备”。也就是说，对词语意义的研究，是为了从词语的意义中反推出人的理性和哲思。(3)西语哲认为，研究语言可以澄清一些由于滥用语言而造成的哲学问题。一旦澄清了语言，哲学问题自然迎刃而解。

2. 语言学帮助哲学家的三个方面

首先，语言是人类所特有的，了解语言也就是了解人，“了解关于人的某种知识”(to know about language is to know something about being human)。马蒂尼奇(Martinich 1990)①这一说法是对的。他还认为，人的语言符号有这样一个特性：有限的符号可以造出无限多的表达式。直接研究人固然是一个很好的途径，通过人的产物(输出)来研究人也是一个有效的角度。这和通过人的大便、小便、汗水、痰液、舌相、面相、脉相、耳相来研究人体内部状况是一个道理。如何通过语言来了解人呢？了解了语言的什么便了解了人的什么呢？

西方哲学家的回答一般是下面几点(他们谈得最多的几点)：了解语言，就是了解人对存在如何感受、如何呈现；了解语言的排列序，就是了解人的逻辑心理和认识世界的认知模式；了解语言，从而了解人的行为；了解一个民族的语言，就是了解一个民族的文化；了解一个人的用语，就是了解一个人的文化状况。

窃以为还可以增加两个方面：

第一，看一个人的语言状况，就是看一个的生命状况②。从语言结构了解宇宙的结构，因为宇宙结构与语言结构是全息的③。

第二，“既然某些哲学问题看来是起因于语言结构的错误信念，所以，

① Martinich, A. P. 1990. Introduction. In *The Philosophy of Language* (2nd ed.) [C]. New York. Oxford: Oxford University Press.

② 钱冠连，1993，美学语言学[M]，深圳：海天出版社。

③ 钱冠连，1998，语言全息律[J]，外语与外语教学(8)，/高等学校文科学报文摘(6)。

理解语言结构可以帮助解决这些哲学问题或完全避免它们。”马蒂尼奇(1990)举了一个例子:“例如,既然‘无沿路走来’(Nothing came down the road)这个语句(至少从表面上看)在语法上类似于‘约翰沿路走来’(John came down the road)这个语句,而‘约翰’是某个实存的东西,那么人们也许会认为‘无’也是某个实存的东西。但是,这种荒谬的观点是由对语言发挥作用的方式的误解所造成的。”

试解释:Nothing came down the road 是个误句,误在凭空制造了一个不存在的实体。“无”(nothing)并非是一个实体。但这个误句却是根据 John came down the road 推衍而来。推衍错误之一是:从表面上看,这两个句子的句法是一样的,于是认为从 John 如何如何是对的,可推衍出 Nothing 如何如何也是对的。错误之二:认为既然 John 是某个实在存在着的东西,那么 nothing 也是个实在存在的东西。误解的根子是:以为 nothing 和 John 这两个语词所发挥的作用的方式是一样的。推翻这样的误句,就等于在世界上减少了一个无中生有的实体,这是哲学的一个胜利。但是,这个哲学胜利是因为澄清了“语言发挥作用的方式”上的一个误解而得到的。

第三,“哲学家认为,语言是对实在的反映。因而,倘若人们能够理解语言的结构,那么人们便能够理解实在的结构。”(Martinich 1990)稍后我们就可以发现,这句话表面上轻松,实际上是有许多东西隐匿深藏。这里,“实在的结构”应该理解为“现实世界的结构”。认为语言的结构等同于或类似于现实世界的结构,这种看法并不奇怪。因为语言是思想的表达;并且,如果人的思想能算作关于世界的知识,那么,思想似乎就是对现实世界的反映。这种关于语言、思想与现实世界的观点,柏拉图、苏格拉底都是同意的。柏拉图说,倘若他试图通过直接研究实在来弄清实在的结构,那么他担忧也许会在理智上陷入迷惘。因此他决意把语言用作一种实在之镜:“我决定求助于语言,并且,借助于语言来研究事物的真相。”(*Phaedo*, 99E)我以为,“事物的真相”就是西方哲学家所研究的存在。康德主义认为,语言并不是对实在的反映(因为人类理智不可通达于实在),而是对我们关于实在的思想的反映。“关于实在的思想的反映”也是一种对思想的思考。

如何通过理解语言的结构来理解实在即现实世界的结构呢?

“人们普遍认为,语言的基本结构是主词加上谓词结构。而这与实在

(reality,亦即存在, being)的基本结构相关:特殊性与共性。如果人们认为能从语言的基本结构来理解实在的基本结构,那么,理解主词与谓词的区别便是非常重要的。”(Martinich 1990)这个思路是这样的:理解主词与谓词的区别是为了理解语言的基本结构(Peter Geach 的 *Reference and Generality*①一文回顾了对这种结构的意义所做出的各种不同的解释以及应当如何刻画这种结构),而理解语言的基本结构又是为了理解实在的基本结构。这样便从语言研究过渡到了哲学研究。

“理解语言的基本结构是为了理解实在的基本结构”这一命题的基础,还需要进一步夯实。实在的基本结构是什么样的呢?谁也没有给出,而且也不可能给出这样一个定论,否则为什么还要苦苦寻觅与研究它?但是,我们不妨一般地将世界当成一个实在的对象。那么,世界的二元对立(dichotomy)是普遍现象。恰好,从主流看来,语言中的二分反映了世界的这个二元对立现象。

但是,我想强调的是:看来就在这里出了问题:英语句子结构更常见的是三分,即 SVO(主+谓+宾),而汉语结构更常见的是两分:话题加说明(即常见的主题句,如“我头疼”等等)。这岂不是说,同一个世界结构,却在东西方的语言框架中,显现了不同的基本切分,这到底是东西方语言的哪一方搞错了,还是本来就有两个不同的世界?

张今认为,“远古人的这种朦胧模糊的思想模块,一旦直接发之为声,就变为原始语结。以后,随着社会的发展和人类思维能力的发展,这种原始语结就在各民族的文化、特别是各民族的逻辑-心理结构的调控下,逐步分化和展开,最后转化为语言。”②这就是说,最早的原始语结可能是一样的(对一个世界的反映),现在的英语句子三分,大约三分之一的汉语句子为两分,是由不同的逻辑-心理结构引起的。但是,西方人所倚的世界与东方人所倚的世界是同一个。句子的三分或两分并非表明对同一世界结构的反映不相侔。中国人的逻辑-心理结构里,即认知模式里,突出了两极对立,模糊了灰色过渡即中间地带(尽管这个地带存在着),于是,句子结构中的二分比较多。众多的二元对立合成的词可作旁证:呼吸、彼此、雅俗、古

① Geach, P. 1968. *Reference and Generality* [M]. Ithaca: Cornell University Press, pp. 22-46.

② 张今,1997,思想模块假说 [M],郑州:河南大学出版社,第 15 页。

今、阴阳、反正、里外、开头、买卖、来往、教学、横竖、早晚、得失、矛盾、迟早……等等。西方人的逻辑-心理结构,即认知模式里,容忍了中间地带,即承认灰色过渡,所以选择了比较多的三分结构。这就是说,三分句型与二分句型,都是与实在的基本结构相关的。实在既可以看成三分,也可以看成两分。将句型结构和实在结构挂钩,这样的研究就刚好是哲学工作。

在主词和谓词的二元对立中(如上所述 Peter Geach 对这种结构的意义所做出的各种不同的解释以及应当如何刻画这种结构),主词项更吸引哲学家们的注意力。"理由在于,哲学家传统上关注于人们所持的信念或所说的话是否为真;**倘若为真,那么语言似乎必须以某种方式与世界相联系**(黑体为笔者所标)。主词表达式究竟是直接地还是间接地与实在相联系?弗雷格在'论涵义与所指'(Frege 1892)[①]一文中论证说,主词表达式(无论是专有名词还是摹状词)通过他所谓的涵义(Sinn)——大致来说,即主词表达式的概念内容——间接地与实在相联系。"(Martinich 1990)这一段话很好地解释了为什么哲学家关注主词项——实际上是专有名词和摹状词,并围绕专有名词和摹状词写了那么多论文的原因。

3. 西哲的具体语言项目课题里的哲学解读

以下的解读只能摘英撷华,不能面面俱到。挂一漏万之处,请读者谅解。

句法与哲学家

哲学家曾经非常关注句法。他们认为句法是唯一合法的语言研究。这一时期大致从维特根斯坦发表《逻辑哲学论》[②]的 1921 年持续到塔尔斯基发表"形式化语言中的真之概念"一文的 1935 年。维特根斯坦的那本书

---

① Frege, G. 1980. On Sense and Nominatum [A]. In P. Geach & M. Black (eds.), *The Philosophical Writings of Gottlob Frege* [M]. Oxford: Basil Blackwell.

② Wittgenstein, L. 1974. *Tractatus Logico-Philosophicus* [M]. London: Routledge & Kegan Paul. 或郭英(译), 1992, 逻辑哲学论[M], 北京: 商务印书馆。

表明语言的句法描写是可能的,而塔尔斯基的著作则证明,语言的语义学描写也是可能的。大多数哲学家对句法不再感兴趣。现在,我们对Chomsky研究句法的哲学目的做一简介。

按乔姆斯基的观点①,语言是人的大脑的一个组成部分,语言学是大脑科学的一个分支。由此可知,语言具有客观上的真实性。将大脑的结构与语言进行鉴别的另一个结果是至少在总体上存在着一种对语言的客观真实的描写。英语、芬兰语、日语之间乍看起来的大异,对它们在操这几种语言的人的头脑中的存在而言,并非大异。乔姆斯基说得很形象:从某个角度看,所有人类的语言看起来都是一样的(identical)。他的意思是,历史地看,英语与日语说话人之间的不同事实上是非常小的。他指出,生物学家发现,遗传因子在微观水平上的细微差别都会生成生物体与生物行为宏观上的显著差异。而且,英语、芬兰语与日语是不同的语言这一常规看法并非具有任何科学正确性(scientific validity)。在一种所谓的语言与另一种所谓的语言之间,并无分明而原则的边界线。在荷兰边界附近说的德语,某些远方的操德语的人不那么懂,说荷兰语的人反而更容易懂。他还认为,语言是大脑或心智的子系统。既然语言是大脑的一个功能,那么,它就不必是以交际为本。语言交际仅仅是语言几种用途中的一种。语言还可以用来记事、思考、录写诗文等。

很显然,乔姆斯基关心的东西不是语言本身,而是大脑。但如果只对大脑感兴趣,那他就是生物学家或生理学家了,他感兴趣的是所有人类语言中存在着一个普遍语法,这个普遍语法是每一个正常人的大脑的一个成分。这个结论意味着,他想研究的东西是:一、人的大脑怎么借助语言思考。二、语言如何保存在人的头脑里,这本身也是一种存在。大脑是一种存在,这自不待言。语言如何保存在人的头脑里,更是复杂的高级的存在。现在通过语言来撬开这种存在,就是西方哲学家的本份了。

语义学与哲学家

语义学是对语词和语句的意义的研究。语义理论试图说明意义是什

---

① Chomsky, N. 1986a. Language and Problems of Knowledge [A], a slightly revised version of a paper delivered at a conference in Madrid, April 28.

么,而任何一种意义理论都必须能够预言一个有意义的表达式是什么和不是什么以及语词与它们的含意之间的系统的关系。

主要的语义概念是真值和指称。指称问题是语言哲学中讨论得最热烈的问题。何以如此,马帝尼奇(1990)的一句话可以说是一语中的:"指称问题的确重要,因为哲学家的典型看法是'语言与实在相联系的主要方式是通过指称'。"这个实在(reality)就是西方哲学家时时关注的存在(being)。看人们怎么用指称,就是看人们怎么用语言表示存在。哲学家关心语言中的指称的旨趣原来在此!弗雷格的"论涵义和指称",罗素的"摹状词"①,斯特劳森的"论指称"②唐纳兰的"指称与限定摹状词"③,克里普克的"说话者指称与语义性指称"④,都是哲学家对指称问题的关注。他们是为了弄清实在是什么才对语言中的指称感兴趣的。

基于同样的理由,哲学家也对名称与指示词感兴趣。因为名称、指示词与指称相关。他们想看看名称和指示词是如何与实在相联系的。

围绕语句的真值与词语的意义做文章的作者及作品很多,例如:亨普尔的"认知意义的经验主义标准:问题与变化"⑤,蒯因的"经验主义的两个教条"⑥丘奇的"内涵语义学"⑦,塔尔斯基的"语义性真之概念和语义学的基础"⑧,格

---

① Russell, B. 1919. Descriptions [A]. In *Introduction to Mathematical Philosophy* [M]. London: George Allen and Unwin Ltd.

② Strawson, P. F. 1956. On Referring [A]. In Anthony Flew(ed.), *Essays in Conceptual Analysis* [C]. London: Macmillan and Company Ltd.

③ Donnellan, K. 1966. Reference and Definite Descriptions [J]. *Philosophical Review*, 75.

④ Kripke, S. 1977. Speaker's Reference and Semantic Reference [A]. In *Contemporary Perspectives in the Philosophy of Language* [M]. Minneapolis: University of Minnesota Press.

⑤ Hempel, C. G. 1951. The Concept of Cognitive Significance: A Reconsideration [J]. *Proceedings of the American Academy of Arts and Sciences*, 80: 61-77.

⑥ Quine, W.V. 1961. Two Dogmas of Empiricism [A]. In *From a Logical Point of View* (2nd ed.) [M]. Cambridge: Harvard University Press.

⑦ Church, A. 1951. Intensional Semantics [J], originally published under the title "The Need for Abstract Entities". *The American Academy of Arts and Sciences Proceedings*, 80: 100-113.

⑧ Tarski, A. 1944. The Semantic Conception of Truth and the Foundations of Semantics [J]. *Philosophy and Phenomenological Research*, 4: 341-375.

莱斯的"意义"①,唐纳德·戴维森的"真与意义"②,斯特劳森的"意义与真"③,都是研究意义与真值的代表作。

语句的真值问题有什么哲学意义呢?对此,西方哲学家大致上从两个方面来回答。第一、首先是逻辑实证主义者有这样的看法:一个语句仅当它具有真值时才是有意义的。然后,另一些哲学家持不同意见:语句有没有意义不在于它是不是具有真值。若是这个语句是在做某件事,虽然它没有真假可言,却是有意义的语句。奥斯汀在"行事性话语"一文中认为,说某句话便是做某件事。他通过论证反对逻辑实证主义者的下述看法:一个语句仅当它具有真值时才是有意义的。奥斯汀表明,存在一些十分普通的有意义的语句,它们既不真也不假。第二、"哲学家传统上关注于人们所持的信念或所说的话是否为真;倘若为真,那么语言似乎必须以某种方式与世界相联系。"(请参见上面:"倘若人们能够理解语言的结构,那么人们便能够理解实在的结构:主词为何吸引哲学家的注意力")只有语句为真,哲学家才能从语言中看到与世界相联系的地方,而一谈及"世界",就联系上了西方哲学的千年老题:存在。

研究词语或语句的意义有什么哲学意图呢?概括起来有两点:首先,西哲认为,当我们认识某一事物或某一思想时,我们能直接把握的不是人的内在的、隐秘的灵魂,而是通过语言表现出来的思想和理性。了解人们之间如何借语言达到理解与交流,就成了懂得人的理性或思想的前提,自然,意义问题成为哲学研究的基础和核心。这就是说,对词语意义的研究,是为了从词语的意义中反推出人的理性和哲思。这一个"反推"就是哲学研究。

其次,西哲认为,作为意义之依据的东西具有本体论的地位,他们探究的是,"意义是什么?依据什么来分析意义?这些作为意义之依据的东西的本体论地位如何?最基本地意谓某物或具有意义的究竟是语词,还是语句,或是人?"(Martinich 1990)。我认为这里有几个问题需要引申。亨普尔在"认知意义的经验主义标准:问题与变化"一文中讨论了逻辑实证主义的意义理论,根据这种意义理论,一个语句恰恰是在下述情况下才是有意义的:(1)它

---

① Grice, H. P. 1957. Meaning [J]. *Philosophical Review*, 66: 377-388.

② Davidson, D. 1967. On Saying That [J]. *Syntheses*, 19.

③ Strawson, P. F. 1970. *Meaning and Truth* [A]. Oxford: Oxford University Press.

是分析的或矛盾的;(2)它是可由经验证实或确证的。这种理论的目的是:(1)得到一种能够排除某些传统哲学问题的标准;(2)从科学的哲学中找到对这些问题(排除某些传统哲学问题)的解决办法。又比如,蒯因的“经验主义的两个教条”指出,意义问题似乎不同于事实问题。意义问题关注的是分析性、同义性和衍推;而事实问题关注的是世界的存在方式,而不是人们谈论世界的方式。这句话令人开了窍:“关注世界的存在方式”是哲学和哲学家的工作,关注“人们谈论世界的方式”却是两者兼而有之:首先是语言学和语言学家的工作,也是哲学和哲学家的工作。因为,人们如何谈论世界,正是人们如何表述出存在来。①

(原载于《外国语》1999年第6期)

① 此处省略了两个段落,其内容参见《哲学轨道上的语言研究(下)》第1节“言语行为与哲学家”。除此之外,哲学家关注的话题还包括隐喻、语言的性质等,关于这些问题,作者另文讨论。

III.

哲学轨道上的语言研究(下)

——西方语言哲学系列研究之一

《外国语》1999年第6期发表了拙文“哲学轨道上的语言研究(上)”,介绍了西方哲学家在漫长历史阶段中一直孜孜以求的目标(中心题目)是“存在”(being),西方哲学经历了本体论、认识论和语言论三个阶段;重点讨论了(1)西方哲学轨道上的语言研究的三个含义;(2)语言学帮助哲学家的三个方面;(3)西方哲学的具体语言课题(真值、意义、言语行为、指称、名称、命题、隐喻、语言性质)里的哲学解读;限于篇幅,那篇文章将哲学解读中的某些部分割舍了。现将割舍的部分——言语行为与哲学家、隐喻与哲学家、语言性质与哲学家、我国一些语言学家对西哲研究成果解读不明的症结——补写出来,冠以“哲学轨道上的语言研究(下)”的标题,以期引起读者对这个问题的兴趣。

从哲学中解读出语言问题来,是语言研究的根本问题之一。它令人神往是可以理解的。

1. 言语行为与哲学家

言语行为理论是哲学家研究得最有声有色、最有影响的一个课题。那么,哲学家为什么研究人的言语行为呢?上面已经提到过:奥斯汀在《行事性话语》(Austin 1961)①一文中认为,说出某句话便是做出某件事。他提出

① Austin, J. L. 1970. Performative Utterances [A]. In J. O. Urmson and G. J. Warnock (eds.), *Philosophical Papers* (2nd ed.) [M]. Oxford: Oxford University Press, pp. 233-252.

论证反对逻辑实证主义者的下述看法:一个语句仅当它具有真值时才是有意义的。奥斯汀表明,生活中存在一些十分普通的有意义的语句,它们既不真也不假。

为什么这样做就是哲学研究呢?首先,我们能直接把握的不是人的思想,而是通过言语行为看出他的思想和理性。了解人们之间如何借助言语行为达到理解与交流,也就成了懂得人的理性或思想的前提。于是,言语行为也成了哲学研究的重要方面。其次,看看其他学者是怎么阐明奥斯汀上述工作的意义的,我们就能够明其就里。万德勒在其论文"说某种事情"(Vendler 1972)[①]中称赞奥斯汀从直觉上发现了由建立在经验基础上的语言理论所证实的概念范型。因此,万德勒便把所说出的话语的结构与我们的思想的结构联系起来了(the structure of what is said to the structure of our thought)。这就是说,从说出的话(的结构)中看人的思想(的结构)。"哲学就是对思想的反思",这里就用得上了。

由于言语行为是语用学中一个重要的分析单元,我们还要在"语用学与哲学家"这一部分中再次论及,此处便不再赘述。

2. 隐喻与哲学家

哲学家研究隐喻的也不少。比如塞尔的"隐喻"、戴维森的"隐喻的含意"(Davidson, 1978)[②]。哲学家研究隐喻大致上有两个意思。第一、塞尔同意约翰逊所说的隐喻是"关于一个事物的两个观念。"人们通过"S 是 P"的意义阐明了 S 是 R(Searle 1979)[③]。"S 是 P",P 是字面表述,如"萨丽是一大块冰"。"S 是 R",R 是隐喻的表述,如"萨丽是一个极缺乏感情和无反

① Vendler, Z. 1972. *On Saying Something* [M]. Res Cogitans, Ithaca: Cornell University Press.

② Davidson, D. 1978. What Metaphors Mean [A]. In Sheldon Sacks (ed.), *On Metaphor* [M]. Chicago: University of Chicago Press, pp.29-46.

③ Searle, J. R. 1979. Metaphor [A]. In Andrew Ortony (ed.), *Metaphor and Thought* [M]. Cambridge: Cambridge University Press, pp. 92-123.

应的人”。一个事物即一个存在(这里是萨丽);人们在表述时,涉及了两个观念(这里是“一大块冰”和“一个极缺乏感情和无反应的人”)。这就是说,两个观念最终关注的是一个存在。不言而喻,这是哲学。第二、马蒂尼奇(Martinich 1990)认为,“隐喻类似于间接言语行为。这两者都是由于没有履行会话准则而在会话中被蕴含着的东西。”这样看来,间接言语行为的哲学解读就是隐喻的哲学解读。被蕴含着的东西也是一种意义,而这种意义和字面意义一样是关系到一个实在,即一个存在的。

3. 语言的性质与哲学家

在“语言的性质”这个论题之下,我们主要讨论私人语言。语言哲学中的最有趣和最难以把握的问题之一是:可能有一种私人语言(a private language)。讨论这个问题的哲学家有,艾耶尔(“可能有一种私人语言吗?”Ayer 1954)①、库克(“维特根斯坦论私人性”Cook 1965)②、克里普克(《论规则和私人语言》Kripke 1982)③。“私人语言”的定义是:被一个人或极少数人使用的语言。马蒂尼奇(Martinich 1990)说,“这个问题是结束对语言之哲学反思(the philosophical reflection on language)的一个很好的论题。”这话是什么意思呢?为什么讨论这个问题就是讨论哲学问题呢?如痛感之类的经验,是纯私人的经验,既然是纯私人的,别人怎么能知道它?用语言能否说出痛是怎样的一种感觉吗?痛是各不相同的,自己说出的感受,如果与别人不一样,怎么实现主体之间的交流?但是,如果语言真是一人一种(所谓私人语言),那就等于没有公共规则或者干脆不遵守规则,它也就无法用于交流。

问题出来了:存在(生理感受与情绪变化也是存在)最终能否表述出

① Ayer, A. J. 1963. Can There Be a Private Language [J]. *Proceedings of the Aristotelian Society*, Supplementary Volume 28.

② Cook, J. 1965. Wittgenstein on Privacy [J]. *Philosophical Review*, 74.

③ Kripke, S. 1982. *On Rules and Private Language* [M]. Cambridge: Harvard University Press.

来,表述出来的存在能否让另外一个人认同?将一个个私人的感受,诸如疼痛(胃痛、头痛等等)之类,或者将私人的情绪,诸如高兴或悲伤之类,由不同的人用语言表达出来,是否可以为他人所认同?即:我与他人产生同样的生理变化(比如胃由不疼到疼,情绪由平静到悲伤)用同样的词语呈现能否感受到与他人同样的效果?如果认同,就能证明:(1)世界上客观的存在(如痛感、高兴等等)可以用语言沟通和呈现出来而成为共同的感受,这个证明过程就是哲学的研究;(2)既然某种词语表达得到公认(认识到一样的痛感或情绪),这种语言就不可能是私人的,而只能是公用的、社会的。因为使用一种语言就意味着遵守一种游戏规则,而私人语言无须承担与别人一致的限制(什么应该用,什么不应该用),这样就可以深刻地认识语言的性质(公有性、社会性)。语言的这种性质(公有性、社会性)保证了存在可以进入公开交流,这个认识过程就是哲学的。

4. 语用学与哲学家

作者已另写就一文,名为"语用学的哲学渊源",发表在《外语与外语教学》1999年第6期,也收录在后面第v章,此处不再重复。

5. 我国一些语言学家对西哲语言研究的动机困惑不解、对其研究成果解读不明的症结

现在我们假设,中国哲学家大批地投入语言研究,大批地写出语言研究方面的文章,那存在不存在中国语言学家不理解的问题呢?不会。因为中国语言学家熟悉,或比较熟悉,或听说过中国哲学家所关注的题目,对他们参与语言研究的动机与写成的语言哲学(事实上国内并无"语言哲学")文章所求解的问题,一看就明白。由此而启发我们:(1)我国一些语言工作

者对西方哲学家参加语言研究的动机困惑不解(他们干嘛要“客串”语言研究?),对他们的成果解读不明,其症结就在于,被中国哲学传统武装起来的中国语言学家,不少人对西方哲学家在漫长历史阶段中一直孜孜以求的目标(“存在”)不懂或基本不懂,甚至没听说过。(2)接下来,这种情况导致的一个最直接的结果便是:一个对西方哲学研究知之甚少的外语研究者,或者一个愿意吸收国外语言学成果的汉语研究者,在他们的研究中会时时地陷入捉襟见肘的困境,往往会莫明其妙地被冷不丁的“哲学闷棍”打晕头。

中国传统的哲学是什么呢?简单地说,是人生与人文精神,这与西方哲学大异其趣。“中国哲学应该直接关乎人的生命实践,中国哲学应该渗透进人格,哲学是人类生命崇高的见证。”(张汝伦)“按照中国哲学的传统,它的任务不是增加关于实际的积极的知识,而是提高人的精神境界”,“哲学是对人生有系统的反思的思想。”①中国哲学的任务,就是把关于入世和出世的哲学命题统一成一个合命题。如何统一起来?这是中国哲学所求解决的问题。求解这个,是中国哲学的精神。中国哲学的任务,就是使人有“内圣外王”的人格。② 照这种情形看,中国哲学的“问题”没有什么本体论、认识论和语言论。对中国哲学的中心问题,当然不只上面那一种看法。还有一种看法,如赵馥洁的看法,是:价值论是中国传统哲学的核心。中国哲学中标志宇宙本体的五大范畴,即道、气、无、理、心。又如张立文认为,在朱熹思想中,如何协调人伦关系,规范宗法秩序,强化群体意识,提高群体智慧和力量以对付各种灾害,达到人人和谐统一,成为传统文化哲学的基本课题。

这样的哲学传统精神淘洗出来的中国语言工作者,如何能理解与解读对“存在”一往情深的西方哲学轨道上的语言研究(其动机,其成果)?这恐怕凭铨才小慧不易办到,要靠深入的研读,细细地含英咀华才能有所发现。

(原载于《解放军外国语学院学报》2000 年第 1 期)

① 冯友兰,1996,中国哲学简史[M],北京:北京大学出版社,290-291。
② 同上,6-9。

IV.

不当交际工具使用的语言

——西方语言哲学系列研究之二

1. 对作为定义的语言工具论的批评

“作为定义的语言工具论”是指以工具给语言下定义的理论界说(“语言是交流思想的工具”)。在一般场合下,人们说语言是交流思想的工具,语言是社会交际的工具,那是在指明语言的一种功能,这样的命题本身没有什么过错。西方哲学家尤其是欧洲大陆哲学家认为,以这样的命题作为语言的定义就贬损了语言的重要性,与它们的哲学(欧洲大陆哲学或者称德法哲学)观念相冲突。

我们不妨说,对作为定义的语言工具论进行批评,实际上是对以工具定义语言的再思考。

应该说,工具论的发明权是在西方。“这种主张(极端见解‘语言就是思想’,温和说法‘语言是思想的容器’)和处于认识论阶段的哲学家的见解恰好形成鲜明对照,那时哲学家一般认为语言是传递思想的工具,或者,语言是赤裸裸的、真实的思想的‘表层显象’(此前在我国流行的说法是‘外壳’或‘物质外壳’——笔者注)。”这里说的“处于认识论阶段的哲学”指的就是西方哲学。中国的哲学史上,未曾出现过认识论阶段。杜威认为,语言的最重要的作用,在于语言是人们社会交际的工具。他强调语言是一种关系:“语言是至少在两个人之间交相作用的一个方式,一个说话人和一个听话人;它要预先承认一个组织起来的群体,而这两个人是属于这个群体之内的,而且他们两人是从这个群体中获得他们的言语习惯的。所以它是一种关系。”(徐友渔等1996)强调语言是一种关系,很自然的结果便是:

语言是社会的交际工具。

此前，国内的任何一本语言理论专著或教科书在给语言下定义的时候，几乎无一例外地写下：语言是人类……的交际工具。“……的”在不同的书中被置换成不同的限定词，如有的说“最重要的”，有的说“表达思想的”，如此等等，不一而足。

笔者不是主张语言不是工具，但以交际工具去给语言下定义就有问题了。哲学的语言性转向（以下简称“语言性转向”）以后，也是西方哲学家首先对工具论产生了根本上的怀疑，认为这个说法不得要领，我们也不妨认真作出自己的思考。对作为定义的语言工具论提出怀疑，可以从下面四个方面展开。

第一，将一个事物的功能代替“本身的存在是什么”（这又回到了哲学本体论命题），固然是方便得很，但这个事物就会与其他具有同样功能的事物混同起来，这对认识事物没有什么实质性的意义。酒杯也可以是人类……的交际工具。因为它可以被人们用来达到一定的交际目的。根据“因为 X=A，Y=A，所以 X=Y”的推导公式，语言可以等于酒杯。这样一来，语言还可以等于香烟，甚至别的什么。将功能当定义的思路泛化，对被定义对象的本质并无认识价值。这是多个事物具有一个功能时的混淆。还有，既然一个功能可以用来定义一个事物，当一个事物具有多个功能的时候，该事物的另一个功能也可以来争抢定义。这样就会形成多定义。多定义实质上是无定义。什么是板凳？如果按功能（其主要功能：人可用它来坐；次要功能：……）定义，我们就可以得到这样的关于板凳的定义：“板凳是恶交的夫妻用来向对方摔打的工具”，因为在特定的条件下，板凳确实可以如此作用。这样定义显然是很滑稽的。

无论是多个事物具有同一功能的情况，还是一个事物具有多个功能的情况，用功能定义事物，事物本体的存在都会被功能淹没，对认识该事物并无本质上的揭示。这是用功能定义事物的第一个缺陷。

看来，定义一个事物，还需从事物本体上着眼。这又要让哲学家伤脑筋了。

第二，西哲对工具论的质问，正是不能容忍工具论对“语言乃存在之家”的抹煞。以欧洲大陆哲学观念来看，工具论挤掉了语言另外一些更重要的东西——语言与存在的关系,贬损了语言的重要性。对他们来说,语言绝不仅是传达思想的逻辑工具,更是思想的美丽的化身:我们在说话和阅读中所使用的语言文字,是在向我们传递着某种超越这些文字本身的信息,传递着某种在语言之外的声音。而只有这样来谈语言,我们才能感受到思想的魅力和哲学的力量(江怡 2000:102)。工具论与欧洲大陆哲学观念相冲突的最主要之处是:工具论挤掉了(抹煞了,忘记了,忽略了)语言另外一些更重要的东西——语言与存在的关系。20 世纪众多的主张语言存在论(典型说法是"语言是'存在'之家")的西方哲学家们对工具论的质问,正是出于不能容忍工具论对存在的抹煞。

西方哲人认为,哲学家大谈的"存在"(本体论中的"存在是什么",认识论中的"人们是如何认识存在的")其实就在语言表述里("认知什么"不得不退向"表达什么")。语言凝聚了存在,或者就是语言给定的现实,或者,语言就是存在的根本(Russell 1919, Frege 1980, Chomsky 1986b, Quine 1956, Austin 1970, Strawson 1956, 1970, Wittgenstein 1967, Martinich 1990)。

海德格尔给出了著名命题"语言乃存在之家"(Die Sprache ist das Haus des Seins)[①](Heidegger 1978: 318)。他的整个哲学围绕着"在"而展开,他对"在"与"时间"作苦苦追索,是有感于人们对存在的遗忘。他把存在和语言直接联系起来,认为语言是存在的居所(家园)。与其他许多哲学家不一

① Die Sprache ist das Haus des Seins(语言是存在之家)这个命题里的 das Sein(存在)是什么意思?德语(海德格尔是用德语提出这一命题的)里的 das Sein,意为"是"、"在"、"存在"。英语是 Being。这个命题,在我们中国人眼里与西方话语体系中的人的眼里,其意义是有所隔阂的。关键在于,德语话语体系中的 das Sein,一个词兼有"是"与"存在"的意思。sein 和 das Sein 就像英语中的 to be 和 being 一样,前者是系词,相当于汉语的"是",后者是名词,相当于汉语中的"存在"。这两者(sein 和 das Sein)是一者,一者又是两者。二而一,一而二。但汉语话语体系中的"是"与"存在"是区别较明显的两个概念,不是那种二而一、一而二的关系了。金克木指出:"'存在'这个词是外来词,是非常难办的一个词。在欧洲以及印度的语言里很简单。他们的'是'和'有'是一个字,而这个'有'不兼'所有'的意思。……汉语的'是'和'有'(是)没有统一起来的词,'有'又有歧义,所以只好译成'存在'。'存'是在时间中继续。'在'是在空间中定位。"(金克木:《文化猜疑》,上海三联书店,1997 年版,第 197 页。)我们这里暂时不管对"存在"的时空定位,感兴趣的只是这样一点:欧洲以及印度的语言里,一个词兼有"是"与"存在",而在汉语里,"存在"与"是"是由两个词分别表达的。

样,他谈语言,实质是在谈存在,探讨存在的意义。"对海德格尔来说,存在是人的存在,人生活在世界上,这指的是人生活在语言中,语言是人的世界。在他的哲学中,逻各斯(希腊文 Logos)[①]具有特殊的意义。他分析说,在古希腊时期,逻各斯除了具有'言说'的含义,还有'聚集'之义,逻各斯是语言的基础,而人是处于逻各斯和聚集状态之中的。人是能动的,是聚集者。这就是说,逻各斯即存在,逻各斯即语言,而处于逻各斯之中的人把语言和存在联系起来了。也可以说,**人、语言和存在是一而三,三而一的**。"(徐友渔等 1996:242,黑体为笔者所标)照这样看来,思想和语言的关系就不是本源和派生、本体和表现的关系了。在这一点上,语言分析哲学家和其他人的看法是根本不同的。海氏从言说里看到的是"是"、"在"和"存在",人是能说出"das Sein / Being /是"——使存在者之为存在者的存在——的动物,而一般动物是不会说话的,更不会使用"das Sein / Being/是"对这个世界做出判断。这就决定了海氏不可能把语言理解成某种现成的工具,用以表达或传达与现成事物相应的现成概念。

离开了语言和符号,不仅思维的确定性没有根据了,存在的确定性也没有根据了。海氏认为,他名之为"存在"的那个超验的领域,乃是作为意义之源泉的神秘领域,的确不是理性思维所能达到的。但是,他相信这个领域"总是处在来到语言的途中",是可以在语言中向人显现的。不过,这不是沦为传达工具的逻辑化语言,而是未被逻辑败坏的诗的语言。

哲学家要认知的存在或对象,终究要呈现在人的意识中,而对象的呈现只能是词语的呈现或靠词语来呈现。所以,伽达默尔提出的(周国平等 1996: 180; Gadamer 1986)"语言是理解本身得以实现的普遍媒介"、"世界本身体现在语言之中"、"能被理解的存在就是语言"就意味着要撇开语言,要在语言之外去追求"纯粹的"思想,追求"原本的"世界,这是一件徒劳的事。

无通(1993:115)认为,维特根斯坦在《逻辑哲学论》里说,"我的语言的界限意味着我的世界的界限。"他又在《哲学研究》中说,"想象一种语言意

① 可参考何佩群"逻各斯中心主义":从词源学角度来看,"逻各斯"一词在希腊语中具有说话、思想、规律和理性等含义。德里达认为,逻各斯中心主义是指在场的形而上学与声音中心论的结合体,它意味着言语能够完善地再现和把握思想和存在。《方法》,1999/3。

味着想象一种生活形式。"语言破碎处,万物不复存在。与其说人是两脚动物,人是理性动物,人是政治动物,毋宁说人是语言动物。语言不仅是交流工具,而且是存在的根本。这也许就是英美分析哲学和欧洲人文哲学共同掀起的"语言性转向"带给我们的最深刻的启示。"全部哲学就是语言批判"(Wittgenstein 1992)。哲学家终于摆脱了无家可归的痛苦,回到了自己的家园,真正成了"爱智慧"的游戏者。通过《逻辑哲学论》,维氏把康德的理性批判转变为语言批判;通过《哲学探索》,他又把语言批判显示为文化批判和生活批判。维氏所说的"语言游戏",其意义是"由语言和活动交织而成的整体。"(Wittgenstein 1996: 7),听讲座,读文献,写论文,吟诗句,诵名言,诉思绪,看电影,问价格,侃大山,每一种游戏都由语言和活动交织而成。"语言游戏"这一术语意在突出这一事实——说语言是一种活动或一种生活形式的组成部分。

第三,西方哲学认为,就本质而言,是语言支配人。如果语言仅仅是工具,就承认了这一前提:人支配语言。人想把世界说成什么样子,世界就是什么样子。问题是,人能够支配语言吗?少部分东方学者与很多西方语言哲学家认为,就本质而言,是语言支配人。金克木(1997)认为,"语言不仅仅是中介或工具。工具一被创造出来,它就独立于人之外。好像上帝创造了人以后,或者说人创造了上帝以后,被创造者就不完全服从创造者,创造者就不能完全认识被创造者了。于是被创造者往往还会支配无知的创造者,创造者会受被创造者支配而自己不知道。浮士德召了魔鬼来,就得受魔鬼支配。问题在于他和魔鬼之间订下的是什么契约。这往往自己也不知道。语言也可以说是这样一个魔鬼。"金克木这样说的时候,他指的是语言是人创造的,书是人写的,可是读起书(文本,符号世界,书中的世界)来还相当地困难,不能进入书中的那个世界。其结果还不是与被创造者支配创造者一样?对下面这一被人质疑过的思想——"我们在做语言环境的奴隶,不折不扣的奴隶。"(钱冠连 1997:337)——我至今不悔。对语言支配人这一思想,我们中国语言学界的大多数学者是视为异端的。这一思想却在欧洲大陆思想传统中有其渊源。海德格尔与维特根斯坦极力阐发这一思想。海氏说:"语言给出事物的本质(存在)。"在相同的意义上,维氏说:"本质(存在)表达在语法中。"海氏说:"本质和存在都在语言中说话。"维氏说:“语言伸展多远,现实就伸展多远。”海、维二人的意思恰恰不是“我们怎么说,现实就成个什么样子”,而是“语言里所凝聚的存在是什么样子的,语法是什么样子的,我们就只能那样来述说现实”。海氏把这一思想浓缩在“语言自己说话”这一论断里。海氏一向不从工具性角度来理解语言的本质。工具改变对象,而语言恰恰一任存在者如其所是。(徐友渔等 1996:286)海德格尔不得不将人隐退到语言背后去。叶秀山(1998)指出,包括艺术在内的“事物”其动态性都具有自发性,这就是说,都是“事物”自己运作的,人只是参与了这一运作而已。在海德格尔那里,凡涉及“Sein”层次的,都是自己在运作,人只是参与的一分子。“Das Ding dingt”并非人“做事”,而是“事物”自为之;按我们过去的说法,也可以说“事”让人“做”,对人来说,是“有事要做”。

关于“语言支配人”,海氏(1953)还有一个生动的描写:“是人,就叫做:是言说者。人是能说出‘是’与‘不是’的言说者,而这只因为人归根到底是一个言说者,是唯一的言说者。这是人的殊荣,又是人的困境。这一困境才把人和木石以及动物区别开来,同时也和诸神区别开来。即使我们生了千眼、千耳、千手以及其他众多感官、器官,只要我们的本质不植根于言语的力量,一切存在者就仍然对我们封闭着:我们自己所是的存在者之封闭殊不亚于我们自己所不是的存在者。”有两类存在者,一是人自己,即“我们自己所是的存在者”,能说出“是”与“不是”的存在者(因而才能进行西方意义上的哲学研究);二是包括木石和动物甚至诸神在内的客观世界,即“我们自己所不是的存在者”。人之所以有力量,是因为我们能言说。如果人不能言说,一切存在者(外于人的世界)对于我们毫无意义,就像这世界被封闭着。而且,如果我们不能言说,不仅不能解释世界,因而世界是处于封存混沌状态的,而且也不能解释自己,因而自己也是处于封存混沌着的状态。这样看来,人是在语言中发现了自己,人也就由语言规定了。首先是语言使人成其为人(能成为眼下这样的能言说、能解释世界的人),使物成其为物,然后人才有什么东西可以表达。所以,陈嘉映认为,“表达已经是第二位的了。至于把语言理解为专门传达信息的工具、用所传达的信息量来评价语言,那就更不得要领了。”(徐友渔等 1996:161)

海德格尔把语言抬高到了本体论的地位,**坚决反对把语言仅仅当成交**

流思想的工具(黑体为笔者所注),他认为这种看法大大贬低了作为逻各斯的语言的意义。(徐友渔等 1996:237)

语言的本质远远不是工具论能说清楚的。如果语言仅仅是工具,世界怎么还能建立在人们的语言习惯之上呢?萨丕尔(1929)在阐述"语言强有力地规定了我们对社会问题和社会进程的思考"和"人们很大程度上受他们所操语言的摆布"时,也对作为定义的语言工具论提出了强烈的批评,他指出:"假如你想象无需使用语言就能适应现实,想象语言仅仅是解决交际或反映中的具体问题的无足轻重的工具,那便是太离谱的幻想了。事实是,'真实世界'在很大程度上是不知不觉地建立在该语言社团的语言习惯之上的(*The fact of the matter is that the 'real world' is to a large extent unconsciously* built up on the language habits of the group)。在表述同一个社会现实时,没有两种语言是被认为是完满一致的(*No two languages are ever sufficiently similar to be considered as representing the same social reality*)。"

如果语言仅仅是工具,怎么解释语义变迁了,世界观和思维方式就跟着变迁?一般的工具只是供人们随手使用的,怎么能改变人的思想观念?可是语言以自己的内涵执掌世界,这俨然是牵着世界走。这是工具无论如何也办不到的。正如纪树立(1997)解读库恩时所精辟指出的那样:"'世界观变革'背后的语义变迁:词语指称的改变带来了语言联结自然界方式的变革。传统以为语言只是表达思想的工具,只是思想的'物质外壳',因而习惯于把科学革命归结为思想观念的革命。但只要进行思想,哪怕苦思冥想,也离不开一定的范畴、概念、名称,要有同步于观念的语言运作,这恰恰是思想的物质内核而非外壳。库恩理顺了这种关系。一套语言体系是一双整体把握世界的巨掌,以自己的隐喻和词语内涵执掌世界。因此世界观和思维方式变化的深层实质还是语义变迁,语言是包括思维方式在内的生活方式,它规范了人们的思想,从而也塑造了人们生活其中的世界。"请注意,语言运作是同步于思想的,是思想的物质内核而非外壳。这一点对反省作为定义的语言工具论是非常重要的。库恩理顺的就是这种关系:语言不是思想的工具,语言本身就是包括思想方式在内的一整套生活方式或游戏方式。当我们说"就本质而言,是语言支配人"的时候,我们是在指语言是文化的载体，生活在其中的人，远不只是拿语言做表述媒介，还将语言作为本土文化心理的依托之物。我们中国人所言说的“关系学”中的“关系”，只有我们才知道把怎样的中国式的文化心理依托于其中了。“关系”凝集着我们中国人的世界观和实践。“关系、关系”叫开了的时候，正是它去训导着一批批的人实践，熏陶着一批批新人的观念，语义成了真正权威的教师。难怪在中国生活了几个年头的操英语的人，明白内情之后，明明有自己的 relation 或 connection 放着不用，而以汉语拼音 *guanxi* 代之。

第四，语言作为认知对象的工具，靠得住吗？如果语言是工具，工具必须是随人就意而变的、俯首贴耳的、得心应行的，否则人们会随时丢弃不用。关于语言的局限性，拙著《汉语文化语用学》（钱冠连 1997）第二章第二节“语言符号的局限邀请语境介入”曾作过说明。这些局限性大致上是：客观世界进入语言世界时，都被打了折扣；语言符号有限，不可能与极为丰富多彩的世界一一对应；语言总是落后于现实；人类情感世界进入语言世界时，受到更多的折损。

语言作为工具之不可靠，言辞之不从心，除了上面所述语言符号本身的原因以外，还另有社会的变迁因素。如果整个话语的背景颓败，人文精神、人文信念和人文取向恶变，传统失衡，宇宙人生道理被假恶丑干扰时，至少在公开的媒体上的语言是力不从心、严重失真的。我们只要想一想在中国文革时代的媒体（大量的报纸、杂志、广播，少量的电视）上，言辞之假大空到了整个人类为之羞辱为之震惊的地步这一事实，我们就可以认定，语言这个工具是不大可靠的。

对作为定义的语言工具论的上述反思，也可能有不得当之处。但这种反思至少可以使我们想到，如此不得要领的语言是交际工具的界定，流传如此广泛，深入语言学界人心，现在要想将这“太离谱的”（萨丕尔语）定义作一改变，谈何容易！首先，哲学家的意见尚未统一，因为西方哲学中语言性转向未必是哲学发展的出路，从而关于语言的一些定性说法，诸如“语言是‘存在’之家”、语言对于思想的优先性等等，未必大家都接受。那么，语言不能以工具定义，以什么定义呢？这种翻天覆地的工作，想必不是一代两代哲人和语言学家所能完成得了的。

2. 梳理：不当工具使用的语言在做什么呢？

2.1 不当工具使用的语言（不当人与人之间言说的交流工具）的面貌，可以简略概述如下：

第一，上面所述（对工具论的批评）已说明：它使存在显现，语言是存在（无形的存在也是存在）的根本，因而是存在（不光是有形的存在物）之家。这一点不再重复。唯一需要说明的是：不仅有形的存在的呈现方式是藏身在语言里、被包裹在语言里，无形的存在的呈现方式也藏身在语言里、被包裹在语言里。对哲学不那么熟悉的读者来说，不容易接受的是“无形的存在”。其实在我们日常生活中，对无形存在的表述是非常多的。例如，某一个学术思想（你看得见吗？摸得着吗？）站起来，就是一个无形的存在开始出现。学术思想也是靠语言表述出来的。不能被表述的思想或表述不清晰的思想是不能成为思想的。关于这一点，罗厚立（2000）认为，“表述是学术研究中至为重要的一个环节，就连主张‘道可道，非常道’的老子也还写下了五千言。换言之，一个学术观点在表述之前并不‘存在’，是表述使它完成，使它存在。”一个学术观点如此，一个主意、一个计划、一个诡计、一个主义、一个抽象、一个理念…… 同样如此。

第二，人生活在语言世界之中，因而它是人的家园，且是人最贴近、最可靠、最后的家园。仅仅将语言当成工具，就大大贬低了它对人的安身立命式的荫护地位。“问题是，当人作为‘说话动物’说话的时候，语言总是被工具化。进而被外在化。我们在通常意义上的人的说话中，在一种工具性的语言方式中，并不能有一种居留在‘存在之家’的‘在世’的感受。情况反而是，我（应该读作‘人’——笔者注）总在工具性语言中失落了我的‘在’。”（田海平 2000）这个问题，上面（语言工具论批评之二）已经初步涉及。

这里有一个弯儿要转：先是“语言是存在之家”（见本文第一点），那是西方哲学家咬住不放的东西，然后才是语言是人的家。对这个第二步要讨论的东西,在拙著《语言:人类最后的家园》第三章中有详细讨论。人生活在语言世界之中的景象与思辩,是本书描述的主题。这里先将它撂下。

第三,与第二点有紧密联系的是,从哲学的眼光看,不当工具使用的语言,成为人类爱智慧的一种样态[①]。

先说哲学上的"爱智慧"是什么意思。古希腊词 philosophos 的词义就是"爱智慧"。田海平(2000)认为哲学源于人类爱智慧的困难。哲学中应该有使人生活得更好的那种"智慧之爱"。正是出于惊异,人们才摆脱了日常性和自然性的爱智取向,不是为了某种外在的筹划,仅仅是希望获得内在的满足,而不倦地献身于思的事业;正是出于惊异,人们才不抱实利目的,以一颗孩童般的心灵爱智慧。人的爱智慧总是指向对人自身存在的领会。他认为,这些问题涉及到人的爱智慧最本源的动力,涉及到人的爱智慧所依赖的一个与他人共享的社会前提,这就是人的语言。爱智慧是语言的说出。"语言说出"是哲学意义上爱智慧的关键。一旦人不把语言作为工具使用,而是回复语言之为"存在家园"的原始性,我们就会发现:"语言说出"的困难,实乃是本源性的爱智慧的困难,人只有面对这困难,才能在极大的寂静中进入这世界,而人的心灵才能具备那种高贵开放的态度:他随时等待着同宇宙中一切伟大健全的事物相往来。但是,关键性的问题是:当我们说出智慧,或者睿智地言说的时候,人们如何面对"语言说出"的困难呢?

为什么田海平认为,爱智慧是语言的说出、"语言说出"是爱智慧的关键?

思考这个问题的关键之一在于,言说就是爱智慧,这个命题总是指向对人自身存在的揭示。一般地说,人对自己的揭示,大大不如人对其他对象的认识。这一点只要看看近半个世纪以来,人对宏观与微观世界(如大到宏观的天体与小到微观的基因)的发现与把握是越来越深入,就清楚了。人对其他对象的认识,虽然有一定的神秘感,但对客观对象的认识根据的是一个非自我的评价尺度,非自我的尺度使揭示对象相对容易,因而就不再神秘。但人揭示自己、指向自己时,拿的是自我的尺度,在系统之内自顾自,就像用左手(或右手)去摸自己左手(或右手)的"倒拐子"(前臂与上臂

---

① 据田海平,"爱智慧"作为哲学探问与把握世界的原动力,有五种样态:"葆有惊异"、"善于怀疑"、"感受在世"、"语言说出"与"谛听存在的消息"。

的关节处)永远摸不着一样,人对自己的研究总是有一些够不着。"够不着"就增加了神秘感,"够不着"反而是一个鼓舞。所以,田海平问"我将如何表征在我身上发生的那种在知识、确定性和自我等问题上获得的'突破'呢?"够不着却要继续"够"的时候,就是企图表征在自己身上发生的那种在知识、确定性和自我等问题上获得突破,苦苦等待着突破。这个过程是痛苦的,在哲学家的眼里却是幸福的,"表征"这种突破就是在爱智慧。这个过程却不是在与别人交流思想的过程中实现的,而是在表征自己的过程中实现的。

理解"语言说出是哲学意义上爱智慧"的另一个关键是,一旦人不把语言作为工具使用,而是回复语言之为"存在家园"的原始性(所以说与第一点有联系),我们就会发现:"语言说出"的困难,实乃是本源性的爱智慧的困难,人只有面对这困难,才能在极大的寂静中进入这世界,而人的心灵才能具备那种高贵开放的态度:他随时等待着同宇宙中一切伟大健全的事物相往来。需要慢一步的是,在同一切伟大而健全的事物相往来之前,需要感受语言何以是存在之家,表述何以使存在显现。这又验证了"从语言分析中'存在'方才显现出实质"。

第四,语言是生命现象本身。人的第一次言语活动,婴儿的第一次讲话企图,整个是一种生命的冲动,不是为了交际;后来的交际活动,都伴随着明显的生命现象。言语是生命活动的一部分,是人这个存在物的一部分。声、气、息自己要冲出来。既然是这样,语言系统就是生命现象的记录。以上这个结论,在拙著《美学语言学》(钱冠连 1993:50-74)里有详细的论证。这里只是强调,人在语言使用中的点点滴滴新的尝试和创造是他生命的一个部分。对于生命的一部分,你能像对待工具那样,挥之即来,弃之即去吗?这个生命的一部分,你是只能"挥之即来",不可"弃之即去"的。说到底,语言的美的效应就应该是人的生命和谐的效应的一部分。仅仅把语言当成工具,是不把人的生命放在眼里。

2.2 讨论这个话题的意义

这一节的全部意义就在于,让我们看到语言被人们遗忘的另一面——

不当交流思想的工具使用的语言——比工具的意义更有意义。通过这种讨论,我们要感受一下非工具性的语言方式是一种什么样的方式。不认识语言的非工具性方式,就不能说我们认识了语言的本质。不揭示语言的非工具性方式的一面,就大大歪曲了语言的本相。现在,读者诸君就可以看出,我为什么将拙著《语言:最后的家园》篇幅很长的第一章"西哲的语言性转向"只是称为"背景",而篇幅较短的第二章却称之为"前景"。我要突出的是前景(该书第三章)——不当工具使用的语言在做什么?中西哲学为何会有不同的语言走向?语言学家如何面对哲学成果?

讨论不当工具使用的语言,会使语言的本质变得前所未有的深刻与清晰。语言当然有工具性的一面,可是,一旦使语言工具化(一考察语言就从工具的视角入题),人就会使自己真正成为"说话动物",就会使每一个"我"的存在丢失,就会使人永远也捕捉不到"存在家园"的原始性,不能在寂静中进入这个世界,心灵封闭,错过与宇宙一切伟大健全事物相遇的机会。

(原载于《外语与外语教学》2001年第2期)

V.

语用学的哲学渊源

——西方语言哲学系列研究之三

西方哲学的中心课题发生过两次重要的转向,即从本体论转向认识论再转到近代的语言论。许多哲学家大谈语言,为世人瞩目,也引起世人困惑。其实他们探讨语言不为立异邀誉,而是为了探讨“存在”。这方面的代表人物是海德格尔及其著名命题“语言是‘存在’的家园”。他们讨论的语言问题,推动了语言学特别是语用学的学科建设,为语言学(其中包括语用学)提供了理论营养,也直接为语用学提供了一些重要的、脍炙人口的分析单元。

不无遗憾的是,我国在引进语用学时,汲取了语用学课题的营养,却将哲学家原本的哲学目的与哲学色彩淡化了、忽视了。我们忘记了一个基本事实,那就是:哲学家的语言研究是建立在哲学轨道上的。

语言研究的哲学轨道,我以为有三点含义:(1)西方哲学研究发生了两次转方向,即从本体论(研究存在是什么,世界的本质是什么)转向认识论(研究思维与存在的关系,人的认识的来源、途径、能力、限制),再从认识论转向语言论(研究 intersubjectivity,即主体间的交流和传达)。(2)通过研究语言来研究“存在”,研究思想与世界。人的思维是一种内在的交谈,哲学研究就是通过语词意义的分析将“内在交谈”外化出来;用利科的话来说,就是“把对语言的理解当成解决基本哲学问题的必要准备”。也就是说,对语词意义的研究,是为了从语词的意义中反推出人的理性和哲思。(3)西哲认为,研究语言可以澄清一些由于滥用语言而造成的哲学问题。一旦澄清了语言,哲学问题也就迎刃而解了。

我自己在接触到语言哲学文献之前,曾多次问自己:怎么是哲学家做了语用学的“台柱子”?他们是怎么会想到研究语用学的?这对语言学家是不是有点讽刺意味？1995年发表的“语言学家不完备现象”记录下了这些当初的疑问，思考了这些疑问对人们的启发。现在我们回过头看，哲学家研究语言是因了上述三条原因，不是离行，即哲学的“语言性转向”（第二次转向）和以语词的意义为中心课题所作的研究（从种种意义观切入，引入了说话人意图、言语行为、语境等等）客观上推动了语用学作为一门学科的建立。这就不难解释为什么相当多的哲学家成了语用学的中坚人物的原因。但是，必须说明，他们的本意不是为语用学提供理论基础，后来把它当成基础理论是语用学家的事。但国内许多的语用学翻译文本或引进介绍文章将哲学家的研究本意省去，将来龙去脉省去，至少是没有点明原文对语言的研究是在哲学的轨道上进行的，没有交待他们是在为哲学而研究词语的意义。这种引进，是丢掉了形而上，捞到的只是形而下的东西（虽说这形而下的东西也很有用）。这样的哲学目的淡化以至损失，是引起国内读者误会的重要原因。引进中的这种失落或淘洗有种种原因，或者是引进者们不熟悉西方哲学与语言交错这个大背景，眼里只有语言学，没有哲学，又或者是引进者对哲学的转向了如指掌，但认为语用学就是语用学，介绍太多的哲学背景会占用篇幅和时间，因而语焉不详（如用“哲学家某某认为”，但往下并没有具体的哲学目的的交待），如此等等。

对语用学的如此引入我国，客观地看，一是引进毕竟有功；二是对引进中的哲学删减的原因可以理解；三是删减事关根本性、全局性，必须补充出来。

下面以三个例子加以详细说明。

例一：语用学界人人熟悉的言语行为理论。关于它如何分类以及各类有何功用，不再重复。现在我们只是补充出没有得到强调的、没有被点明的哲学思路。

先看国内语用学引进是怎么处理的。在《语用学概论》“言语行为”这一章中，何自然（1988：135）介绍了“哲学家奥斯汀在美国哈佛大学作了一系列的讲座，推翻了认为逻辑-语义的真值条件是语言理解的中心这个观点”，之后便直接进入言语行为的具体描写。

言语行为理论的创立到底是为了什么呢？它创立的哲学目的是什么呢？是为了解决哲学上的一个什么问题呢？

维特根斯坦在《哲学研究》中强调，"'意义'这个词可以这样来定义：一个词的意义就是它在语言中的使用。"这一观点促使奥斯汀、塞尔等人更进一步把语言当成行为方式，他们的观点被称为言语行为论，这是一种从全新角度研究意义问题的方式。塞尔说："研究语词的意义在原则上和研究言语行为没有区别。确切地说，它们是同一种研究。因为每一个有意义的语句借助其意义可用来施行一种特定的言语行为（或一系列言语行为），而因为每一种可能的言语行为原则上可以在一个或若干个语句中得到表述（假如有合适的说话语境的话），因此语句意义的研究和言语行为的研究不是两种不相关的研究，而是一种从不同角度进行的研究。"（Searle 1969）反推过去，研究言语行为就是研究语词意义，研究语词意义就是为了反观人的思想，反观"存在"与世界（请见哲学轨道三含义）。这就是言语行为理论的哲学目的的解说。

现在我们看看言语行为理论创始人奥斯汀在"行事性言语"（Performative Utterances）（Austin 1970：233－252；Martinich 1990：105－114）一文中如何交待自己的哲学目的。不错，此文主要内容在于告诉人们，人的言语除了报告真值条件以外，还有一种行事性的（performative）言语，它们的主旨不在报告事实，却是以某种方式影响人们做事，是无所谓真或假的。他说（在第二个自然段），我们回顾哲学史时不必走得很远就可以发现，一些哲学家多少总以为，任何话语（即我们说的任何事）的唯一可究之处，唯一有趣的可究之处，就是真假（即不是真即是假）。还有这样一些哲学家，他们总以为，他们唯一感兴趣的东西是能报告事实或者能描写情景的真或假这样一些话语。奥斯汀反对这一看法，他在文中列举了行事性言语（the performative，也有人译为"施为句"）、话语不得体性（the infelicity）、显性施为句（the explicit performative）、话语用意（the forces of utterances）概念之后，便在文章的结尾指出："我认为，如果我们注意这些问题，我们就可以清算某些哲学错误；哲学总是替罪羊（and after all philosophy is used as a scapegoat），因为它展示了本该是人犯下的错误。"最后一段，他不无幽默地说："这个问题是不是有点复杂？是的，有点儿复杂；但是生活、真理与事物确实倾向于复杂。不是事物本身简单，而是哲学家太简单。大家一定听说过，过于简单化是哲学家的职业病，你可能会附和这个说法。咱们在私下里认为,这就是他们的职业。”至此,他的哲学目的和盘托出:清算哲学家的简单化毛病:本来现实生活中的许多话语不仅仅是以真假值来区分的,他们却硬是以为所说的话非真即假,不承认有另一类话语——行事性话语。原来,他大谈行事性话语,是为证明“本来现实生活中的许多话语不仅仅是以真假值来区分的”。这样,他就把问题的讨论牢牢地拴在如何通过言语行为看词语的意义,说话人如何表达(行事性言语也是一种表达)自己的意思上——哲学转向后相当多的哲学家就是如此看待语言意义研究的。这样重大意义的哲学目的,我们怎么能丢失呢?

还有,哲学家认为,以言行事的话语可以绕开哲学本体论的争论。试看徐友渔举出的以下三个句子和说明:“他说‘地球围绕太阳运行’是真的。”“助人为乐是好的。”“这幅画真美。”如果将它们当成一般的陈述句,可能会产生难解的关于真善美本质是什么的问题,如果把它们理解为说话人借以表达一种赞同(“地球围绕太阳运行”这一论断)、提倡(助人为乐)、欣赏(这幅画真美)的行为,也许就不至于有争论(徐友渔 1996:75)。点明了这种哲学思路再来看言语行为理论,我们会知道,奥斯汀他们不是冲着语言而来,他们是“把对语言的理解当成解决基本哲学问题的必要准备”(利科),他们认为“只有对于语言的说明才能获得对于思想的全面说明”(达米特),他们是在对人的思想进行说明。

例二:格赖斯(H. P. Grice)于 1957 年在《哲学评论》(*Philosophical Review*)上撰文一篇,名为“Meaning”(Grice 1957: 377-388, Martinich 1990: 72-78)。

从语言形式开始,他首先摆开的架式是让读者注意下面三个句子。其中之一是:Those spots mean(meant) measles.(这些斑点意味着出了麻疹)。然后又不厌其详地指出:(1)我们不能说“Those spots meant measles, but he hadn't got measles”(这些斑点意味着出麻疹,但他没有染上此病),也就是说,x(话语) meant(或 means) that p 蕴涵 p;(2)不能用被动语态:“What was meant by those spots was that he had measles”(这些麻疹所意指的是他染上了此病);(3)不能从“Those spots meant measles”得出结论说“somebody or other meant by those spots mean”;(4)“mean”后不能跟带引

号的句子或短语。如不能说:"Those spots meant 'measles'";(5)我们可以在这类话语前冠以"The fact that …",其意义不变。例如"The fact that he had those spots meant that he had measles."

这样的行文架式,如果语用学家在引进时,看不透这些语言形式分析后面的真谛所在,就很容易"误导"自己也误导读者,以为他是在做一个语言学家的工作,进行语言学家的语义分析。问题刚好是,他不像其他语义学家那样利用逻辑语义概念去分析语义,而是试图通过分析语言交际过程中的交际意图去揭示语义。他的首要目的是要发现一个话语必须满足哪些条件才算有意义。最终,他提出了他的非自然意义理论。这一理论是说,如果不存在施动者(agent),话语的意义只是"自然地"被理解。因为不涉及施动者的意图(intention,to intend),那么话语就仅仅表达自然意义;反之,如果有施动者,他"意欲"把某种信息传达给听话人,或者引起他思考进而得出某种结论等等,那么他的话语就表达(或者说他利用话语所表达的是)"非自然意义"。即是说,说话人 A 必须试图使话语 X 在听话人身上产生某种效果;同时,听话人必须领会到说话人的这一意图。

国内语用学一般的介绍文章就介绍到此为止(除开少数专门撰文介绍语言性转向的有关文章以外),原文中这样的叙述往往被略去:"我用了诸如'意图'、'领会'这样一些词,可能会出现若干问题。我必须否认有把一切日常话语都附会上一大套复杂的心理过程的任何意图。我并非希望解开关于意图的哲学之谜,但敝人确想简要地证明,我使用与意义相涉的'意图'一词不会引起什么特别的麻烦。"他确实是想揭示这个心理过程,也明明白白地想通过此路解开这个哲学之谜,不然他就不是语言哲学派了,就不是日常语言学派了。可是,有趣就有趣在这里,他做的工作是哲学工作,却把自己的这层意思包裹起来。他之所以躲闪其词("必须否认"、"并非希望"),显然是不想听到这样的责备:哪一个说话人会在自己的日常话语里花这么多心思让哲学家来分析呢?这不是哲学家自作搜幽洞隐之状,自找麻烦吗?但是,在事关重大的理论问题上,他却不敢耍滑头,直言曰:"言词的意义与'意图'相关(the word "intention" in connection with meaning,直译为"与意义相关联的'意图'一词"),使用这个词(指"意图")不会引起什么麻烦。"

“哲学的奥妙，哲学思维的秘诀就在于，一切都从人出发。”可是，思维不能直接看到，通过言语看思维，是日常语言分析学派的思路，所以，格氏这里的思路，完全是一种哲学思路。列文森指出：“纯粹用规约或规则来分析自然语言的使用永远也不会是完整的；可以交际的事情总是超过语言及其使用规则所提供的交际能力。因此，从根本上来说，我们仍然需要某种不依赖于规约意义的交际理论或概念，例如格氏在其非自然意义理论中所勾画的那种理论。”(Levinson 1983: 112-113)可见，格氏的非自然意义理论对于语用学这门学科具有重要的意义。这些当然都是对的。可是——问题就出在这个“可是”上——我国的语用学学者借用或介绍“非自然意义”理论时，没有兴趣去点明原本是哲学家工作的哲学性质，也几乎是“不知不觉”地抹去了，至少是淡化了原来的哲学轨道或者哲学目的。

例三：脍炙人口的、凡语用学必被言及的格氏另一论文“Logic and Conversation”(Grice 1975: 41-58; Martinich 1990: 149-160)也遭到同样的“淘洗处理”。

有的引进语用学的书，在“格赖斯的‘会话含意’学说”的题目之下，开头一句说，“美国语言哲学家格赖斯于1967年在哈佛大学的讲座上作了三次演讲。在演讲中格赖斯提出，为了保证会话的顺利进行，谈话双方必须共同遵守……‘合作原则’”。仅仅道出他的哲学家头衔，没有将本来就有的具体的哲学目的交待出来，就给人一个印象，好像格氏本意是为了提出“合作原则”才于1967年在哈佛大学搞这个讲座的。是这样吗？

现在我们来看看 Logic and Conversation 开头四个自然段是怎么一回事。格氏首先列出一套形式符号以及它们在自然语言中的对应词，然后指出他们在意义上的分歧点。

格氏认为，承认这两套系统在意义上有分歧的人，大致归为两类，一类为形式主义者，一类为非形式主义者。形式主义者的观点如下：就阐明最一般的有效推理模式的逻辑学家看来，形式符号比它们的自然语言对应词更具有决定性的优越性。……(列举了一些理由之后)鉴于这些理由，自然语言中的一些表达法不可认为是最后能被接受的，也并非是完全可理解的。有必要酝酿并开始建构一套包括形式符号的理想语言，理想语言的句子必定是清楚的，其真值是确定的，确实是摆脱了形而上学[①]的含义的；既然在这个理想语言之中科学家的表述是可以表达出来的（当然不一定准确表达出来），科学的基础现在便在哲学上变得可靠了（philosophically secure）。

格氏继续论述道：对此，非形式主义者可能以下面这种方式回答：建立一套理想语言的哲学前提（philosophical demand）置根于某些不可能被承认的假定之上。……（列举了一些理由之后）情形仍然是：许多以自然语言表达的而不是以逻辑符号表达的推理与论证，被认为同样是有效可行的。所以，这里必定保留有形式符号的自然语言对应词的某种未经简化的（从而或多或少不系统的）逻辑的地位；这个逻辑可能得到形式符号的简化逻辑的帮助与指导，但不可能被形式符号的简化逻辑所代替。这两套逻辑不仅有所区别，而且有时相互冲突；支撑形式符号的规则可能不支撑形式符号的自然语言对应词。

格氏亮完了双方的观点之后，紧接着亮出了他自己的观点，即撰写此文的本意："现在，本人在此文中无意对改造自然语言的哲学地位的一般问题发表什么看法。敝人仅对本文开头所提到的有关两派的分歧的争论提出看法，却无意代表任何一方参加争辩。我以为，争论双方所赞成'分歧确实存在'的共同设定的前提，宽泛地说，是一个共同的错误；这个错误发生于对管辖会话的诸条件（the conditions governing conversation）的性质与重要性注意不够。由此，我将撇开争论本身，径直对以某种方式用之于会话的总体条件作一探究。"余下的会话隐含以及例子，在语用学界家喻户晓，恕不在此重提，以免耗磨时间。

现在，我们看看，正文前头的这四个自然段，是不是有很浓烈的哲学色彩？语用学家引进会话的合作原则时，该不该省掉？

首先，比较形式符号与它们的自然语言对应词之间的分歧，就是逻辑的，因而是哲学的。后来谈到形式主义派别提出"酝酿并开始建构一套理想语言"时，更是哲学上的理由——"它包括形式符号"，"句子必定是清楚的，其真值是确定的，确实是摆脱了形而上学的含义的"，叙述应该"在哲学

① 这里的"形而上学"不是指与"辩证法"相对立的那个形而上学，而是指西方哲学中惯常的意义，即指非经验的沉思冥想，以对世界的本质作出判断，相当于中国人说的"玄想"。

上变得可靠”,如此等等。后来谈到非形式主义派所反对的推理与论证,也是从哲学角度来说话的:“许多以自然语言表达的而不是以逻辑符号表达的推理与论证被认为同样是有效可行的”;“建立一套理想语言的哲学前提根植于某些不可能被承认的假定之上”;只能是两种逻辑并存,即“形式符号的自然语言对应词的某种未经简化的逻辑”与“形式符号的简化逻辑”的并存,不可能一个代替一个,如此等等。我们可以发现,攻守两派都是从哲学着眼。如主张理想语言的哲学家认为,通过语言精确明晰地表达思想,观察理性,确定真值,避免混乱,以求在哲学上变得可靠,这正是他们这个学派所追求的目标。又如不主张构建理想语言的哲学家们回答,自然语言同样可以有效地推理与论证(即准确明晰地表达思想与概念),建立理想语言的哲学前提不可能被承认。这些当然都是哲学性质的论述。

其次还需补充出格氏文章来不及交待的非常重要的一点是,在是否构建理想语言这个分歧上,就埋有深刻的哲学交锋,那便是:分析哲学家们在对待如何清除语言混乱以求清除哲学混乱的问题上分成两派。以弗雷格、罗素为首的分析哲学家认为,既然日常语言的涵义是模糊不清的,我们就应该改造或抛弃这种语言,重构一种严密精确的人工语言,其语词对应于数理逻辑中的符号,均有一个确切的涵义。于是,哲学的任务就是对自然语言进行逻辑分析,这一派哲学家通常被称为人工语言学派,就是格氏在此文中提及“形式主义派别提出‘酝酿并开始建构一套包括形式符号的理想语言’”的原委。即是说,“他们大力主张用逻辑的手段分析和改造日常语言,因为日常语言表面的语法形式常常遮蔽和歪曲语言本质性的逻辑形式,造成一系列哲学难题。在数学化、形式化的理想语言中,这些麻烦就消除了。日常语言学派的人坚决反对这种看法。他们认为日常语言本无错,是人们‘哲学式地’使用导致谬误。”(徐友渔 1995/1997:15)这另一派,是受维特根斯坦后期哲学思想影响的日常语言学派,亦即牛津学派。维氏在其后期的代表作《哲学研究》(*Philosophical Investigations*, 1953)中,一改前期的哲学观点,看到了日常语言具有逻辑语言无法表达的丰富性和复杂性,主张从日常语言的实际应用中,从语言的不同功能中研究语言。他认为不需要构建人工语言。这就是格氏此文中说“只能是两种逻辑并存,即‘形式符号的自然语言对应词的某种未经简化的逻辑’与‘形式符号的简化逻辑'的并存,不可能一个代替一个"的背景。

上面补充的关于语言哲学的争论,尤其是"逻辑与会话"开始的四个自然段的内容,这些东西是不能丢失的。没有哲学之魂的语言研究已经是不得要领了,还要把语言哲学研究中本有的哲学叙述抹掉,这就抹掉了语言理论的底蕴,抹掉了推动力,也抹掉了哲学的本意。

以上仅是三个例子中的折损。如果我们按语用学的分析单元和课题一个一个地查,还会有多少类似的折损呢?语言学的其他分支的引进是不是也丢掉了原文的哲学色彩,笔者不敢断言,但笔者建议好好地由此及彼地查一查,将是一个既有趣又有意义的工作。

笔者之所以认为这些东西丢不得,是因为它们揭示的东西太重要了。这些东西是:

——"我们这个时代最突出的一个特点是,许多哲学家把对语言的理解当成解决基本哲学问题的必要准备。"(利科)这就是说,首先得对语言进行澄清,随后哲学问题也就明朗化了。从语言里看出存在。

——"只有对于语言的说明才能获得对于思想的全面说明。"(达米特)语言是思想的公开化、直接化。语言表达式才具有公共性、客观性和直接性。

——"根本的'语言性转向'应该是'指号学-语用学的转向。'"(阿佩尔)语用学是揭示符号与解释人际关系的。怎样使用符号、解释符号,可以看出人的思想活动。哲学从这里切入。

——"研究人的思维活动和认识能力应让位于探究语言表达式的意义,因为后者才有公共性、客观性和直接性。"(英美分析哲学)参见上面对达米特的解释。

——"有多少种哲学,就有多少种关于语言的主张。语言与哲学是一种形至影随的关系。"(德法哲学家)从语言可以看到"存在","存在"是哲学研究的中心课题。

——"语言是哲学思考的中心问题,它在本世纪哲学中处于中心地位。……世界本身体现在语言中,能被理解的存在就是语言。"(伽达默尔)注意,"能被理解的存在就是语言"几乎是西方哲学家的一个基本命题。

——"胡塞尔仅仅把语言问题当作探索认识之谜的一个突破口,目标在于揭示先于语言和语言背后的意义之根源。”

上面这些带根本性质的东西都是体现在语言哲学之中的。我们在引进时,怎么能够只掏其语言部分,舍其哲学含义的叙述呢?

如果我们将语用学引进中的哲学折损都还原出来,如果我们也同意阿佩尔所说“根本的语言性转向”应该是“指号学-语用学的转向”,如果我们仔细玩味语用学专著撰写人列文森所说的那一段至关重要的话——“在寻找阐释乔姆斯基理论的方法的时候,普通语义学家那时都被引向哲学思想的本体(a considerable body of philosophical thought),这个本体向语言本质的理解显示了语言使用的重要性(奥斯汀、斯特劳森、格赖斯和塞尔的工作尤是如此)。时至今日,大多数语用学的重要概念直接取自语言哲学。这个美国语言学家主流的宽阔领域一旦建立起来,语用学很快就为自己注入生命力,因为,这里提出的问题是有趣而堪称重要的。”(Levinson 1983: 36)——我们就可以得出下面无甚大错的结论:语用学几乎可以当成哲学的一个分支。

正是美国哲学家皮尔士(C. Peirce)首先提出符号学理论,另一位美国哲学家莫里斯(C. Morris)对皮氏的符号学理论作出解释并提出了符号学三分说(Morris 1939: 77-138)(句法学、语义学、语用学)之后,“语用学”这一术语才为哲学家、语言学家所采用。当我们考虑这一情况时,对上述结论的疑虑更是可以冰释。

显然,语用学的许多重要分析单元都是哲学的直接产品。这些直接产品几乎占了语用学的半壁江山。

或许有一种意见认为,不能苛求语言学家盯住语言的同时还要兼顾哲学目的。对此,不同的看法是:

第一,只顾事情的过程与结果,不顾目的,可能完全歪曲事情的本相。

第二,既然研究语言,就不应该忽视执掌语言的人的思想与理性。语言学家的人文责任之一就是关心人,研究人。研究语言就是研究人自身。研究人自身的人,怎么能不管说话人的理性与哲思呢?撇开语言学家的专业不谈,仅以人而论,“人不一定应当是宗教的,但是他一定应当是哲学的。”(冯友兰 1996:5)

第三,问题还在于,淡化哲学目的就要丢掉许多深刻的东西,因为你淡化的东西很可能是给普通语言学奠基的东西。比如说，上面提到的这两个哲学派别（理想语言学派与日常语言学派）之间的争论，作为独立的学术派别已不复存在，但他们之间的争论为一些学术领域如语言学、逻辑学和科学方法论输送了相关的成果，尤其为语言学提供了直接的成果。语言哲学家对自然语言的逻辑分析，对意义问题的探讨，对言语行为的理论的研究，丰富甚至引发了语言学的三大分支——句法学、语义学、语用学。应该强调的东西在于，学派和学派的争论本身已不复存在，可是争论的结果却仍然存在——它转化成了对其他学科的奠基性的理论贡献。你能把这样的哲学背景丢掉吗？丢掉了这样的哲学背景能说不是一个缺损吗？

（原载于《外语与外语教学》1999 年第 6 期）

VI.

中西哲学的不同语言走向

——西方语言哲学系列研究之四

一

中国哲学虽然与语言有过遭遇,却未曾深入分析语言。

(一) 中国哲学的语言富于暗示而不很明晰,不表示任何演绎推理中的概念。

关于哲学中的语言障碍,冯友兰(1996:13)指出:中国哲学著作富于暗示的特点,使语言障碍更加令人望而生畏了。中国哲学的言论、著作富于暗示之处,简直是无法翻译的。只读译文的人,就丢掉了它的暗示,这就意味着丢掉了许多。冯还指出,由于中国哲学以对于事物的直接领悟作为出发点,所以中国哲学所用的语言富于暗示而不很明晰。它不很明晰,因为它并不表示任何演绎推理中的概念,哲学家不过是把他所见的告诉我们。正因为如此,他所说的也就文约义丰。正因如此,他的话才富于暗示,不必明确。(冯友兰 1996:22-23)按说语言不很明确又要明确地表达思想,理应加强分析才符合逻辑,而中国哲学为什么放任这种"不很明确"的状态而不求助于语言分析呢? 这不是有点奇怪吗? 笔者以为,这正是中国哲学与语言关系的神秘之处。解开这神秘,要看中国哲学史上名家、诡辩家、逻辑家、辩证家的作为,尤其要看中国哲学的基本精神。

(二) 中国哲学的精神以令人吃惊的固执态度拒绝诉诸语言与文字。

这样的结论,是基于如下事实。

第一,从中国哲学的精神中看不出来有诉求语言文字的任何要求。

有关中国哲学的精神,冯友兰认为,"由于中国哲学的主题是内圣外王之道,所以学哲学不单是要获得这种知识,而且是要养成这种人格。"(冯友兰 1996:6-9)养成一种人格,是不需要求助于符号表达的。中国哲学“所注重的是社会,是人伦日用,是人的今生”,追求精神上的最高的境界。“这种境界,就是即世间而出世间底。”以哲学的诉求而论,“东方是内向的”,中国哲学指明人“需要内心的和平与幸福”,“它不过是将人生当作一个自然的事实,努力在精神上改进它”。这种种追求,都是内向的。内向的精神寻求不需要求助于符号表达,需要的倒是长时间的内省。“中国哲学中逻辑分析方法从未得到充分发展”,这就非常明白地告诉我们,一种和逻辑不大相涉的研究方法,可以不必迫切地需要符号表达。“中国传统哲学是以研究人为中心的‘人学’”。(冯友兰 1998)一种靠直觉和体验发展起来的哲学还需要严密的符号语言来表达吗？中国哲学钻进了心性,心性仿佛是一座大的迷宫,哲学到了这里被迷住,不再愿意出来。心怀与人文精神并不迫切需要符号表述的帮助,因而无需走向语言分析。

第二,禅宗的根基在“渐修与顿悟”,拒绝求助于语言文字。或许有人以为,禅宗这种坚决拒绝语言文字表述的态度,不能代表中国哲学,至少不是中国哲学的主流。笔者以为,如果拆去禅宗这一块,中国哲学就会有栋折榱崩之虞。禅宗的存在是中国哲学的幸运。禅宗高度求之于智慧与悟的方式,正是与中国哲学精神一脉相传的。

退一万步说,即便这种拒语言文字于门外的极端态度不属中国哲学的主流,那么,“中国哲学中逻辑分析方法从未得到充分发展”的状况,也足以解释中国哲学为何未曾走向细密的语言分析之途:中国哲学以高度概念化、精神化、自省化、重视个人感悟为特征,这样一种哲学不必求助于语言符号的运算。

老子虽然写了五千言,但他主张“道可道,非常道。”能说出来的“道”就已不是那个原汁原味的“道”了。这种不诉求语言的态度,几乎成了中国哲学的特质之一。认为一落言诠就走样,这就种下了不必求助于符号的种子。于是哲学不曾有什么语言性转向的事发生。

(三) 中国哲学所研究的主要问题不曾从语言形式中求解过。

我们已经知道,西方哲学的“是,诸是,所是,存在”(即所谓的“存在论”,最好的概括是“是论”)是从西语中盘旋出来的,汉语中不可能照样也滋生出一个“存在论”(即“是论”)来。但是,也可能有一种反驳意见认为,

“白马非马”(冯友兰 1996：76-77)这个个案刚好证明了中国哲学与汉语语言形式的关联,怎么能说中国哲学未曾发生过在汉语形式中求解的研究呢？请注意,笔者说的不是笼统的“中国哲学”,而是专指中国哲学的主要问题——人文精神、天人合一、价值论、人生意义。它们虽然同汉语密切相关,却不是从汉语的形式中萌发的,因而也未发生过从汉语形式中求解的研究。诚然,名实之辩这个个案,是可以从语言形式中求解的。作为哲学,中国哲学当然可以从语言学的研究中得到好处,但确实未曾听说过有哪一位中国哲人从汉语形式中探求过天人合一、出世入世、价值论、人生意义等真谛。

罗素(1946)指出,中西哲学中所探讨的问题与语言相关的程度和状况是大有差别的。

二

西方哲学走上细密的语言分析之路,自有它深刻的内存因素的推动。这大致上可以从三个方面得到论证。

第一,经过语言性转向以后的哲学家认为分析语言就是在研究哲学,即研究他们情有独钟的“存在”论(“是”论)、外部世界或者实在。这是西方哲学与语言分析纠缠的基本的一点。这一点,笔者已在《哲学轨道上的语言研究》(上、下)与《语用学的哲学渊源》(钱冠连 1999b/2000a/1999c)中进行了详细的讨论,这里不再重复。这方面,可用达米特(Dummett 1975/1976)所下的一个论断高度概括:区别分析哲学与其他学派的两个信条是:首先,思想的哲学解释可以通过语言的哲学解释获得;其次,对于思想的全面深刻的解释也只能通过语言的哲学解释获得。

第二,西方哲学受形式逻辑影响,接受数学等自然科学知识的导向,而逻辑、数学等必须借助于符号,因而自然而然地走向了语言分析。西方哲学以高度符号化、逻辑化、严密的形式论证为特征,这就播下了它走向语言分析的种子。于是有了语言性转向。下面是西方哲学受逻辑、科学、数学影响走向语言分析的例子。

例一：弗雷格(Gottlob Frege)被认为是奠定分析哲学基础的人物,对语言哲学有全局性的影响。(Sbisa 1995：29)分析他的工作,对回答西方哲学为何走向语言分析大有裨益。弗雷格尝试将算法还原为逻辑,为形式逻辑与数学哲学做出了基础性的贡献。他的逻辑概念引导他研究意义等概念,而这些概念又是语言研究的基础。关于意义,他区分了含意与所指(sense and reference),所谓含意,即与符号相联系的语义内容;所谓所指,即这个符号所指向的对象。他还最先使用了"语言之力"(force)、"预设"(presupposition)等概念,最先处理了表达命题态度的句子的分析问题。一般认为弗雷格是分析哲学的奠基人。分析性的语言转向的基础是达米特(Dummett 1975/1976)提出的一个概念,即"从心智中挤出来的思想"(the extrusion of thoughts from the mind)。在这个概念的观照之下,一个由心智行为产生的思想,就是一个句子的含意,但它本身不是心智内容,因为含意(与主观的表达相对)是可进入交际过程因而是客观的。这样的主张就使概念与命题分析获得了一个非心理的走向。在分析哲学家中间,这个走向很快就变成了语言的走向。分解句子就要相应分解它所表达的思想,这样一来,弄明白一个思想结构就得弄明白相应句子成分的语义上的相互关系。

例二:20 世纪初,英国哲学中最为走红的是唯心论的形而上学,但摩尔与罗素(G. E. Moore and B. Russell)却不肯就范,与其分道扬镳之后,便走向分析哲学之路。他们两人,虽有各自的特点,但共同的兴趣是分析命题。命题的真值是他们研究的对象。摩尔认为自己能够证明某些常识的命题是确知的真值,但是同时认为,对命题意义的分析是一个棘手的哲学问题。摩尔为关于物质的常识辩护,而物质是外部世界的存在。罗素感兴趣的是数学与逻辑的命题,是科学知识。罗素(Russell 1903, Russell & Whitehead 1913)从弗雷格那里得到灵感,对数学语言进行了分析,同时研究了许多与逻辑相关的语言问题,如有关外延词组(denotative phrases)的分析。(Russell 1905)后来,外延词组一直被认为是分析意义的一种"哲学范式"。摩尔(1966)区分了两种哲学问题:一类是以具体的词、词组或其他形式表示的东西,它们是分析的实体;另一类是作为整体的世界。世界上有些东西是可以由哲学分析处理的,而另一些东西则需要其他的论证程序。从这里我们可以清楚地看出,引导他们走向哲学的语言分析的,是一条数学与逻辑的路线。

其他例子还包括维也纳小组的主帅卡纳普(Carnap 1937/1947)。他的逻辑经验论(或逻辑实证主义)、科学的逻辑(即对句子、术语、概念与理论所进行的逻辑分析)、逻辑句法(有关语言的纯形式化的理论),无一不与逻辑、纯形式相连。这样的哲学不可避免地要进行细密的语言分析。

即便是不以逻辑形式为主要研究对象的牛津学派,也不免提到逻辑。这些哲学家偏爱对日常语言的研究,感兴趣的是描写语言的结构与功能。奥斯汀(J. L. Austin)是战后“牛津日常语言哲学”最有影响的代表。(Sbisa 1995)斯特劳森(P. F. Strawson)也从日常语言的角度讨论逻辑理论中的主要问题,试图论证形式逻辑在评价上下文自由的语篇(context-free discourse)中是有用的,但需要日常语言的逻辑补充之,因为形式逻辑无力对付日常语言的复杂性。

同样值得注意的是,格莱斯(H. P. Grice)那个提出著名的“话语中说出来的东西与所暗示的东西之间的区别”的系列讲座的题目就叫做“会话与逻辑”。20 世纪 60 年代以来,形式语言与自然语言之间的尖锐对立逐渐缓和,认为形式语言能够处理自然语言的倾向开始抬头。奎因(W. V. O. Quine)、克里普克(S. Kripke)、蒙太格(R. Montague)、唐纳德(D. Donald)、达米特(M. Dummett)、普特南(H. Putnam)、塞尔(J. R. Searle)等人对严格的形式逻辑已有所背离,但在论述中仍不乏逻辑的形式论证。

上面的例子说明,如果一种哲学诉诸高度符号化、逻辑化、严密的形式论证,它就不可能不走向语言分析。语言分析只是符号分析的一种。

第三,西方哲学研究的主要问题“是、诸是、所是、存在”,就是从西方语言中盘旋出来的。西方哲学的第一个阶段之所以称为 ontology(“是论”或“存在论”,“本体论”这个译名不妥),就在于这种哲学盘旋的基础,最直接的例证就是:希腊文 on 相当于英文中的 being。

三

可以得出的结论是:

(一) 从哲学研究的主要对象来看,大致上可以说,西方哲学是侧重外部存在的哲学,而中国哲学是侧重人的哲学(重人生,重人文精神,重天人合一)。西方哲学虽然也讨论人的智慧,但主要兴趣偏重于外在于人的世界、客观世界，即他们所说的 being。西方哲学中用得最多的几个术语 being、ontology、entity、object、world、reality、existence 便是对他们偏爱最好的说明。从两种哲学的方法论来看，西方哲学可称为重形式与逻辑的哲学，而中国哲学则可称为重感悟的哲学。分析中西哲学不同的语言走向，就可得到这样一个有关双方根本性质的认识与区分。两种不同的哲学对各自的科学与技术的发展产生了一定的影响。

（二）西方哲学在方法论上重形式与逻辑（诉诸语言），研究对象上重外部存在，因此产生了很多的著作和众多的哲学名家。这些著作虽然有可能在某种程度上歪曲了哲学精神，但可开阔思路，供人研讨，不断形成新的问题。于是，西方哲学比较容易走向平民。西方的科学与技术的逐渐发达，可能与哲学方法论上重形式与逻辑以及研究对象上重外部世界有一定关系。

（三）中国哲学在方法论上重感悟，研究对象上重人生与人文精神，不在符号上显现，因此容易产生玄想，且不易传播。中国哲学虽然深刻，却难以走向大众。近代中国的科学与技术的落伍，可能与哲学方法论上重感悟与哲学研究对象上重人生与人文精神有一定关系。

最后要指出的是，能不能说，走向了语言分析的哲学就比没有走向语言分析的哲学更高明，或者反过来说，后者比前者更深厚？答案是否定的。中西哲学各有自己的主要兴趣与讨论对象，这与孰优孰劣无关。

（原载于《解放军外国语学院学报》2001 年第 6 期）

VII.

西方语言哲学三个问题的梳理

——西方语言哲学系列研究之五

1. 梳理的必要与由头

在目前的汉语语境下，梳理西方语言哲学研究中的某些问题，显得迫切与必须。其背景如下。

一是 the linguistic turn 的误译“语言转向”流传已广。它容易引起的误解是语言自己转了向。误译果然误导了人。有一位汉语界教授撰文指导21世纪的青年学者时惊呼：“语言学发生了转向，至今鲜为人知。”活生生将哲学转向语言分析理解成了语言学转向。西方哲学从存在论（即所谓“本体论”）研究转向语言研究以解决哲学问题，承认以“语言研究”为必要手段处理哲学问题，这显然是哲学在转向。语言研究本身从未发生过什么转向的事：没由头，没缘起，没过程，没事件。有从语言研究转向语言研究的必要吗？这是误解之一。本文将指出，为什么说 the linguistic turn 的正确译法应是“*语言性转向*”。

二是西哲 philosophy of language（语言哲学）与汉语语境中的“语言哲学”貌似对应，实则各有所指。在汉语语境中如何区分它们是件令人头疼的事，症结在于中国哲学里并未出现一种作为哲学方法的语言哲学。雪上加霜的是，汉语环境里自有的“语言哲学”就没有统一的所指，用它时各有一套，因人而异。当一个中国学者说出“语言哲学”时，你不知道他究竟指的是西哲的 philosophy of language，还是汉语环境里已有的或者说话者自己界定的语言哲学。这个担心不是空穴来风。许多作者写文章时,只要稍带一点思辩性质,就在题目中冠以“语言哲学”,可是,通读全文不见一星半点语言哲学内容。避免两者交叠、混杂、指代不明的办法是有的。那便是,若不放弃自己对“语言哲学”的自行定义,就得遵守学术规范:用它之前,先交待自己这个“语言哲学”的定义[①],以区别西哲的那个“philosophy of language”,在你的这个定义下,读者与你对话。相应地,在汉语语境中提到 philosophy of language 时,一律称为“西方语言哲学”,以便与自己定义的语言哲学相区别。本文的主体部分将回答西方的 philosophy of language 是什么,以便为它和汉语语境中的“语言哲学”区别开来奠定根本的基础。

三是西哲文献中,对 20 世纪初期以来在哲学领域里发生的语言性转向,有人称之以 analytical philosophy (分析哲学),有人呼之以 philosophy of language (语言哲学),有人同时混用、相互代替。中国学者中,徐友渔等人(1996:1)干脆说,“本世纪(指 20 世纪)初在哲学中发生了‘语言的转向’(the linguistic turn),转向之后的哲学叫做语言哲学。”杨国荣说,语言哲学是分析哲学的一个分支[②]。这样给汉语语境中的学者带来理解上的困难是:两者到底是什么关系? 是一回事呢,还是两回事? 若是一回事,为什么 *Oxford Dictionary of Philosophy* (Blackburn 1994: 14,211)中所立的这两个条目对对方不置一词,宛如两个不同的哲学范畴或者哲学派别。本文的主体部分将列出事实,说明 analytical philosophy 与 philosophy of language 是同一对象的两个不同标签,指的是一回事,正如 The Morning Star 和 The Evening Star,或者汉语里的“金星”和“启明星”一样,指的是同一颗星。

2. 在“分析哲学”的题目下,说的是“语言哲学”

斯比莎(Sbisa 1995) Analytical Philosophy 一文的思路如下。其他哲学

---

① 例如,国内有一本书(于根元等,1999,语言哲学对话[M],北京:语文出版社)明确地将“语言哲学”定义为“大致上指的是关于语言学的又超于语言学的有哲学意味的理论问题”。

② 杨国荣,2001,哲学、哲学史、实践理性[J],《读书》(4):66。

家的评论与本文作者的评论夹在其间。

首先是:哲学怎么可以是分析的？分析什么？语言性转向怎么和分析哲学发生关系的？即:分析哲学是如何获得语言走向的？

了解分析哲学可以从四个方面入手:(1)从分析各种概念、思想,分析世界如何到分析语言;(2)分析与建立科学语言的理想;(3)分析的对象又如何转向了日常语言;(4)分析哲学的其他方面的发展情形。

分析各种概念一直是哲学家工作的重要部分。我们可以在柏拉图、亚里士多德或中世纪哲学或现代哲学那里(Descartes,Hobbes,英国经验主义者)那里找到正儿八经的分析先例。但是,分析活动作为哲学的中心课题在理论上明确起来还是现代哲学潮流——即所谓的“分析哲学”(analytical philosophy)——兴起以后的事了。“分析哲学”这个标签一般是指从19世纪末到现代发展起来的一个特定阶段的哲学研究与理念。这种哲学研究与理念,并无一套共同的、固定的特征,但是却显示了相当的“家族相似性”。它们大部分是属于英美哲学背景,但在英美哲学的奠基人里头有一个明显的例外是:弗雷格是德国人,维特根斯坦是奥地利人。进一步的情况是,“分析哲学风格如今已扩展到许多不同的国家。大部分国家共同致力于对哲学问题做出明确而细致的表述,在哲学问答中小心求证。大部分人都具有经验主义者的传统,认定只有确知为真的命题才是分析性命题。大部分人将哲学视为一种分析活动,并且(或者)将语言研究视为处理或解决哲学问题的必要手段”。请读者注意:从分析哲学出现的时间、研究理念与代表人物可看出,分析哲学指明的正是语言哲学。分析活动要处理解决的对象是哲学问题,语言研究是手段。因此将 the linguistic turn 理解成语言自身转向,是既不符合原旨又不符合原意的,将其译成“语言转向”自是不妥。(虽然到此为止我们尚未正面面对 the linguistic turn。)

这后面的两个特征(经验主义者的传统,只有确知为真的命题才是分析性命题。将哲学视为一种分析活动,或者将语言研究视为处理或解决哲学问题的必要手段),也许对于理解“分析哲学”这个标签的来源是最重要的。

现代哲学的使命常常是构筑人与世界的观念,以及这些观念的历史。当我们从事哲学研究的时候,分析哲学家的视线常常盯住如何理解我们所言与所行，盯住我们为控制自己的行为所具有的机会与手段。这样一来，他们常常表现出倾向于方法论（而不仅仅是理论），倾向于赋予语言以突出的地位。

分析哲学的开端是20世纪的语言性转向（the "the linguistic turn" of the 20th century，与前面"从19世纪末到现代"的说法基本一致）。分析哲学的滥殇常常被认定为是出现在20世纪的、被称为"语言性转向"的哲学研究方式的转变。或者我们将原文译得粗俗一点儿但却更清楚一点儿，便是：分析哲学的开端常常被认定为是出现在20世纪的被称为"语言性转向"的搞哲学的方式的转变（a change in the way of doing philosophy，Sbisa 1995）。这是我们在讲分析哲学的文献里正面面对"the linguistic turn"这一术语。我们可以明确这样几点：(1)所谓"语言性转向"就是哲学研究方式的转变，不是语言研究自己在转向。从上面一段原文中我们可以判断出：将 the linguistic turn 译成"语言转向"与原旨（a change in the way of doing philosophy）几乎是不沾边的；(2)这个转变标志着分析哲学的滥殇；(3)这个转变发生的时代是在20世纪。本文作者要强调的是，在"分析哲学"标签下的这样三个判断，也正是指的"语言哲学"。

许多哲学家，面对科学家合作而带来的科学的巨大进步（他们相互吸收了证实为真理的结论）时，开始在哲学中寻找判断理性一致（rational agreement）的标准。怀揣这样一个目的，他们将注意力不是投向世上的人与事物等等，而是投向我们用以谈论这些人与事物的语言。要么是一种理想的语言，要么是对普通语言的理想的理解，才能避免哲学家的误解，从而推动理性的一致。（Rorty 1967：15）

达米特认为，区分分析哲学与其他学派的特点是两个信念：其一，思想的哲学解释可以通过语言的哲学解释得到；其二，能充分理解的思想解释却只能通过语言的哲学解释得到（Dummett 1975/1976）。本文作者想强调的是，从达米特的这两点看法可以推测出分析哲学与语言哲学是同指。

分析哲学必须要了解的几个哲学家：第一位是奠定了分析哲学基础的弗雷格（Frege 1960），另外两位是摩尔（Moore）和罗素（Russell）。弗雷格的工作，对回答西方哲学为何走向语言分析，颇具代表性（参见 Sbisa 1995：

29)。他尝试将算法还原为逻辑,为形式逻辑与数学哲学作出了基础性的贡献。他最先处理了表达命题态度的句子的分析问题。在分析性的语言性转向的基础之上的,是一个基础概念,即被达米特(1975,1976)称为"从心智中挤出思想来"(the extrusion of thoughts from the mind)这样一种东西。在这个概念的观照之下,一个思想,就是一个句子的含意而且被一个心智行为所抓住,但它本身不是一个心智内容,因为含意(与主观的表达相对)是可进入交际过程,因而是客观的。这样的信念就使概念与命题分析获得了一个非心理的走向。在分析哲学家中间,这个方向很快地变成了语言的走向。分解句子就要相应分解它所表达的思想,这样一来,分析一个思想结构就得分析相应句子成分的语义上的相互关系(Sbisa 1995)。本文作者以为,这一段话几乎是弄明白分析哲学如何获得语言走向以及分析哲学与语言哲学是同指的一把钥匙。弗雷格与摩尔和罗素刚好就是著名的语言哲学家。提到摩尔和罗素,一个事情(西哲 20 世纪前后的变迁)先有"分析哲学"的标签后有"语言哲学"的标签的线索,就更清楚了:分析哲学(analytic philosophy)的历史可以追溯到 19 世纪末 20 世纪初的摩尔和罗素。分析哲学家都主张,哲学的一个重要任务是"语言分析"(linguistic analysis),即传统哲学中因语言误解而纠缠不清的命题可以用语言分析清除掉。只是到后来,语言分析逐渐形成了哲学中"语言性转向"的变革。再后来便是:"语言分析"方法上存在着两派——人工语言分析学派和日常语言分析学派(philosophy of ordinary language,简称日常语言学派)。

了解分析哲学的第二个方面是:分析与建立科学语言的理想。一是发现语言的日常用法和语言的哲学用法中的误导特征,二是以逻辑上行得通的语言取代推测起来不可靠的语言。所谓的"建立科学语言的理想"指的就是"以逻辑上行得通的语言取代推测起来不可靠的语言"。关于这一方面,要读的哲学家是维特根斯坦与卡拉普(Wittgenstein & Rudolf Carnap 1932)。早期的维特根斯坦认为,日常语言常常不能让我们看清复杂命题的逻辑形式。本文作者提请读者注意:这两位,也正是语言哲学的代表人物。

第三个方面是:分析与日常语言。19 世纪 30 年代,在英国大学如剑桥与牛津这样的语境中,出现了不同的分析概念,有的居然宣称以后再也不应称为"分析"。哲学家关注的东西从约简、重建与解释转移到描写与阐明。相应的变化是,分析的对象从科学的语言转移到了日常语言。这一方面要读的哲学家还是维特根斯坦——思想变化以后的维特根斯坦(他对日常语言哲学有很深的影响),还有牛津派哲学家(Oxford philosophers)如奥斯汀(J. L. Austin 1970)、斯特劳森(P. F. Strawson)、格莱斯(H. P. Grice)等等。(这些哲学家正是著名的语言哲学的代表人物——本书作者注)。

3. 在"语言哲学"这个题目下,说了些什么?

现在根据卡舍尔(Kasher 1995)所写的 Philosophy of Language 一文,对"语言哲学"的内涵进行一个简略的、全面的扫视。我的评论夹在其中。在此过程中,我们就会知道,"分析哲学"与"语言哲学"这两个标签是不是应该贴在一个对象上面。

"自然语言的哲学研究有两个目的。一、这种研究加强我们对自然语言在人类生活的主要活动面中所起作用的理解,所谓人类生活主要活动面,指的是思考、求知或者科学阐释。二、这种研究加强我们对语言自身的理解"(Kasher 1995)。

对于分析哲学(本书作者提醒读者注意:这里将"语言哲学"换用为"分析哲学"了)的诸种因素来说,这最重要且意义最深远的一种联系(语言与思想的联系)一直是以下哲学观的基本原则:这个哲学观是,"要接近思维哲学,只能走语言哲学之路(the philosophy of thought can be approached only through the philosophy of language)。……思维哲学的目标的实现可以靠解释一种语言的词与句子何以才有它们所负载的意义而达到……"(Dummett 1991: 3)。在"语言哲学"的标题下将主词换成"分析哲学",这不是偶然的串门,而是表明两者同指。

对于古代哲学家来说,"第一哲学"是研究*存在本身*(*being as such*)的原则、第一动因(first causes)及基本属性的。对于现代稍早一些时的哲学家来说,消解一切形式的怀疑主义的知识哲学(philosophy of knowledge)一般具有第一哲学的身份。对于显示现代分析传统的大多数哲学家来说,语言哲学(“现代分析传统”与“语言哲学”同时出现——作者注)在某种意义上说是第一哲学。如果不理解自然语言及其用法,就不可能理解语言起基础作用的种种情况。以这一观点衡量,既然不把握思想就不可能把握信念和愿望、知识与意图、理解与做决定,同样地,不把握语言也就不可能把握人的存在的基本因素(Kasher 1995)。本文作者要指出的是,这里直接将“人的存在的基本因素”与“把握语言”挂钩,就一下子把语言研究推向了西方哲学的根本。其意义非同小可。

与此一致的是,诸如心智哲学(philosophy of mind)、认识论(epistemology,关于知识与信念的哲学)、科学哲学、形而上学、存在论(ontology)、宗教哲学、艺术哲学、历史哲学、行为哲学之类的哲学主要分支,都是建立在自然语言的某些理论之上,也是在语言哲学之中发展起来的。这说明,语言哲学不仅不可能是分析哲学的一个分支(如杨国荣所说),而且要倒过来说,语言哲学具有母哲学的性质。关于哲学的主要分支这一段叙述,使我困惑的一点是:人们公认的西方哲学主流的两个发展阶段——存在论(ontology)和认识论(epistemology)怎么成了哲学的分支?

20世纪下半叶的分析哲学(又一次换用——作者注)并不承认这样的观点,即,自然语言的合适的哲学分析,以及它的知识与使用,必定会最终消解掉哲学麻烦或者哲学的某些分支。同样,20世纪下半叶的分析哲学并不承认这样的观点,即,合适的哲学分析之所以向前发展,是因为它小心翼翼地注意了某种话语语境中的某些词语、词组与句子投入使用的平常与非常的方式。(Kasher 1995)

语言哲学还研究自然语言的一般性质(Chomsky 1975; Dummett 1989)。哲学家对自然语言的研究与语言学家对自然语言的研究是不同的(Bromberger & Halle 1991)。语言哲学对自然语言的研究只是提供纲要性理论。

在“语言哲学”的标题下,将命题的主词经常换成“分析哲学”,这只能说明,两者是一回事。

4. 两个术语是同指：Philosophy of Language 术语正式启用在后

第一，上面说过，比较牛津哲学辞典上的两个词条之后发现，它们对对方不置一词。但是，还是可以看出，分析哲学指的就是语言哲学。

Analytical philosophy（Blackburn 1994：14）：the philosophy that takes the process of analysis to be central to philosophical method and progress。将分析过程置于哲学方法与发展的中心地位的哲学，称为分析哲学。分析哲学家的普遍看法是，语言的表面形式往往掩盖着深藏的逻辑结构，并且可能在逻辑结构上误导了人。这个现象可由一种过程加以表明：这一过程自身就解决一些问题，或者证明这些问题不过是日常语言的使人产生错觉的表面形式的产物而已。弗雷格和罗素的早期成就（前者将数学还原于逻辑，后者独到地提出了限定摹状词理论）培育了分析方法的自信心。分析哲学的实践者中还有摩尔与卡拉普。早期的自信心是如何在后来变得举步唯艰的，请看 analysis 条目。请读者注意，这几个代表人物，正是最有影响力的语言哲学家的一部分。

Philosophy of language（Blackburn 1994：211）：the general attempt to understand the components of a working language，the relationship the understanding speaker has to its elements，and the relationship they bear to the world. 语言哲学是这样一种综合性努力的产物，即理解日常语言的诸种成分，理解试图作这样理解的说话人与这种语言要素所具有的关系，以及理解语言要素指向世界的关系。语言哲学的研究对象包括了传统上从符号学分离出来的句法学、语义学与语用学。因为语言哲学需要解释在我们的理解中是什么东西能让我们使用语言，语言哲学便和心智哲学混杂起来。它还和真之形而上学（metaphysics of truth）与符号和对象之间的关系混杂在一起。尤其是 20 世纪的许多哲学都有这样的信念：语言哲学是所有哲学问题的基础，语言是心智的绝好的操练，语言是我们塑造形而上学信念的绝好的方法。具体的课题是：逻辑形式问题，句法与语义学区分的基础，以及理解语义关系的数与质的关系问题(诸如意义、指称、论断、量化)。语用学包括言语行为理论,而遵守规则和翻译的不定性问题既影响了语用学的哲学,也影响了语义学哲学(philosophies of both pragmatics and semantics)。

比较两个词条,我们可以得出:(1)分析哲学与语言哲学的内涵是一回事。分析哲学将主要精力耗在梳理词语给人造成的麻烦上("语言的表面形式往往掩盖着深藏的逻辑结构,并且可能在逻辑结构上误导了人。……或者证明这些问题不过是日常语言的使人产生错觉的表面形式的产物而已。")(2)语言哲学不可能是分析哲学的一个分支("语言哲学是所有哲学问题的基础")。

第二,Modern Philosophy of Language(Baghramian 1999)的导论里提供了足够的证据,说明那两个标签指的是一个对象。

(1)"可以在弗雷格的反叛德国心理主义与罗素及摩尔的拒斥英国理想主义之中,发现后来著名的'分析革命'('the analytic revolution')之根。"我们感兴趣的是,在语言哲学中谈"分析革命"。而且,西哲中闹得轰轰烈烈的"分析革命"是由弗雷格、罗素及摩尔发动的。而这三人都是语言哲学的代表人物。

(2)在语言哲学里,大谈分析哲学的五个特征,这不正好表明,analytic philosophy 可以代替 philosophy of language 吗?

(3)在同一个段落中,巴格拉米恩(Baghramian)指出:语言的分析将隐藏着的逻辑结构显示出来,在其过程中,这一点将帮助我们解决千年哲学难题,"分析哲学"这一术语由此而得名。(Analysis of language would reveal hidden logical structures and, in the process, help us solve age-old philosophical problems, hence the term 'analytic philosophy'.)"分析哲学"因进行了语言分析而得名。这可以说是分析哲学就是语言哲学的"铁证"。

(4)在这篇序言里,"analytic philosophy of language"(语言的分析哲学),"the linguistic turn in analytic philosophy"(分析哲学中的语言性转向),"the analytic tradition of philosophy of language"(语言哲学的分析传统),"analytic philosophers of language"(语言的分析哲学家),"twentieth-century analytic philosophy of language"(20 世纪的语言分析哲学)。"语言

哲学"与"分析哲学"这样高密度的混用只能说明两者是一回事。

（5）"语言哲学的焦点从抽象地分析语言转向了在社会语境中语言的日常操作。"这就是说，语言哲学就是分析（语言）。

（6）"分析哲学的这些阶段之间的共同联系在于，恰在哲学的起点上来处理语言。"换句话说，分析哲学就是处理语言。

（7）"美国语言哲学的成型多半得力于对欧洲的分析哲学的创始者的工作的反应。"（American philosophy of language, however, has largely been shaped by reactions to the work of the European originators of analytic philosophy.）即是说，欧洲的分析哲学导致了美国语言哲学的形成。这直接将分析哲学与语言哲学挂钩，说出了两者一脉相承的渊源。这又是一个"铁证"。

（8）"在语言哲学的头 40 年中，分析哲学家强调语言与世界的关系……"试问，如果分析哲学家不是语言哲学家，怎么能够说"在语言哲学的头 40 年中，分析哲学家强调……"？如果语言哲学与分析哲学不是一家，何劳分析哲学家串到语言哲学里去强调什么？

5. 结论

既然这两个标签贴的是一个对象，为什么有时用 analytic philosophy，有时又用 philosophy of language 呢？历史的原因是：西方当代哲学家称之为语言哲学的队伍及其代表作，正是从 1892 年弗雷格及其开篇之作 On Sense and Reference 以来的一套分析哲学的人马与代表作（这个结论有巴格拉米恩（1999）所编的现代语言哲学编年史为证，而且谁也找不到另外的一套人马与代表作），直到 1973 年达米特写了 *Frege: Philosophy of Language* 一书，才正式启用（语言哲学）这一术语。也就是说，人们以 Philosophy of Language 来正式称呼分析哲学是 1973 年以后的事。这也顺便解释了为什么罗素（1955）在 *A History of Western Philosophy* 这样一部名著（总共 860 多页）最后一章（第三十一章）"逻辑分析哲学"里只字不提语言哲学的原因。

我以为,这两个标签换用的原因,还在于,analytic philosophy 强调的是20 世纪初西哲采用的方法。什么方法?分析方法。philosophy of language 强调的是分析的对象,分析对象是什么?是语言。

6. 留下一点疑问

上述两种正式的西方文献——权威性不成问题的《牛津哲学辞典》与西方颇有影响力的本杰明出版社的《语用学手册》(Sbisa 1995),在专门讨论分析哲学与语言哲学的文章或条目中,居然不见正式提到与对方的关系(如正式明确地提出"分析哲学就是语言哲学"这样的命题),偏偏是中国学者对此问题深感值得一问,下了各种判断。这是耐人寻味的。

(原载于《现代外语》2001 年第 3 期)

VIII.

学派与学派意识

——西方语言哲学系列研究之六

1. 西方语言哲学与中国古代哲学学派的简要回顾

需要首先交待的是,在下面的回顾中,对每一学派,都要以学派何以是学派的主要标志去衡量一番。本文提出的学派标志是:代表人物、成员、代表作、主要贡献、主要学术套路。

西方语言哲学的历史就是种种学派、流派的产生与衰亡的历史①。20世纪之前,西方的古典哲学,从前苏格拉底(Presocratics)开始到整个中世纪,就建立了"形而上学式的玄想"(metaphysical speculation)的传统。哲学家关心的主要问题是存在的性质、存在着的事物的范畴、它们的实质、它们的统一与差异等等②。这时哲学中所需求解的典型问题是:What is there?亦即:那存在着的东西是什么?或者:这是什么?/那是什么?这个阶段(通常被认为是西方哲学的第一个阶段)的西方哲学叫存在论(又译"本体论",ontology)。从笛卡尔(Descartes,法国哲学家、数学家,1596-1690——作者注)起,哲学关心之所在从"那存在着的东西是什么?/这是什么?/那是什

① 下面的这一段西方语言哲学学派、流派的回顾,主要取材于 Maria Baghramian 所著 *Modern Philosophy of Language* 中的总的引言(Baghramian 1999: XXIX-XXXVII)及分章引言。这里有一点需要说明的是,原作者是以时间为顺序作叙述,而现在,我这里的着眼点却在学派、流派的梳理。首次涉及的学派名字用斜体字标明。

② 原文为"the nature of existence, the categories of things that exist, their essences, their unity and diversity and so on"(Baghramian 1999: XXX)。

么?”变为这样一些典型提问[1]: What do we know? How can we know anything at all? What justification have we for our claims to knowledge? 亦即:我们知道些什么? 我们究竟是怎样知道这些事物的? 我们宣称知道什么的理据何在? 从笛卡尔以来,哲学家中的唯理论者(rationalist)与经验论者(empiricist)以不同的思路处理被人们宣称所知道的事物,他们所关心的主要问题是认识论问题(epistemological questions,其典型提问方式如上所列)。认识论通常被人们称为西方哲学发展的第二个阶段。

20世纪之初,西方哲学发生了巨大的变化。在语言的处理上有这样一种潮流与方向(trends and direction)开始盘据哲学并使哲学发生了语言性转向。这里,有一个必要而简明的提醒是:西方哲学的这种转向并非是对语言研究产生了兴趣而解决语言问题,而是通过研究语言来回答古老的哲学问题。这是研究西语哲时刻要记住的问题。这样的提醒在西语哲的文献中随时可见。这便是引起“分析革命”(the analytic revolution)的分析哲学(the analytic philosophy),亦即语言哲学。这种哲学潮流与方向,称为西方哲学史上的一个主流学派,也未尝不可。与这个方式转变直接相关的哲学家是德国的弗雷格(G. Frege),英国的罗素(B. Russell)、摩尔(G. E. Moore)和维特根斯坦(Wittgenstein)。也就是说,西方语言哲学的阵营由他们几位领头。所谓“分析革命”的根源可追溯到弗雷格对德国心理主义(German psychologism)——这又是一个学术派别——的反抗,追溯到罗素与摩尔对英国唯心论(British idealism)的拒斥(Hylton 1990)。这些哲学家想以严格的哲学实在论(rigorous philosophical realism)来代替当时流行的新康德哲学(Neo-Kantianism)与唯心论(idealism)。如果把分析哲学当成西方哲学史上的一个主流学派,那么,就可以数出它的主要特点有五个(限于篇幅,故不列出),它的总的学术思路是:语言分析往往揭示隐藏其后的逻辑结构,在此过程中,语言分析往往帮助我们解决古老的哲学难题,“分析哲学”这一术语由此而来[2]。

---

① 原文为“the locus of philosophical concern changed from the issue of what there is to what we know”(Baghramian 1999: XXX)。

② 原文是“Analysis of language would reveal hidden logical structures and, in the process, help us solve age-old philosophical problems,hence the term ‘analytic philosophy’.”(Baghramian 1999: XXXI)。

分析哲学中的一个非常有影响的学派，便是维也纳小组（Vienna Circle），即被人们称之为逻辑实证主义者（the logical positivists）的一派哲学家。他们对语言哲学的主要贡献是：特别强调意义与认识论条件（诸如证实方法[methods of verification]）之间的联系。意义实证主义理论区分了分析性陈述与综合性陈述，宣称诸如逻辑与数学陈述之类的分析性陈述之所以为真，是因为包含其中的语词的意义在起作用，分析性陈述并未提供关于世界的信息（西方哲学从存在论（本体论）到语言性转向以来一直追寻的目标是：说明世界是什么，即存在是什么——本文作者注）。另一方面，综合性陈述是说明世界的，综合性陈述的意义就是通过实证手段来验证或肯定综合性陈述的方法。正如泰勒·伯吉（Tyler Burge 1992: 4）所指出的那样，"验证的原则应该是解释哲学，特别是形而上学，为何以失败告终。这个断言的意思是，哲学的许多论断都没有诉诸验证的手段，这些论断也就是无意义的。为了具有意义和产生知识，哲学本应该模仿科学：以检验的方法确定哲学论断是否为真。"[1]这一段话非常明确地说出了何为逻辑实证主义："哲学本应该模仿科学：以检验的方法确定哲学论断是否为真。"这样，逻辑实证主义者就代表了语言哲学中的一个典型的雄心勃勃的方向：一种正确的意义理论可以看作是解决甚至消解哲学古老难题的手段。它的挂帅人物是 Moritz Schlick，其他人物是 Rudolf Carnap、Friedrich Waismann、Herbert Feigl、Otto Neurath、Hans Hahn。维也纳小组的宣言是：*The scientific conception of the world: the Vienna Circle*.（我们维也纳小组信奉的是：以科学的方式看世界）。维也纳小组的主要思想信条是：(1)他们的有关意义或者认知意义的理论。其大意为：仅当句子是可分析的（按定义是真实的）或者由感觉材料可证实的时候，句子才是有意义的。可证实原则（一个句子的意义是其证实的方法），将在含意（sense）与非含意（non-sense）之间或者在科学与伪科学（即形而上学）之间划出一条清晰的区分线。(2)与形而上学及玄想哲学分道扬镳。按逻辑实证主义的立场来说，形而上学的玄想之所以必须抛弃，不是因为它们是错的，而是因为它们是无意义的（non-sensical）。(3)他们的主要论题（thesis）：一切科学都可以

① 原文是"to imitate science in associating its claims with methods of testing them for truth"（Baghramian 1999: XXXII）。

在一个单一的学科——即物理学——之下统一起来。在自然科学与人文科学[①]之间无重要的区别。(4)他们的观点是:逻辑与数学的真值是可分析的,因此也是重言反复的(tautologous),这样一来,此真值可以作为先验(*a priori*)建立起来(而证实)。这一观点是建立在逻辑实证主义者全方位地接受了分析-综合区分法(the analytic-synthetic distinction)的基础之上的。(Baghramian 1999: 64-66)。这一派的代表作是 *Empiricism*, *Semantics*, *and Ontology* (“经验主义、语义学与存在论”,被收在 *Meaning and Necessity* 的扩大版中(见 Carnap 1947, 1956; Baghramian 1999: 68)。它代表了卡纳普在这个问题上最成熟的思想,而这一问题迷住逻辑实证主义者达四十年!

以卡纳普为首的维也纳小组,即逻辑实证主义学派,还只是一个包括更多大家在内的逻辑实证主义运动(the positivist movement)的一个分支。维也纳小组只是吸取了20世纪20年代的维特根斯坦的许多灵感而已。正如伯吉所指出的那样,“受着弗雷格、罗素、卡纳普和维特根斯坦影响的逻辑实证主义运动宣扬这样的观点,即:研究语言意义是哲学的正确的出发点。”[②](Burge 1992: 11)

西方语言哲学史中一直有早期的完美或理想语言派(perfect or ideal language)和30年代出现的日常语言派(ordinary-language approach)的争论。早期的分析语言哲学对日常语言是不信任的,比如弗雷格。他认为,“想从语言中学到逻辑的人就像是一个想从小孩子那里学习思考的成年人。当人们创立语言的时候,他们还处在孩子式的图象式的思维阶段。语言不是为逻辑规则而造的。”他还认为,日常语言是模糊的,包含了许多边界不明的述谓,于是就不能指称。他希望借助他的能以精密方式表达思想的逻辑概念创建出一种完美的或理想的语言来。同样,罗素也认为日常语言不能逻辑地、科学地理解思想与世界。他以为,像英语这样的日常语言,

① 我们常常看到在汉语语境中的“人文科学”的英文说法多不统一,Maria Baghramian 是爱尔兰哲学家,在她的西方语言哲学历史的专著中(Baghramian 1999: 65)使用了 human sciences 这一术语,当可注意。

② 原文是“... the study of linguistic meaning was the proper starting point for philosophy.”(Burge 1992:11)。

由于形而上学地重视了我们自己言语中的偶然事件,可能引起错误的形而上信念,制造出一个虚假的世界景象。逻辑实证主义者将哲学当成对语言的批评,一心想着构建出一种适合于表达科学研究成果的理想语言来。可是,从 20 世纪的 30 年代开始,构建出一种理想语言的打算逐渐被一种新的兴趣所取代,即对日常语言的工作过程产生了兴趣。语言哲学的焦点由抽象地分析语言开始转向对语言在社会语境下的日常工作状况(day-to-day working)的研究。在这新的兴趣中,首先起来批评对日常语言的各种责难的,正是维特根斯坦。与早年的观点相比,他来了一个 180 度的大转弯。他认为自己早年忽视了语言使用的多面性(multi-facetedness),关注的只是语言的单方面的功能,即它在表征或呈现世界中的作用。他一改早年对意义生成的条件与语言与世界的关系上的观点,尤其是他的意义图像理论(这一理论奠基在命题之间或者句子与依赖思维的事实之间的相应或镜像的关系的假设之上),转而支持这样的意义观。新的意义观的基础是,在社会与生物的语境中看待语言使用("语言使用"也即是他所谓的"生活的形式",即 a form of life)。日常语言派因牛津派哲学家奥斯汀的著作 *Performatives and Constatives* 的问世而向前发展(Baghramian 1999: XXXIII)。奥斯汀生于英国的兰卡斯特,在牛津接受教育,并从 1952 年到 1960 年去世一直在牛津执掌着道德哲学(Moral Philosophy)的 White 讲座(White Chair)的教席。奥斯汀与吉尔伯特(Gilbert Ryle)是被人称之为"语言的哲学"派(linguistic philosophy,亦称"日常语言哲学"派,ordinary-language philosophy)的主要成员。奥斯汀对哲学的态度可看作是对早年维特根斯坦与逻辑实证主义的批评。他反对在语言的一般性层次上建立理论的企图,主张细致地研究日常语言,以取得对哲学问题的真知灼见。他的哲学(philosophizing)方法包括构建分类学与分析语言各种说法的细微末节之处(Baghramian 1999: 107)。理想语言派的哲学家们曾建议从整体上改造我们的日常语言,以呈现出我们表述中的正确的、深层次的逻辑形式,而日常语言派的哲学家们虽提倡对日常语言的实际状态做深刻的理解,但对改良与改造它们却颇不以为然。分析哲学这些阶段之间的共同联系是:哲学的起点是处理语言(但不关注这个事件的历史渊源),强调思想与表达的明晰,对分析方法深感兴趣。

下面，接着该提到的就是美国土生土长的实用主义学派(Pragmatism)的哲学家。事情的原委是这样的：德国与奥地利的纳粹上台，二战开始，与维也纳小组和逻辑实证主义者有联系的许多哲学家纷纷逃到美国。他们之中的著名人物有卡纳普(Rudolf Carnap)、塔尔斯基(Alfred Tarski)、费格尔(Herbert Feigl)和哥德尔(Kurt Gödel)。他们的到来对美国哲学的向前发展有着巨大的影响。美国土生土长的哲学派别是由皮尔斯(C. S. Peirce)、詹姆斯(William James)、杜威(John Dewey)开端的实用主义学派。刘易斯(C. I. Lewis)是后来人。简单地说，实用主义注重的是真理(truth)与实用(what works)或有用(what is useful)之间的联系。请注意，上面的这一句话很容易被庸俗地引申为：Truth is what works or what is useful。1949年以后的中国学术界就是这样简单地归纳美国的实用主义的实质的。我年轻的时候，常常听到的对美国实用主义的批评就是这样随意的引申。其实，它的真意是：真理即是成功的科学研究最终结果的一种实质性概括，它又反过来使我们控制自然。(Truth, they maintained, is a property of the end result of successful scientific research which in turn enables us to have control over nature.)难道真理不是这样吗？难道真理不是"成功的科学研究最终结果的一种实质性概括"吗？他们将意义与真理问题看成是对"在实际上事情如何能办得成"(how things work out in practice)的回答。许多现代美国哲学家深受下列实用主义哲学家的影响：蒯因(Wilhem van Orman Quine，重要著作是*Two Dogmas of Empiricism*)、普特曼(Hilary Putman，重要著作是*The Meaning of Meaning*)和波第(Richard Rorty).

下面的发展多少有些出人意料。现代美国的语言哲学有两种相互矛盾的推动力。推动力之一是，哲学中的寂静主义者(quietist)与紧缩主义者(deflationist)的情绪。在蒯因的影响之下，许多哲学家宣布了哲学的终结，至少在传统形式中是如此。蒯因否认分析与综合的界限导致了翻译的不确定性这样一种学说，这一点又表现为对我们是否能对意义进行理论概说的能力提出了疑问。重要的是，蒯因的语言哲学从根本上搞掉了语言哲学作为一个有鲜明特点的哲学分支的可能性。与此形成鲜明对照的是，现代美国语言哲学的第二种推动力是从事形而上学的理论构建的愿望(这一学派有队伍却没有一个正式的名称，不妨叫做“形而上学理论构建派”）。这方面的代表人物是克里普克（Saul Kripke，其代表作是 *Naming and Necessity*）、马库斯（Ruth Barcan Marcus，其代表作是 *Some Revisionary Proposals about Belief and Believing*）和刘易斯（David Lewis 1983，1986）。这个哲学流派有着很强的形而上学的分支。这些哲学家思考了可能世界（possible worlds）的形式模态逻辑与理论工具以讨论与解决各种哲学问题。他们的方法带有强烈的形而上学承诺，在克里普克和马库斯那里是本质主义（essentialism），在刘易斯那里是模态实在论（modal realism）或者说是对可能世界的现实与存在的承诺。这样的一个出路，全不受 30 年代的逻辑实证主义者（他们持反形而上学态度）的欢迎，也不受 40 年代的日常语言学派哲学家的青睐。

与第一代和第二代语言哲学家的原旨相去更远的发展是，语言哲学的重点发生了有意义的转变：从研究语言与世界的联系转变到了研究语言与人的思维的联系。分析哲学家在语言哲学的头 40 年里，强调语言与世界的关系；日常语言学派却关注说话人与他们语言之间的关系。过去的 30 年间，语言哲学对人的思维（和大脑）与语言之间的关系的兴趣大增，部分原因在于，语言哲学家所提出的许多问题若不与人的思维相关就得不到回答。到了诸如福多（Jerry Fodor）、莱肯（Bill Lycan）、伯格（Tyler Burge，其代表作是 *Wherein Is Language Social?*）和密立根（Ruth Millikan）等美国哲学家手里的语言哲学，与思维哲学已无二致了。其他的哲学家，比如戴维森（Donald Davidson，其代表作是 *Belief and the Basis of Meaning*），先后发展了他们的语言理论与思维理论。如果为了方便地顺着上面流派的脉络进行思考，我的建议是，最后这一学派，不妨称之为思维派（英文试用 humanmindism）哲学家。

我们可以看到，西方语言哲学的历史就是种种学派、流派此起彼伏的兴亡史。所谓学术的繁荣，就是学派、流派之间竞争的果实。伟大的思想也在学派的争鸣与磨擦中发生。

中国古代哲学史也是这样。点得出名来的重大学派就有老子（政治哲学，天道观念；最早提出名实之争、无为、无知无欲的人生哲学），代表儒家的孔子（变易观；正名主义；知识方法：宇宙天地万物一以贯之；人生哲学：

忠恕），墨子（墨子哲学方法论：真"知识"在于应用；论证法：三表法[①]；墨子的宗教；），杨朱（根本方法：无名主义；人生哲学：为我），别墨即新墨或科学的墨学，即有别于宗教的墨学（精密的知识论；论辩；惠施之辩；公孙龙之辩），庄子（生物进化论；名学："是"与"非是"相成；人生哲学：出世主义），荀子（天论；论物类变化；法后王；人性恶；教育观；礼乐论；心理观；名学：演绎法）（胡适 2000）。同样，中国古代哲学的繁荣就是学派与流派的此起彼伏的更替中实现的繁荣，在争鸣与磨擦中的繁荣。没有这些学派的争鸣与磨擦，就没有博大精深的中华文化丰厚的、万劫不灭的积淀。

2. 中西语言学的学派与流派

西方语言学的学派与流派，可圈可点的就有：索绪尔开创了结构主义，此后的结构主义又分成了三派：布拉格学派、哥本哈根学派和美国的结构主义（Franz Boas, E. Sapir, Benjamin Lee Whorf, L. Bloomfield）、伦敦语言学派（Bronislaw Malinowski, John Rupert Firth, M. A. K. Halliday）。现代的语言学流派更多，如被中国外语界研究得热火朝天的功能学派。

中国的汉语研究有没有学派呢？

在《北京大学百年国学文粹 · 语言文献卷》里[②]，从吴承仕、黄侃、钱玄同、林语堂、罗常培、王力、陆宗达到周祖谟、朱德熙、裘锡圭，所列论文精彩纷呈，却让人看不到学派与流派的任何提示。我不敢说汉语研究中最终没有形成学派、流派，但是汉语研究中的学派的形势不明朗，却是一个事实。也可能是有一定的形成学派的基础，只是缺少总结。这样说还有下面的事实。

对汉语研究做出巨大贡献的几位大师级人物——赵元任、吕叔湘、王

① 所谓三表法，即是：本之于古者圣王之事，原察百姓耳目之实，发以为刑政观其中国家人民之利（胡适 2000：114－116）。

② 北京大学中国传统文化研究中心，1998，《北京大学百年国学文粹 · 语言文献卷》，北京大学出版社。

力——单个拿出来看,成就可谓辉煌(著述丰厚)。赵元任,其《现代吴语之研究》奠定了现代汉语方言学的基础,对汉语语音语调及实验语音学做出了开创性的贡献,其 *Mandarin Primer* 和 *A Grammar of Spoken Chinese* 分别在 50 和 80 年代对中国汉语语法研究产生了决定性影响,他 70 年代成为社会语言学在汉语研究中的领军人物,汉语研究中始终感觉到他的存在(参见潘文国 2000:4)。但是,若问他(们)分别带出了一支什么样的核心队伍(这个队伍中都有些什么成员)?这个核心队伍的主要学术思路指向何处?围绕着这一学术套路产生了一些什么样的相互有联系的作品?恐怕一下子很难说清楚。这种个人著述辉煌、集团军(学派)阵线不明的现象,对中国语言学界肯定不是一件值得称道的好事,让人扼腕长叹倒是有充分的理由。必须说明,那种意气用事形成的小圈子或党同伐异现象与我们所主张的能够繁荣学术的学派毫无共同之处。只要一对比中国京剧的流派纷呈的景象,语言学界这一问题就非常扎眼。在中国京剧界,什么角儿属于什么派,领军人是谁,那一派里还有什么角儿,代表作是哪几出戏,对京剧的主要贡献是什么,主要风格何在,不仅圈内人可以横流倒背,就是票友稍微关心一下的人,都能说出三两条来。

不过,我还是宁愿以汉语界存在着学派之心,来论述一下吕叔湘对汉语语法的贡献及他对后人的巨大影响。邢福义是受吕叔湘影响最深、最有成绩的汉语学者之一。邢的得过奖的《语法问题探讨集》(邢福义 1987)内的文章,涉及微观的语言材料的(如"试论'A,否则 B'句式"等等)共 21 篇,讨论宏观问题的(如"论现代汉语句型系统"等)共 7 篇,微观论述占多数。用他自己的话说,就是"重事实"的开发。此书的前言里,"重事实"、"以语言事实为基础"、"解释语言事实"、"反映重事实"这类字眼多次出现。他还指出,"这样的编排,是想反映重事实、重归纳的基本倾向。"这正是吕叔湘的学术主张、研究思路与风格。《吕叔湘文集》的第二卷:汉语语法论文集(吕叔湘 1990)共有 26 篇文章,微观论述 14 篇(如"论毋与勿"等等),宏观论述 12 篇,微观论述占多数。当然,吕叔湘也有成理论体系的著作。对吕叔湘这样的研究思路、学术主张与风格,潘文国说得很见底:"与赵、王(力)相比,吕叔湘的研究领域比较单一,主要是语法;大部头的著作也不多,主要只有一部《中国文法要略》。但吕氏自有他的特色。其一,在

20世纪纷纷致力于建立语法体系、成一家之说的学术背景下，吕氏表现出少见的冷静；而且越到晚年，越不主张急于建立体系，认为当前重要的是发掘汉语的事实。他并身体力行，发表了许多小得不能再小的'补白'式文章，但有趣的是，在中国语言学界，没有人敢于小看这些'补白'文章，因其文章虽小而涉及的问题不小，往往会对各种现有理论或体系形成冲击。……其观察之精细，剖析之精辟，20世纪学者中鲜有出其右者。因此整个20世纪下半叶，将近半个世纪中，吕叔湘被国人及世人目为汉语语法学因而也是汉语语言学巨擘，不是没有道理的。"邢福义自己毫不隐讳他深受吕叔湘研究风格的影响，就在上一本书的前言中明明白白地说出："我非常崇敬吕叔湘先生。……我为语法问题所吸引，是从接触到吕先生的论著开始的。吕先生的崇实的学风，平易的文风，严谨的态度，缜密的论证，永远是我学习的楷模。"还有一个证据：十多年前，在他直接影响下成立的湖北青年语言学者沙龙曾这样宣称过：我们的旗帜上写着"脚踏实地"[①]。如果允许我不揣冒昧，给吕叔湘语法研究的这个学派起名的话，那就称之为实据派。但愿我的分析没有糟蹋这个学派。但是，我还是有一个重要的问题要问：如果同胞容忍并接受汉语界里出现了一个吕叔湘实据派的话，那么，这个学派是否能容忍并接受别的学者追求完整理论体系的努力呢？——因为就在邢的那本书的前言里，读到了这样的字句："我不追求建立个人的'完整的体系'。"[②]现在看来，这样的担心是多余的了。就以邢先生而论，前几年所著《汉语语法学》还是提出了一个新的语法理论体系，即"小句中枢"语法系统。他的基本理论"小句中枢说"由此而来。这是个非常好的变化。但就整个语言学界而言，还是认为完整的体系总是虚浮的、空对空的，因而加以拒斥。但愿我的担忧是多余的。

我国的外语学者，没有自己的学派，是显而易见的事实。要说有"流"有"派"，恐怕也是跟着西方在"流"，跟着西方在"派"。——我本不愿说出这样令自己也伤心的话来。但是为了进步，我们就必须有足够的反省的勇气。

---

① 笔者那时出席了湖北省第四届语言学会，听到了这样的宣言。但具体的说法是"脚踏实地"呢，还是"尊重事实"，不太确实了。

② 不过，邢前几年所著《汉语语法学》（1997年，东北师大出版社）也还是提出了一个新的语法理论体系，即"小句中枢"语法系统。他的基本理论"小句中枢说"由此而来。

3. 关于学派的思考

思考之一：

为什么一定要在中国语言学家中提倡学派意识呢？我们不是为了学派而学派。学派毕竟是在持久的学术研究中自然形成的风格与思路。没有一整套机制，单凭个人想成也成不了的。但是，一个民族的某一门学术领域里根本没有学派却是非常不妙的情形。没有学派，至少表明以下几个方面的落后状态：

（1）没有理论意识。因为学派出现的前期准备必须是有了众多的理论创造。在我们外语界，第一，确实存在着讨厌非功利性的理论的现状；第二，跟洋之风还是主流。连理论都讨厌，何谈自己的理论创造？在这个问题上，比较起来说，汉语界要比外语界好些。

（2）没有自主的、独特的理论模式。有了理论意识之后，下一步就是要有自己的理论创造。有了自己的理论创造还不行。如果自己的理论与前人或国外的理论不期而遇，是一个模子里的货色（由于信息不灵，自己努力的创造与别人的理论撞了车），没有形成独特的套路，那也形成不了一派。从《马氏文通》起，一味模仿外国理论的情形就开始了（《马氏文通》的积极意义与功劳不在这里讨论了）。求全思想也妨碍了特色意识，有特色才能立起学派，有了学派又可更好地发挥特色。

（3）没有学术上的杰出代表著作及其杰出的代表人物。有了独特的学术思路还不行，如果没有杰出的代表人物及其杰出的代表著作，就不足以产生震动某一领域的重大贡献，也就不足以影响周围的人或后面几代的人。问题还在于，在我们这个文化传统里，即使有了杰出代表著作及其杰出的代表人物，也无人出来总结、倡导与评论（这与小圈子内的互相吹捧是有严格区别的，小圈子不算学派）。

（4）没有强大的后备力量，包括追随者与可能的反对派。有了杰出的代表著作及其杰出的代表人物还不行。如果没有相当多的周围的学者和后来的学者的学习与追随，还不能形成气候。没有气候就没有强大的影响力与冲击力。

（5）没有学者之间的宽容与尊重。学术自由分两个方面。一方面是传统与国家造成的大气候，另一方面是学者自己造成的小气候。大气候这里不讨论，我们只讨论小气候。学者承认自己的局限性才可能有流派。西方学术之所以流派纷呈，是因为每家学术都意识到自己的局限性，而不惟我独尊，不设想一劳永逸地给问题设定标准答案。作为后来者，追求的只是不断的超越、创造。我们的少数学术领域中，要不是只有一派，即跟西方学者走的一派，要不就是自以为是真理代言人，恰恰缺少的是对学术理论的内在追寻和深层开拓，因而也就缺少了真正的学术派别。缺少别样的声音，就没有理智的澄明与心智的洞悉，我们的理智不可避免地陷于盲目和单一。单一的思想舆论，一种声音，对于社会，对于个人都是危险的（刘铁芳 2001:158）。宽容和尊重异已是产生学派的必不可少的前提性的心态。最能考验学者是否具有大家气质的是，如何面对相反的学术主张（先且不说什么反对派了）。不能容忍相反观点的人，当初真是不应该弄什么学问。老实说，在自己的对面形成了相反观点的学者，应该暗自高兴才对，因为你有力量——正是因为你的理论主张有了强大的影响力和冲击力，才培养了一个反对学派（可惜我们还没有这样的学派）的成长。俗气地说，人家大张旗鼓地反对你，说明人家瞧得起你，把你当一回事儿，人家往前走绕不过你才反对你，这从反面说明你已经成为某个领域绕不过去的（或积极的也可能是消极的）力量；人家小看你的最好的办法是对你不置一词、不屑一顾。可惜的是，在中国传统文化的影响下，我们中国语言学界有相当一部分专家教授已养成了对不同观点胆战心惊般的、病态般的不容。（不容呀。）这岂不硬要人家瞧不起你，逼着人家不把你当一回事儿吗？

（6）国家没有足够的资金投入足以使一部分学者潜心于基础理论研究而毋须担心衣食住行。

没有学派，就表明上述六个落后状态。这就是说，要搞学术，没有学派还不行。

思考之二：

学术高度成熟与发达的唯一标志是出百家、呈流派。古今中外的学术史、文化史、科学史、文明史无一不证明了这一点。因此，我们要有学派意识。有这个意识比没有这个意识要好。只要有了这个意识(不管将来是否真的出现了学派),就会在中国语言学界催生出(1)自主的理论意识、(2)独特的理论模式、(3)杰出代表著作及其杰出的代表人物、(4)强大的后备力量、(5)学者之间的宽容与尊重。有了学派意识还可以促进研究者更自觉、更深入地朝着某一方面或领域进行研究。

思考之三:

当务之急是准备好土壤。要促进学派意识,首先得将以上六个方面的落后状态变为六个必要的准备条件。学派只能出现在这样的土壤里:(1)有理论意识;(2)有自主的、独特的理论模式;(3)有杰出代表著作及其杰出的代表人物;(4)有强大的后备力量;(5)有学者之间的宽容与尊重;(6)国家加大投入。首先要在青年学者、硕士生、博士生中唤起学派意识。当然,能否成为一个学派,永远是旁人和后人承认的事。自己一厢情愿是徒劳的。某某学派总是别人与后人贴上的标签。但是,有了学派意识,哪怕一时出不了学派,也会培育出具有良好状态的土壤来,供后来的语言学者成长。学派的建立、成长、完善是一个过程,这就需要有一批具有深刻洞察力、博大胸怀的知名人士以极大的热情来扶持与宣传,以求学派的"广告效应"。有好土壤、好种子、好苗子、好管理,总会有好收成。

思考之四:

没有学派,就没有该学科的国际地位。没有国际地位,则从根本上取消了我们的国际交流的话语权。当前国际上出现了"汉语热",这一点就更显得突出,也正是一个好时机了。

4. 一个舆论调查

下面是语言学界有影响的学者对这个问题的思考。

"在国内,其实有些'派'都不是学术上的'派',更像是文人意气用事形成的小圈子(或"大圈子"),其争论也更像是党同伐异。"

"有关外语学人应该拿出具有向国外语言学挑战实力的、有学派意义的语言学成果的大声疾呼，我是支持和赞赏的。但在我的潜意识里，我对我国的人文科学在可以预知的未来在理论的建树方面能够取得多大的成功并不乐观。……而理论的建树恰恰有赖于高度的抽象思维能力。当然，我也并不认为，我们在理论方面就永远不行了。但有条件，起码是，在开放的条件下而不是在闭关自守的条件下，有一批学贯中西、相关学科（包括自然科学）学养深厚、本来就擅长抽象思维且又具有理论勇气的人的长期努力（如许国璋先生生前就很强调有理论勇气且身体力行），此外，恐怕还得依赖于相关学科特别是哲学。"

"懂外文的因为懂外文而唯洋是从，不懂外文的因为不懂外文而更唯洋是从！此所以现在汉语界高呼'引进'、追求'共性'者远比外语界为多之故也。既无独立思考，'学派'云云，自戛戛乎其难哉。"

"没有形成谈论学派、承认学派、尊重学派、发展学派的风气，甚至不愿言及，不敢言及。"

（原载于《语言文化教育研究》2002 年第 2 期）

IX.

证伪论与语言研究

——西方语言哲学系列研究之七

1. 讨论证伪论的现实由头

我国语言学家不热衷于成体系的理论创造(外语界还多了一点:拒绝非功利性语言理论①),学派、流派意识淡薄以至于长期维持有学术而无学派的现状。这两个估计是本文作者认为在中国语境下讨论证伪论(falsification)的现实的迫切的由头。

所谓"不热衷于成体系的理论创造",当然不会是说我国语言学家里连理论体系也没有。以汉语语法体系而言,早一点的吕叔湘《中国文法要略》(1942)和王力《中国现代语法》(1943)以及最近推出的《20世纪现代汉语语法"八大家"选集》(东北师范大学出版社)都是语法理论的例子。笔者说的"不热衷"云云,指的是我国尚无具有向国外挑战实力的、有学派意义的语言理论。而且,就笔者的记忆而言,1949年以后,相当多的学者不习惯于追求成体系的理论创造,而且,老一代的语言学者里对中青年追求理论体系的苗头,一般持否定甚至严峻的批判态度。可为我这样的估计做佐证的,至少有邢福义:"理论解释的加强,有赖于两个方面:……二、创建自己的理论。根据自己语言的特点,不排除接受国外的理论启示,总结出一套自己的理论,一套能够充实和发展普通语法学的理论,一套在学术交往中

① 拙文"为非功利的语言理论辩护——兼论语言理论的三分类"(钱冠连2000c)指出:非功利的语言理论,指的是不能应用于传授或学习一门外语的语言理论,不能直接用于社会经济建设的语言理论。

能够跟国外理论对等交流的理论。从今往后,这将成为我国语法学者的一种抱负和追求。"(邢福义 2000:95)请注意:总结出一套"能够跟国外理论对等交流的理论"只是"抱负和追求",还不是现实。另一方面,外语学者中,主体队伍是没有自己的成体系的语言理论创造的,他们现在尚未走出引进、解释与评介的忙碌之中。这种工作在一定的历史时期中是非常必要的。但我们由于种种原因近水楼台先得月之后,并未以此"月"(不断出现的国外现代语言学理论)为借鉴的起点,创造自己的理论,实在发人深省。

关于学派意识淡薄,钱冠连(2002a)曾指出过:"我不敢说汉语研究中最终没有形成学派、流派,但是汉语研究中的学派的形势不明朗,却是一个事实。""以本文提出的学派标志(代表人物、成员、代表作、主要贡献、主要学术套路)而言,若问他(们)分别带出了一支什么样的核心队伍(这个队伍中都有些什么成员)? 这个核心队伍的主要学术思路指向何处? 围绕着这一学术套路产生了一些什么样的相互有联系的作品? 恐怕一下子很难说清楚。这种个人著述辉煌、集团军(学派)阵线不明的现象,对中国语言界肯定不是一件值得称道的好事,让人扼腕长叹倒是有充分的理由。"(钱冠连 2002a)可为我这样的估计作旁证的,有下面两位的论断。季羡林指出:"……我们必然能够一反现在无声的情况,在世界语言学界发出我们的声音,而且是宏亮的声音。"[①]这个断言的预设是:我们现在于世界语言学界还处于无声阶段,更清楚的断言是:"多少年来,我就考虑一个问题:为什么在国际学术之林中,中国学者的声音几乎一点都听不到? 中国的文化沉淀不比世界上任何国家差,中国人的聪明智慧也不比世界上任何人低。在国外,在人文社会科学范畴内,新学说层出不穷、日新月异,彪炳宇内,煞是热闹。……然而,反观国内,则噤若寒蝉,一片寂静。"[②]邢福义指出:"我国语法研究的深入,特别需要出现不同的学术派别。……这不是轻而易举的事。这里只是说'孕育'。学术派别的'孕育',必须经历一个很长很长的历史阶段,需要一辈接一辈学者作坚持不懈的努力。"(邢福义 2000:102)很明显,"孕育学派"就是还没有

① 见邢福义《汉语语法学》(东北师范大学出版社,1998)季羡林序言。

② 见钱冠连《汉语文化与用学》(1997 年版或者 2002 年版,清华大学出版社)季羡林序言。

出现学派。

为何会有这样两个估计的局面出现呢？这是两个有区别又有联系的问题。说来话长，原因复杂。原因之一可能是我国语言学家片面地运用了逻辑推理：我们只重视归纳推理，不那么熟悉——尤其是不习惯运用——演绎推理。然而，作为"科学哲学的核心概念"（Blackburn 1994：136）、"科学发现的逻辑"（Popper 1986，Blackburn 1994：136）的证伪论认为，"科学的方法不是从积累的材料中机械地归纳出一般来，而是形成大胆假设，然后（此假设）服从严格的验证，这是一种猜想与被反驳之法（a method of conjectures and refutations[①]）。"而"猜想与被反驳之法"提出一个科学猜想或一个语言猜想，就需要演绎推理。而我们一直不大使用演绎推理，就等于拒绝了成体系的理论原创：既无重大的理论原创，何来学派与流派？因此透彻地了解证伪论，对于解除我们长期以来的一个僵持局面（有学术而无学派），对于改进我们的方法论（只爱归纳不爱演绎），就具有了战略上的意义。

对于语言家来说，证伪论具有工具性理论意义。什么是工具性理论？语言学家各自主攻的对象，如句法、方言或者社会语言学，对这些对象（形而下）所形成的理论思考，构成了语言学家的对象性理论（形而上）。在掌握对象性理论的同时，语言学家往往自觉地掌握了——或者不明晰地感觉到有必要掌握——攻克对象性理论所需要的一些伴随性的、辅助性的理论，这些理论像工具一样帮助他们更深入地把握对象。在产生对象性理论过程中所必要的伴随性的、辅助性的理论可称之为工具性理论（metatheory）。这一概念的提出，受惠于"工具性语言"（metalanguage）的启示。这个问题将另文论述。仅仅就为了掌握一门有力的工具性理论来说，语言学家也应该详细地了解科学发现的逻辑：证伪论。

① 这里的 refutations 主要不是指提出猜想的人去驳斥别人，重要的是指接受未来所出现的反例的考验，被证伪，包括现在的自己以反例去反驳过去的自己，故译作"被反驳"。Conjectures and refutations 如果译成汉语使用者所喜欢的"猜想与反驳"，就可能被误为提出猜想者一门心思去驳斥别人。

2. 什么是证伪论？

西方科学哲学界的波普尔(K. R. Popper)，对西方科学哲学与语言哲学产生了重大的影响。他对语言哲学中的逻辑实证主义的实证理论[①](Burge 1992：4)的批驳和对自己的证伪理论的论证，被同时代以及后来的学者(包括语言哲学界的学者)反复引用。证伪论是“科学哲学的核心概念”。他从演绎主义的立场出发，反对逻辑实证主义的归纳主义。他认为科学知识不是个别知识，而是普遍知识，不是单称陈述(如“这个球是圆的”)，而是全称陈述(如“所有球都是圆的”)。单称陈述仅是个别的经验判断。也就是说，科学知识是普遍有效的全称陈述，不能用归纳法从个别事实或单称陈述中得出(绝不可能检验宇宙之内所有的球之后再归纳出“所有球都是圆的”)。他们一个极具震撼力的观点是：从有限不能证明无限，从过去不能证明未来(Blackburn 1994：136；参见涂纪亮 1996：330-331)。这是什么意思？某一品种的作物在我国广大的南方普遍生长良好，大面积丰收，不能据此推论说它在我国北方或世界上的其他地区也一定会生长良好，大面积丰收；多少万年来，过去每一天的第二天太阳都出现过，但你不能据此断言太阳明天就一定会出现，一只鸡从前每天都在屋檐下舒舒服服地打瞌睡，它以为明天就一定也会在屋檐下打瞌睡(注意：它用的就是归纳法)，享受同样的安宁，但是晚上农妇就将它杀了做了一碗好菜。以上三例中，“我国广大的南方”还是有限，“过去多少万年”与“从前每天”都还只是过去，过去的有限。你不能从有限证明无限，从过去证明未来。未来与无限充满了随机因素——我想这就是“从有限不能证明无限，从过去不能证明未来”的第一个原因。即使过去非常非常久了，有限的事实非常非常多了，但它很可能只是一个事物变化的刚开始或中间或临近结束但尚

---

① 正如 Tyler Burge (1992：4)所指出的那样，逻辑实证主义大致上是说：“……哲学的许多论断都没有诉诸验证的手段，这些论断也就是无意义的。为了具有意义和产生知识，哲学本应该模仿科学：以检验的方法确定哲学论断是否为真。”这派的挂帅者有 Moritz Schlick、Rudolf Carnap 等等。

未结束的过渡状态，过渡状态就是事物的变化的周期尚未完结。一个周期都尚未完结，你何以就能为它定性（做出全称判断）？我们假定（仅仅是假定），太阳过去每一天都出现只是因为一个周期变化尚未结束，一个周期结束以后，它可能不会出现。又假定刚好明天就是太阳新变化周期的开始，明天就会不出现了。据此，我以为，当某事物运动的一个变化周期尚未完结时，不能给那个事物定性，不能对它做出全称陈述，这也许就是“从有限不能证明无限，从过去不能证明未来”的第二个原因。

现在回到波氏。波氏认为逻辑实证主义的证实理论是建立在归纳主义的基础上，因而是不能成立的。因为，尽管个别的或单称的陈述是可以根据经验事实加以证实或证伪的（例如，“这只天鹅是白的”可以通过相关的经验事实相比较而得到证实或证伪），然而科学理论中的全称陈述则不是如此，它们具有普遍的有效性，不可能被个别的或有限数量的经验事实所证实。为什么？因为不能从有限证明无限。能满足“普遍有效性”的经验事实必须囊括从过去到未来的全部的或穷尽性数量的事实。请问：谁能满足这个条件？他断言：“理论要得到经验的证实在逻辑上是不可能的。”（Popper 1986；参见涂纪亮 1966：330-331）这个看来又一个令人惊讶的结论到这会儿一点也不惊讶了。因为任何一个理论提出者，他的一生的经验在未来与无限面前，简直是可以忽略不计。任何理论都不能指望等到“未来”与“无限”结束之时再来进行经验的证实。

我们中国学者对“理论是从实践中来的”或者“从实践中归纳出真理来”（这里用的是归纳法）从未发生过疑问。这样说丝毫没有轻视实践的意思。实践的重要性表现在它对理论的检验上，表现在它对猜想的验证与反驳上，而不表现为它能直接产出理论来。爱因斯坦在赞同波普尔的信中说：“理论不会从观察的结果中构造出来。它们只能被发明。”（参见赵南元 1994：76）关于“理论被发明”，我的理解是：理论是人演绎出来的。赵南元（1994：163-164）指出：“理论可以指导实践，而在实践中不可能自发地产生理论。这里也有一种不可逆性。即**从事实中推导出理论的合乎逻辑的手段是不存在的**，就如同从鸡的结构不可能推导出蛋的基因一样。**理论只能靠前面的理论进化而来，实践只能产生对理论的需求和验证，但不能产生理论本身**，就如同鸡的适应度可以决定蛋的存亡，却不能改变蛋的基因一样。”(黑体由本文作者所置)所以,“理论是从实践中来的”这一断言在逻辑上来说是不可能的。别说一个人的实践了,就是成千上万个人的实践,对于未来与无限来说,都只是少得可怜,有限得可怜。根据某一个人或者某成千上万的人的实践就得出一个全称陈述,这在逻辑上仍然是无力的,原因正如休谟所指出的那样:“单个的观察陈述不管数量多大,它们在逻辑上不可能蕴含无限制性的普遍陈述。”①问题又回到了“从有限不能证明无限,从过去不能证明未来”——有限的实践(经验)不能证明无限的事实,过去的实践(经验)不能证明未来的事实。归纳法的不可靠之一原来就在于此。

之所以说“理论要得到经验的证实在逻辑上是不可能的”之另一个原因是,我们难以等待整体的呈现。我们对经验的利用,虽然可能经历了非常多的时间(如几万年),利用了非常大的空间(甚至利用整个银河系作证),但对于未来与无限来说,它们依然只不过是一小部分,而不是事物的整体。事物的规律只能从整体上着眼才有可能捕捉到。但整体呈现只有在过程结束时才能完成。但有的事物变化过程短,有的事物变化过程长,有的事物变化过程还非常非常长。因此,人类不能用有限的观察来为自己的某一个科学陈述(全称陈述)作最终证明。等待整体呈现完成过后再去归纳,归纳就得无限期地被迫搁置起来。因为某些事物的整体呈现的过程也许是无限的。归纳的局限性之二就在此。

归纳法的局限的根源在哪里?归纳是对准经验事实的归纳,而经验事实总是随时间或地点的变化而变动不定的。这就是归纳法的局限的根源。用归纳法得出的真理只能是或然的,而不能是必然的。或然性只具有或大或小的区别。如某一事物在过去经验中出现的次数愈多,它们在今后出现的频率就愈高。如根据过去多少万年来每一天的第二天太阳出现过这个极高频率的经验事实,你可以做出或然性很大的判断:明天太阳将会出现。而一只鸡从前每天都在屋檐下打瞌睡是个低频率的经验事实,你断言它明天仍然如此,就非常不可靠了。

那么,科学发现与科学理论的出路在哪里?波普尔认为,科学理论虽然不能被事实所证实,然而可以被经验事实所证伪。证伪论的名称由此而

---

① 见《开放社会之父》,南砚译,湖南人民出版社。转引自赵南元(1994:72)。

来。这意味着科学规律尽管不能证明。但可以检验:通过反驳它们的一系列尝试,它们得以检验。例如:对“所有的天鹅都是白色的”这个全称陈述,虽然不能用我们曾经看见过的许多只白天鹅这样的经验加以肯定,却可以用一个反例,即一只黑天鹅的经验加以否定。也就是说,普遍的全称陈述不能被个别的或有限数量的事实加以肯定,但可以被经验事实所否定。对比之后,我们可以很快发现:证实,所需证据量大(大到无法穷尽),找证所费时间长(长到无穷);而证伪,所需证据量小(有限,甚至几个反例就够了),找证所费时间短(有限的时间)。证实的路走不通,则走证伪之路。

波氏推出证伪的演绎推理方法,即普通陈述为真,则单称陈述必定为真;反之,若单称陈述为假,则普遍陈述必定为假。普遍陈述为真,则单称陈述必定为真。如:

(1) 迄今为止所有的日子里太阳都出现过。(真)
(2) 1804年5月9日的太阳出现过。(真)

单称陈述为假,则普遍陈述必定为假。如:

(3) ? 这只天鹅是黑白参半。(假)
(4) ? 所有的天鹅是黑白参半。(假)

请看,(2)是从(1)推衍出来的,(4)也是从(3)推衍出来的,即演绎推理。波氏认为,用经验证实某个陈述是归纳问题,而证伪是演绎问题(涂纪亮 1996:331)。他认为,有限数量的事实,甚至个别事实也能推翻普遍命题(一个反例,就够证伪。如“所有的桌子都是圆的”被任何一张事实上存在着的四方大桌所推翻,即证伪)。

3. 证伪论为何长于重大的理论创造?

下面所讨论的每一条意义都直接或间接地关系着语言学家与语言研究。

下面所讨论的几条意义,综合起来,可以说明为何证伪论长于重大理论创造。

证伪论看起来是奇怪的。推翻什么陈述,以某个科学假设被证据反驳掉了,这对于科学发现来说,有什么意思呢?一般人认为,科学发现就是发现了什么,发现什么为真,才是有意义的。波普尔是怎样想的呢?他认为:

> 作为与假科学相对的科学,其真谛不在于它提出了一些假设等待证据在某种高的程度上被证实,而在于它的假设能够被证据反驳,这就是说,它们真正地要面对这样的可能性:被验证,因不合经验终被否定。如此说来,科学的方法不是从积累的材料中机械地归纳出一般来,而是形成大胆假设,然后(此假设)服从严格的验证,这是一种猜想与被反驳之法。科学家提出一个有趣的猜想随后被推翻并不为错,错的是提出一个猜想而不允许被反驳或者面对反驳的证据而死守那个猜想。(Blackburn 1994: 136)

最让人打开思路、获得智慧的是:"其真谛不在于它提出了一些假设等待证据在某种高的程度上被证实,而在于它的假设能够被证据反驳。"这就是说,被证实尚无法安身立命(不是科学真谛),最可靠的倒是被反驳(反而是科学真谛)。什么原因呢?

要证实的证实不了,因为"从有限不能证明无限,从过去不能证明未来"。既然人类企图用穷尽性的经验证实某一个理论为真是不可能的,那么,用一定数量的或个别的反例去证伪却容易千百倍了——证伪反而能成功。**提出大胆的理论假设(猜设)或科学发现的假设,然后等待证伪,如不能被证实为伪,或者在证伪之前的一刻,这个假设的理论或科学发现就应该被认为是可行的或为真的。如果一个假设或猜想提出来,连有限的反例都找不到,永远等待证伪而终于未被证伪,这刚好不是证明某个猜想是一个真科学理论么?**这比那些用极为有限数量的事实归纳出来的所谓理论不是强大千百倍么?这样做在逻辑上和实践上都是可行的(人类在许许多多的尚未被证伪的理论发现与科学发现下健康地活着并繁衍着),从而波氏第一次为另外一条认识真理、做出科学发现的道路——猜想与被反驳——做出了清楚的理论上的论证。难道科学理论不正是在不断地猜想与被反驳的过程中前进的吗?波普尔的慧眼独识正在于斯。虽然在此之前,科学家事实上已经通过"猜想与被反驳"提出了许多新的科学理论,做出了许多新的科学发现,但在理论上这样清楚的表述却仍然是个重大的理论贡献,有着巨大的认识作用。所以我们说证伪论是一个重要的工具性理论。**这是证伪的第一点意义:证伪论为"猜想与被反驳"这样一条理论发现与科学发现之路做出了清楚的理论论证与支持。**

当然,证伪论也存在着一些问题。它的第一个问题是:"取消了归纳与证实以后,波氏看来并未解释,在实践中依赖科学理论在何种程度上才算是合理的。"(Blackburn 1994: 136)赵南元认为,"他要解决的休谟问题①的企图并没有成功。证伪主义为科学建立的大陆仍然是不固定的,他仍然是一个怀疑论者或不可知论者,在科学不能得到真理这一点上,波普尔与休谟的结论只是五十步与百步之差。"尽管如此,"'真'并不是判断科学理论好坏的唯一标准,作为科学的理论,必须具有可证伪性。一个像大实话或废话的理论最可能是真的,但它不能给我们增加知识,因而是不受欢迎的。一个科学的理论,应该具有高度的冒险性,从这个理论可以导出很多可检验的推论,因而是不受欢迎的。一个科学理论,应该具有高度的冒险性,从这个理论可以导出很多可检验的推论,这样的理论才称得上是科学的、可证伪的理论"——仍然是一个重大的贡献(赵南元 1994:77)。

需要强调的是,因为演绎推理是"从一套前提推衍出一个结论"(Blackburn 1994: 96),即由一般原理,而不是若干事实,推出关于特殊情况下的结论。因此,以"猜想与被反驳之法"为特点的证伪论一定得用上演绎。

以上是证伪论之所以长于重大的理论创造的第一个原因。

第二,证伪论用明确的语言指出:"科学的方法不是从积累的材料中机械地归纳出一般来。"对传统逻辑里的归纳与演绎两法,他一反不偏不倚的态度,而是褒一贬一。直指归纳的不可靠,推荐出"猜想与被反驳之法",鼓励演绎推理。多少年来,从具体中归纳出一般来,这几乎是中国语言学家的看家法宝。很著名的"十个反例便可以概括出一条新的规则来"的方法,是我们的老少学者手里驾轻就熟的武器。我并不认为归纳就不能得出相对的或局部为真的理论与科学发现。归纳的存在自有它的长处。这已为

① 归纳问题又叫做"休谟问题"。休谟的结论是:"没有方法证明归纳程序的有效性,但是,由于心理上的原因,我们会情不自禁地产生这方面的设想。既然它们在实践中似乎行之有效,我们就要按照它们行动。然而,这意味着科学规律没有理性的可行根据——既无逻辑根据,又无经验根据,因为每一个无限制的普遍性科学规律都在二者的彼岸。"(参见赵南元 1994:73)

中国语言学家所熟悉的事实,不需要在这里讨论。可是,你不得不承认,西方语言学家以演绎法演绎出了大量的成功的理论体系;对这些语言理论,中国的语言学家在改革开放以后还不得不认真地、部分地吸收了它们。有鉴于此,现在提出我国语言学界应该接受并开始尝试演绎推理的建议,或许是时候了。这将对我国语言理论体系的创造有着积极的促进作用①。

第三,证伪论使科学发现在稳健与经得起推敲的轨道上发展,从而保证了科学的可靠性与严肃性。

很可能因为最终等待反驳、被证伪,于是证伪论使人对科学理论抱悲观态度。其实刚好相反。确实,"从有限不能证明无限,从过去不能证明未来"给出的信息是:迄今为止的一切科学结论,都只是具有相对的真理性。严格地说,到目前为止,一切科学真理并未真地放进保险箱,都得等待着有限数量甚至个别事实的检验从而被证伪,即被推翻。这看起来是不可思议的,但认真核对千百年来的科学史与科学理论史,证伪论的巨大价值也在这里:人们用证伪对待一切科学发现,就会走上真正的逻辑之道,任何伪科学都不能掩其伪,任何错误的理论都应该被纠正,这就保证了科学的可靠性与严肃性。因为每一个理论都被随时可能出现的反例监视着,而在如此"虎视眈眈"的情况下,这个理论都尚未被推翻,这就更增添了该理论的可信度。正是从这个意义上说,证伪论不是无端怀疑一切理论,而是"有端"怀疑。这种随时都面对验证与被否定的理论,比那种"无法以经验来证实的理论(由归纳得来)"当然要可信得多。而在证伪论的观照下,检验理论无须多费口舌(只需数量有限的甚至个别的事实),从而避免了在黑暗中反复摸索的巨大浪费,从而极大地促进了社会的前进、历史的进步。

第四,证伪论在这种工具性理论的调教下,一切真正的科学家与理论家(包括语言学家)反而会以更加健康、更加科学的心态自处与自立。真正的科学家和理论家从不会为自己的错误被证伪而扫兴,相反会更高兴,道理很简单:科学的胜利高于一切。不维护科学的胜利而维护个人面子的人

---

① 本文作者尝试以演绎推理写出了《语言全息论》(2002 年商务印书馆出版)。作者先承认两个前提理论——生物全息率、宇宙全息论——为真。然后提出自己的猜想:语言内全息状态与语言外全息状态。这也正是"从一套前提推衍出一个结论"的演绎推理过程(Blackburn 1994:96)。

自然地失却了作为一个科学家和理论家（包括语言学家）的资格。而且，维护真理，就是从根本上维护了个人的面子。在证伪论的调教下，语言学家的心理素质会真正健康起来。

第五，对实际上的科学发现与操作有指导作用。对语言学家说来，对过去的事实与有限的事实，不会执着地迷信。适合于某个地区学生的外语教学方法不一定适合于另外一个地区；某一条汉语语法的解释，适合10个例子，不一定适合10+1个例子。这样证伪论就可以用来指导操作者以更加细心与审慎的态度来寻找更多的条件以取得新的操作的成功。每一个真正的学者与科学家都有在等待着可能的光荣的“被否定”。这个否定既包括别人以反例反驳自己，也包括现在的自己以反例去反驳过去的自己。

第六，加深对世界有限与无限、过去与未来这两对矛盾的认识。这样，语言学家（更不消说一切科学家、理论家、思想家了）会对他们的对象做出原创性的发展。

证伪方法（猜想与被反驳，接受事实的证伪）的这五条长处，比起从个别事实中归纳出一般结论的归纳推理，有着更科学更积极的意义。——尽管归纳的是事实，但从有限事实也不能证明无限的事实，从过去的事实也不能证明未来的事实。如果说归纳法的不可靠之一是如此，那么，证伪论与其所使用的演绎推理不但不怕“未来”与“无限”，欢迎的正是这样的“未来”与“无限”（去证伪）。我以为，证伪论与演绎的可靠性也就在此。

4. 证伪论尤其对中国语言学家具有重大意义

邢福义（2000：94）曾指出：“以往我国语法研究以研究语言事实为主流，研究工作的侧重点实际上放在描写上面，因此，解释是需要着力加强的一个环节。大体地说，解释可以分为两种：1.归总性解释；2.先导性解释。归总性解释，是在充分观察和充分描写的基础之上做出理论的解释。……先导性解释，是先做出一种理论解释，然后加以求证。”很清楚，他指的“归总性解释”大致对应归纳法，“先导性解释”大体对应演绎法。邢在分析了上面两种不同类型的解释以后立即指出:"归总性解释偏重于'立地'……有可能存在理论高度不够的欠缺;先导性解释偏重于'顶天',它以假设为前提进行推导,居高临下,理论色彩很浓,理论意义很强,但很容易存在顾此失彼甚至挂一漏万的毛病。"应该说,邢是国内汉语学家里面终于明智地反思归纳之短("有可能存在理论高度不够")、演绎之长("理论色彩很浓,理论意义很强")的少数人之一。说他明智,是他终于认识到演绎推理"顶天"的长处与归纳推理"立地"的短处时,也并非宣布丢掉习惯了的"立地"之长。至于"顶天"是不是"很容易存在顾此失彼甚至挂一漏万的毛病",而且"顾此失彼甚至挂一漏万"在科学发现中算不算"毛病",我们还可以讨论。1949 年以后,我国语言学家钟情微言大义的小题目与归纳法并未错,失策的是对理论体系的创造非常警惕甚至颇怀反感。西方语言家做所谓小题目的人也不少,但他们对理论体系的创造绝无反感之心,而且以此为能、为荣、为乐。看来,不仅颇具中国特色的多用归纳少用演绎,而且对理论体系的创造抱反感之心、有学术而无学派的现状,都与并非真正清楚归纳的短处和证伪论及其演绎方法的长处有关。到目前为止,证伪论及其演绎的长处、归纳的短处还未引起我国语言学家的深究与普遍的注意(至少外语界是如此)。

依我看来,我们的文化传统(经世致用)与人生哲学传统(中庸以及与世无争)深深地影响了我们,以至不易迈出"猜想与被反驳"这一步。

方法论的接受程度,取决于接受人的处世观与世界观。也就是说,一种方法与它的潜在的接受人的主观的世界观念之间存在着或排斥或吸引的关系。这种或排斥或吸引的关系表现出来便是某一个方法的接受(程)度的高或低。归纳法"使我们从经验前提走向经验结论"①(Blackburn 1994: 192),在经验里打滚,与我们的儒家提倡的"经世致用"一拍即合,与我们的中庸与与世无争没有观念上的冲突。而证伪论"形成大胆假设、猜想与被反驳",恰好需要大胆的前瞻、尖突、激烈、失衡,而这些与我们文化中的中庸、求平衡、求全、求和谐、不偏不倚、怕反驳存在着观念上的直接冲突。"大胆假设"这一步太难了。尝试大胆假设,就意味着需要冒险,需要

---

① 原文是: **induction.** The term is most widely used for any process of reasoning that takes us from empirical premises to empirical conclusions ...

进取，需要想象，需要科学的胸怀，需要"科学家提出一个有趣的猜想随后被推翻并不为错"这样的心理，需要认定"不允许被反驳或者面对反驳的证据而死守那个猜想"为错、为耻的观念！即是说，我们的文化传统与人生哲学与"大胆假设"，与"猜想与被反驳"，与"猜想允许被反驳、被推翻"是格格不入的。我们老是希望自己的理论被奉为圭臬，流芳百世，万寿无疆。"实际上某一时所获得的知识最终又被证明不是这样。这是人类思想史上的一个基本事实。……在科学中，没有什么东西可以永恒地建立，没有什么亘古不变。"（赵南元 1994：75）

我以为，证伪论对中国语言学家所具有的特殊的工具性理论的意义在于，从总体上将丰富并改造我们的语言研究方法——我不敢说使用了证伪论便会引起我们的研究方法的震动，但我确信会对传统的研究方法产生一定的冲击。其深刻的原因在于，研究者使用不同的工具理论所产出的成果会有很大的不同。比如，语言哲学中最重要的一些观点、原则与理论——如逻辑原子论（Russell 1956：186-183）、语境原则（弗雷格[①]）、意义理论（Tarski 1944，Davidson 1974）、含义和所指（Frege 1952）——都是从句子出发来考虑问题的，而传统的哲学都是从概念出发来考虑问题。何以会有如此不同的结果？一个重要原因是：两者使用了不同的逻辑工具。"过去的哲学家使用传统逻辑方法（首先考虑概念，后判断，最后推理），而语言哲学家是以现代逻辑为工具（使用形式语言和建立逻辑演算系统）"（王路 1999：104-105）。

5. 小结

归纳与演绎不是互相打倒的关系，而是互补的关系。但是，在我国目前的学术语境中，提倡演绎尤其是证伪方法（猜想与被反驳）是必要的。我国外语学界的教学方法研究，大概花了前后十年的时间（20 世纪的 80 年代末期到 90 年代后期）将感想式、心得体会式的文章全部革掉，代之以实验

① 弗雷格著，王路译，1998，《算术基础》，商务印书馆，第 8-9 页。

数据测试式的调查论文，这当然是一个有深刻意义的进步。十年，在人类历史上是一个非常短暂的时段。如这一进步可称为“语言研究方法的硬件换代”的话，那么，在我们原有研究方法中增加演绎推理与证伪方法，将是一场“语言研究方法的软件换代”。它比前者难上千百倍。前者只是花时间花精力就能得到实验数据，可是后者除了花时间与精力以外，还得换脑子，换心理，换掉不愿冒科学风险只求四平八稳的传统文化心态。一场“硬件换代”只需花十年左右的时间能完成，但一场“软件换代”的完成，那将是一个相当长的时段。“语言研究方法的软件换代”，与其说是一种研究方法的探索，不如说是一种文化心理的改变。但是，从中国目前的大环境与小环境看来，软件换代的时机似乎成熟了——如果中国语言学界需要创造自己的理论体系与产生自己的学派与流派的话。

证伪论最优处在于指出，“Popper argued that the central virtue of science, as opposed to pseudo-science, is not that it puts forward hypotheses that are confirmed by evidence to some high degree, but that its hypotheses are capable of being refuted by evidence ”（Blackburn 1994: 136）这就是说，理论被证实尚无法安身立命（不是科学真谛），最可靠的倒是被反驳（反而是科学真谛）。在证伪之前的一刻，猜想或假设都应被认为是可靠的，重大的、具有冒险性的猜想与假设尤其需要被证伪。

本文特别要强调的是：证伪论对学者与科学家的心理调教。每一个真正的学者与科学家都在等待着可能的光荣的“被否定”。这个否定既包括别人以反例反驳自己，也包括现在的自己以反例去反驳过去的自己。个人的某一个理论可能被否定了，但是他工作的意义与智慧作为一个阶段性成果却被后人永远地继承下来。

我们可以预言，中国语言学家尝试证伪方法（“猜想与被反驳之法”）之后会出现的效果是，极大地促进我们最终改变不热衷于成体系的理论创造的习惯，改变我们有学术无学派的现状，从而逐步取得在国际语言学界的话语权。要想取得这样的效果，当然还必须配合其他许多方面条件与自身素质的改善。

（原载于《现代外语》2002 年第 2 期）

X.

证伪法的改造与语言研究

——西方语言哲学系列研究之九

今天提出 K. R. Popper 的证伪论，对其进取精神与重要缺陷认真吸取与改造，对于突破我们自己语言研究的局限，有一定的推动作用。

1. 证伪论的内容简介

Popper 指出："作为与假科学相对的科学，其真谛不在于它提出了一些假设等待证据在更高程度上被证实，而在于其假设能够被证据反驳。这就是说，它们真正要面对这样的可能性：被验证，因不合经验终被否定。如此说来，科学的方法不是从积累的材料中机械地归纳出一般来，而是形成大胆假设，然后（此假设）服从严格的验证，这是一种猜想与被反驳之法。科学家提出一个有趣的猜想随后被推翻并不为错，错的是提出一个猜想而不允许被反驳或者面对反驳的证据而死守那个猜想"。（Popper 1959, Blackburn 1994：136）

Popper（1959）证伪论是"科学哲学的核心概念"。他从演绎主义的立场出发，反对逻辑实证主义的归纳主义。他认为科学知识不是个别知识而是普遍知识，不是单称陈述而是全称命题（任意的 X，假定 X 有性质 P）。单称陈述仅是个别的经验判断。也就是说，科学知识是普遍有效的全称陈述，不能用归纳法从个别事实或单称陈述中得出。他的一个极具震撼力的观点是：从有限不能证明无限，从过去不能证明未来（Blackburn 1994：136，涂纪亮 1996：330-331）。

未来与无限充满了随机因素。当某事物运动的一个变化周期(尽管这个周期非常非常长)尚未完结时,不能给那个事物定性,不能对它作出全称陈述。

能满足"普遍有效性"的经验事实必须囊括从过去到未来的全部的或穷尽性数量的事实。但这样做是不可能的,从这里就注定了证实一个全称陈述是毫无希望的。所以,他断言:"理论要得到经验的证实在逻辑上是不可能的。"(Popper 1959,参见涂纪亮 1996:330-331)

爱因斯坦在赞同 Popper 的信中说:"理论不会从观察的结果中构造出来,它们只能被发明。"(赵南元 1994:76)

休谟指出:"单个的观察陈述不管数量多大,它们在逻辑上不可能蕴含无限性的普遍陈述。"(Bryan 1988)不能认为有限的实践(经验)可以代替无限的事实;过去的实践(经验)不能代替未来的事实。归纳法的不可靠性就在于此。等待整体呈现完成过后再去归纳,归纳就得无限期地被迫搁置起来。因为某些事物的整体呈现过程也许是无限的。这是归纳的局限性。

归纳是对准经验事实的归纳,而经验事实总是随时间或地点的变化而变动不定的,这就是归纳法的局限的根源。那么,科学发现与科学理论的出路在哪里? Popper 认为,科学理论虽然不能被事实证实,但是可以被经验事实证伪。证伪论的名称由此而来。这意味着科学规律尽管不能证实,但可以检验:通过反驳它们的一系列尝试,它们得以检验。这就是说,一个猜想或假设若想证实尚无法成立(不是科学真谛),最可靠的方法是反驳。一个假设被驳倒,反而是科学真谛,这一点使许多科学家无法接受(下面还要提及)。提出大胆的理论假设(猜想)或科学发现的假设,然后等待证伪,如不能被证伪,这个假设的理论或科学发现就应该被认为是可行的或为真的(钱冠连 2002b)。科学家和语言学家有了这点幸运就足够了。

2. 证伪论的进取精神与重大缺陷

Popper 认为,归纳推理从来就不曾理性地被证实过。虽然钠经过随机选样一万次,燃烧时都吐出黄色火苗,但不能据此推论出所有的钠燃烧时都吐出黄色火苗。……归纳论证简直就没有理性的力量——归纳论证过程中,前提不能衍推出结论,只是意在支持结论。于是,Popper 就寻求完全依赖演绎论证。一方面,我们从来没有哪怕一点点正面的理由认为一个假设为真或者可能为真;另一方面,我们却只能用演绎论证来证明那个假设为伪。只要我们观察到一只天鹅是黑色的,我们就可推测出"所有的天鹅是白的"为伪。这便是 Popper 科学哲学的重点与难点。够得上认可的推理,就是抛弃所相信的东西或抛弃一些假设(Popper 1959; Newton-Smith 2001: 110)。对不了解 Popper 科学哲学的证伪论的人来说,或者对于只习惯于归纳法的人来说,上面用仿宋体标明的一些论述是不可思议的,甚至是非常荒谬的。下面的论述中,这样的不可思议的论述更有甚之,但却放射出进取精神的光芒。

Popper 认为,我们不能也不应该靠归纳推理推进工作。他宣称,一个好的科学家从来不如此。Popper 式的科学家,应有丰富的想象,只需做出一个大胆的猜想,而且,越大胆越好。此后,他就以观察和经验寻求反驳,反驳那个猜想。如能找到一个反例,那个猜想即被证伪,随即便被抛弃。在此情况下,科学家又开始一个新的猜想。如果一个猜想在实验中未能被证伪,那么它就被认为"证实"了。按 Popper 的定义,证实不会提供任何理由以便认为那个假设在将来有任何站得住的可能性。那个假设只是报告,它尚未被证伪(Popper 1959, Newton-Smith 2001: 111)。

为什么许多科学家会认为证伪法是不能接受的呢?理由一:无论是证伪他人的理论还是证伪自己的理论,都意味着否定。尤其是否定自己,往往是异常困难的。虽然如此,但我们认为,科学家发现某一个理论为伪,也是功劳。而且,抱着一个珍爱的但错误的理论到底,这绝不是科学家的幸福,而是与科学相悖的愚昧。理由二,Popper 的证伪论可导致怀疑主义。理由三,许多我们认为是科学的东西,原来并非是可证伪的(Newton-Smith 2001: 111)。

Popper 的证伪法的重大缺陷在于完全拒绝归纳法。这一点是不符合人类的思想规律的。人类科学史表明(1)归纳是一种可行的推理方法,即由一系列具体的事实概括出一般原理,与演绎法相对;(2)人们通过归纳法也能得到相对的真理。

笔者以为,证伪法的进取精神在于,"如能找到一个反例,那个猜想即被证伪,随即便被抛弃。在此情况下,科学家又开始一个新的猜想。”一个真正的科学家会从被证伪的前一个理论中学会更谨慎、更科学的态度,开始另一个新的猜想。其实,我们许多科学家,包括一些中国的语言学家,都在自觉或不自觉地猜想——提出一个命题,然后以少许反例去对自己的命题进行证伪,不断地抛弃,不断地尝试提出新的命题。Popper 的证伪论给了人许多希望。他指出:“如果一个猜想在实验中未能被证伪,那么它就被认为‘证实’了”。这就够幸运的了。这就足够了!Popper 向我们推荐一个没有过高奢望的也是一种科学的诚实态度:一个假设尚未被证伪,就是被证实了,就是一个可信度高的理论。还要怎么样呢?无论是西方的上帝还是中国的观音都不能向任何一个人施舍一个永恒的真理。如果一个科学家(一个语言学家)相信自己能创造一个永恒的真理,那他当初实在是不应该立志当科学家或者语言学家。Popper 主张大胆猜测,严格反驳,原因就在于理性可能是错的,所以科学的发展必须经过严格的证伪与反驳。“这样科学知识的增长就是猜想与反驳的过程。这一过程可表示为:问题(P1)——各种尝试性的理论(TT)——消除错误(EE)——新的问题(P2)。即科学家就某一问题(P1)提出各种尝试性的理论(TT),然后通过排除错误而筛选出具有较高逼真度的理论(EE),随着科学的发展,这一新的理论被证伪,又出现新问题(P2),从而开始新一轮的循环。科学的发展实质上就是一个不断证伪、不断批判、不断革命的过程,其根本精神就是批判与理性。”(转引自程志民、江怡 2003:200)这就是证伪论的进取精神。应该说这是一个以科学进步,而不是以自己的声誉为第一生命的过程——以自己的声誉为第一位的人,理论上很可能是抱残守缺者。

本文对 Popper 的证伪法的改造,就从容忍归纳入手。

3. 两个“证伪法最简模型”及其要点

为了观察归纳与演绎的区别,观察归纳与证伪方法(属于演绎法)的区别,我们首先看看归纳的最简要的过程(图 1)。

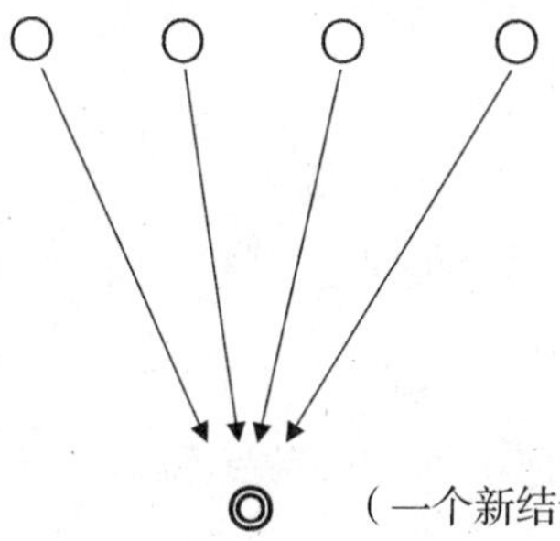

图 1　归纳的最简要过程

解说：归纳法——从一套经验性事实（以○表示）出发，得到一个新结论（以◎表示）。这个新结论可以是经验性的，也可以是理论性的。Popper 认为归纳法不可靠因而完全抛弃归纳，是一个失误。归纳法也会得到相对的、局部的认识与真理，因而实证性研究是相当有用的。丢掉它是毫无根据的。后来有人指责“Popper 犯了一个逻辑错误……这使归纳法恢复使用。因此归纳法好像是不可或缺的，当人们把它从门口抛出去，它又从窗户钻进来。”（布鲁诺 · 雅 2000：176；Bruno 1992）我认为这个嘲笑是偏激的。本文提出的第二个最简模型中，因为容忍了局部的归纳才能避免提出一个明显荒谬的假设。

本文提出的可操作的“证伪法最简模型”的前提是，都要从一个已知的理论出发（去提出一个新的理论假设或猜想）。这一点很重要。“爱因斯坦相对论的理论不是出于实验，也不源于经验，而是基于一个原理。”（布鲁诺 · 雅 2000：91；Bruno 1992）如果一个研究者不接受从理论到理论这个路子（爱因斯坦相对论的理论就是这个路子，正是我们中国学者最不敢、最不习惯接受的一条路子。当然，这只是人文科学研究中的一条路子而已，不是全部），他是绝不敢也绝不会使用演绎与证伪方法的。为了说明一个已知理论的重要性，我们还要指出一个事实：“实验总是以一种思想作为出发点的。伽利略使一个球在斜面上滚动，以发现落体定律，如果没有一种预想的观念，就不可能进行这样一种试验。”（布鲁诺 · 雅 2000：182；Bruno 1992）请见证伪法最简模型之一：

解说：从一个理论前提出发，一步到位地（不必等到搜集经验事实之

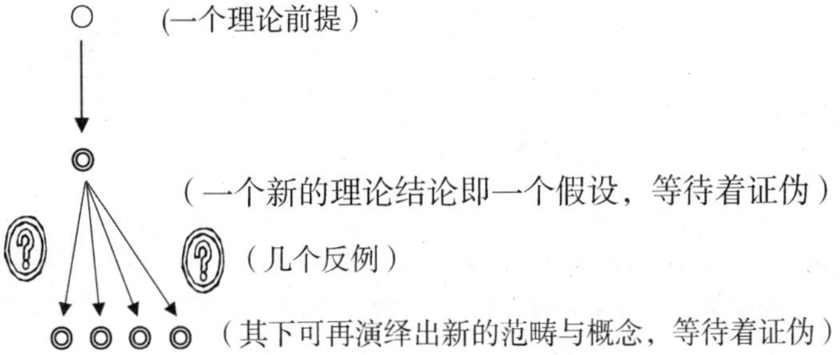

图 2　证伪法最简模型之一

后）猜测出一个新的理论结论（一个假设或猜想），等待被少许的反例去证伪，即等待被反驳（左右两个问号代表可能出现的少许的反例，随时准备对新的理论结论进行反驳）；在这个新理论结论之下，还可以再演绎出（衍生出）一套新范畴与新概念，它们也等待着被少许的反例去证伪，即等待被反驳。可以看出，可能出现的少许反例站在新假设或者猜测旁边，此时证伪程序才开始启动。也就是说，证伪程序在一个假设形成之后才启动。反驳可能使这一新的猜想被证伪。一个谬误的全称命题因此而得到纠正。正因为一个假设面临着时时被反例推翻的考验，那些居然没有被推翻的理论猜想才是真正有生命力的理论，而且这种理论往往是重大的理论创造。"令人折服的重大科学理论都要首先经过事实的反驳。"（布鲁诺・雅 2000：176，Bruno 1992）

下面，我们再看证伪法最简模型之二：

解说：(1)证伪法最简模型之二，在起点与终点（形成一个猜想及此后的再衍生）的解释上，在证伪程序何时启动与怎么证伪以及证伪的结果上，与上图（证伪法最简模型之一）完全一样。(2)两个模型不同之处在于，模型之二在一个猜想最终提出之前，增加了少许事实的支持——这里体现了对证伪法的改造，从而可能弥补了也许是完全谬误的一步到位（因为在着意搜集经验事实之前就一步到位地提出了猜想）。为了保证不出明显的谬误，猜想的提出者在脑子里总会有早先保存的少许相关事实（以※号表示）支持这一新理论假设。这里我们发现了，在演绎中混合着局部归纳，在猜测中结合着局部归纳的过程。这样提出的假设或者猜想更经得起证伪的

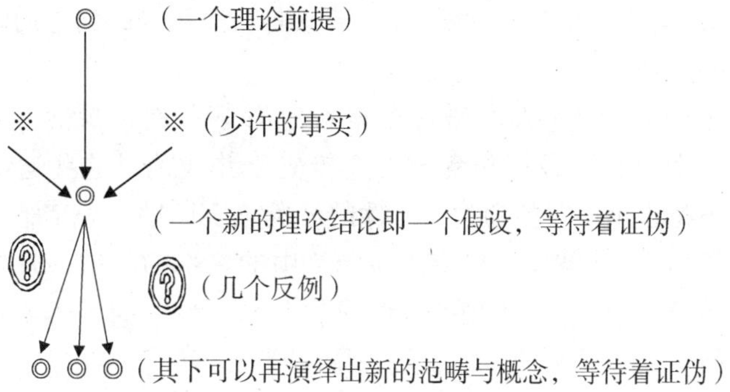

图 3　证伪法最简模型之二

考验。

两个证伪法最简模型的两个要点:(1)两个模型中,证伪程序都是在一个理论假设提出之后才启动。(2)为了保证不轻易出现一看就荒唐的猜想,(语言)研究者不应该抛弃归纳法,反而应该运用早先就保存在大脑中的少许的相关事实支持猜想,从而形成了在演绎中混合着局部归纳、在猜测中结合着局部归纳的过程(所以嘲笑"归纳法又从窗户钻进来"是错误的)。掌握两个要点的好处是:理解如何具体操作证伪法,知道何时启动证伪程序,懂得如何避免提出一看就是荒唐的猜想。

说明最简模型之二的语言理论猜想的一个例子是:Chomsky 猜想,人类习得与使用语言的能力的普遍性特征表明,人类语言习得一定有某些遗传成分,也就是说,婴儿有学习复杂语言的先天倾向,而动物没有(Baghramian 1999: 290)。

他的猜想所根据的事实是极为有限的。他认为,有如下几点可显示人类习得与使用语言的能力的普遍性特征:第一,没有任何其他的生物体使用如人的语言那样的东西。第二,几乎所有的人都是在五岁之前就学会了他们的母语。第三,纵观世界上各种语言,种种语言能力的发展和语言技巧的习得的阶段,看来或多或少都是步调统一的(uniformed)。第四,所有语言的说话人看来都是在没多大困难的、接触语言使用甚为有限、极少或者几乎没有得到纠正的情况下,习得了复杂的语言技巧的。这样,年稚的幼儿,在极少训练的情况下,一听到复杂的句子就能理解。第五,任何一个语言说话人,从非常年轻的时候起,对于他们以前从未碰到过的句子,就能做出正确的判断。

他做出这个猜想(人类语言习得一定有某些遗传成分)时,做过实验——把一个个的脑袋打开察看过遗传成分并找到过这些遗传成分吗?没有。他不是也绝不可能通过穷尽性的经验事实归纳出一个结论,做出了这一猜想。但是,如果没有在使用演绎之中的局部的归纳,即用五个事实支持他的猜想,这种猜想就是一个明显的荒唐。证实的事实太有限,猜想毕竟是猜想。所以剩下的事情就是等待反例去证伪。

还要补充的是:证实与证伪之间的不对称性(解释见下)有着巨大的优越性,有利于科学研究,当然也有利于语言研究。例如,为了证实"所有天鹅是白的"而将世上所有的天鹅都搜集到面前的做法,是一个愚蠢的幻想。怎么办呢?聪明的办法是以几个有限的反例去证伪,例如,一旦发现世上有一只天鹅是黑的,"所有天鹅是白的"这一结论便被推翻了。于是,修改的判断便会是另外的样子:天鹅既有白的,也有黑的。这实质上挽救了一个有意义的命题。这就用证伪论帮助自己做出了一个正确的结论,避免了一个谬误。证伪论的聪明之处就在于,以极少避开极多。Popper 认为,从假说与事实相符(所谓的证实)进而推论假说正确的方法是极有危险性的,这很可能暗含事先肯定结果的错误。而从证伪角度,只要找出任何一个事实与假说不相符的情况就可推翻假说。这就是证实与证伪之间的不对称性。——简单地说,"证实,所需证据量大(大到无法穷尽),找证所费时间长(长到无穷);而证伪,所需证据量小(有限,甚至几个反例就够了),找证所费时间短(有限的时间)。"(钱冠连 2002b)所以,只要一个反例就能证伪而没有被证伪,那个假设就值得很大程度的信赖了。"以极少避开极多"之法,肯定是聪明之法。

面对一个要否定的全称科学命题,如何挽救它呢?

严格奉行可证实性原则就会把科学理论中的全称命题摈弃于有意义命题之外(因为你得不到穷尽性的事实,就会被迫摈弃这个命题)。Popper 为了挽救科学命题,提议将证实原则改为证伪原则:一个命题是有经验意义的,即在原则上可证伪的。上面白天鹅的例子就是一个挽救的例子。这里再举一个小例子:先有全称命题"汉语中所有的句子都包含主题与述谓”。如果将汉语中所有的句子都搜拢来走证实之路,注定是劳而无功的。用证伪法,找到一个反例,如汉语里的“大姑娘了!”(词组加句调即可成句,“大姑娘”之后没有后续的述谓或评论),就能证明原命题为伪。但原全称命题还是有意义,予以挽救,于是将其修改成:“汉语中,句子既可包含主题加述谓,也可仅持有单一成分。”如果这种挽救熟练地运用于语言研究中,会避免许多谬误,提出可信度较高的命题。事实上许多人不自觉地、成功地使用了证伪法。

Popper 认为,既然任何假设的证实都是不可能的,科学假说永远不能被证实为真,我们能做的只是增加一个假说的可信度,或者提出更多的假说去与某个假设竞争,淘汰可信度低的假说。

4. 结论

证伪的功能在于,以极少避开极多(表现了证实与证伪之间的不对称性)的办法去证伪一个全称判断,并将这个被证伪了的全称命题(如果它有意义)修改成一个可信度较高的命题(即挽救了一个有意义的命题)。

考虑到中国语言学界的传统特点与现状,本文提供两个可操作的“证伪最简模型”。模型之一指出:何时启动证伪程序,如何避免提出明显荒唐的猜想。模型之二是对证伪法的改造:它加进了局部性归纳,又保住了证伪法长于重大理论假设或猜想的优势,还便于具体操作。

中国语言学家如果用证伪论去改造自己的语言研究,利用证伪论长于重大的理论创造的特点,在应用归纳的同时也尝试演绎与猜想,说不定是对中国语言学界一个有意义的推动。

(原载于《外语学刊》2004 年第 4 期)

XI.

语言哲学修辞论：一个猜想

——西方语言哲学系列研究之十

1. 一种哲学活动

企图通过分析语言来解释世界(存在)的哲学活动,在涉及呈现方式、描述属性与认知活动的同时,也为修辞的解释打开一种思路。

促使本文对这一哲学活动做出观察的动因来自如下的启示:中国的修辞学家已经注意到“修辞学的哲学基础及其他理论来源”(宗廷虎 2003:81-95),提出了“修辞学和多学科有着共享的理论资源”(谭学纯、朱玲 2002:14-24)这一见解。于是人们自然会想到,以语言分析见长的、19世纪末20世纪初开始语言性转向的西方哲学视野必然会为修辞学提供营养。

下面将为这一哲学活动给出几个实例。

在西方语言哲学家的下列活动中,可以发现他们是在以自己独有的方式为修辞开辟了另外一种解释的源头。虽然他们中的少数人如塞尔、戴维森、莱柯夫与约翰森明白地说出自己是在讨论暗喻或明喻(因而对这一部分是否是修辞活动,本文就无须任何赘述了),但绝大多数人并未以为自己是在讨论修辞,而且,他们的本意也不是从修辞的角度出发来讨论问题的。这种“并未以为”与“本意也不是”是令人深思的。这是不是透露了在解释世界之中涉及到的呈现方式、描述(摹状)属性与认知活动与修辞之间有某种必然的联系呢？基于他们本意不是进行修辞研究,下面对语言哲学的修辞解读是我个人的猜想。这些解读可以作为构建哲学修辞论的起点之一,当然也可以为上述猜想提供某些不足的证实。

分析哲学家企图从语言分析中寻找出语言与世界的关系，即企图从语言的分析中看出世界的道理（不是语言的道理，他们对语言本身的关心不是语言学家那样的关心），从不同的角度阐释了语言成分——名词、专名、描述语、陈述、（海德格尔的）词语、述谓、命题等等与世界及存在如何挂钩。在他们看来，分析语言是在努力寻求一种关于实在（reality）、世界（world）、实体（entity）、存在（existence）或"是"（Being）①的观念。在我看来，他们的叙述无意中为修辞开辟了另一种解释源头。下面，我们从他们分别采取的不同角度，看看是如何给修辞的解释提供了另一种源头的。

1.1 从寻找不同的呈现方式与不同的认知内容出发

弗雷格讨论（一个名称）意义（meaning）的奠基之作是著名的关于一个有既定意义的表达式（如 the morning star，晨星）的涵义（sense）与所指对象（reference）②的区分。他引入这种区分是为了解决全等陈述（identity statements）与空名（empty names）之困。"晨星全等于晨星"（A）这样的全等陈述没有提供信息，但是，全等陈述"晨星全等于晚星"（B）却是有信息的。"晨星"与"晚星"这样的术语有着同一的所指对象，但是我们不能凭借这些名称的所指对象来解释 A 与 B 之间的区别。因为从名称的所指对象（这里就是指 Venus/金星）来解释 A 与 B 之间的区别，A 与 B 便没有任何区别了。问题是，知道一个名称的所指对象还不足以理解那个名称的意义。为了理解一个名称的意义，他强调说，我们还必须抓住它的涵义。一个名称的涵义就是它所指对象的呈现方式（the mode of presentation），这个呈现方式引领着我们以一定的方式来思考这个所指对象。这就是弗雷格（G. Frege）关于涵义与所指对象的理论（Frege 1952，Baghramian 1999）。

---

① 为什么将 existence 与汉语中的"存在"对号，将 Being 与汉语中的"存在"或者"是"对号，这个问题已涉及到西方哲学的根本问题，在这里无以展开。这样明确地以不同的汉语译文来区分二者的情况，在我个人来说，也是第一次。容后讨论。

② 中国学者比较喜欢以两字或四字对称的方式翻译国外的成对术语，例如将 sense 译成"涵义"，其对立项 reference 则译成"指称"，殊不知这样做往往增加了理解的难度。实际上，reference 指的就是"所指对象"。这是实质性的译法。

一个所指对象（如 Venus/金星）有不同的命名，英美人名之曰 the *morning* star［晨星］、the *evening* star［晚星］；中国人名之曰"*启明*星"、"金星"等等。完全的重言反复（如"金星就是金星"）没提供信息，但如下的全等陈述却是提供信息的，如"马铃薯就是土豆"、"土豆就是洋芋"与"洋芋就是马铃薯"却提供了信息。这个不同的信息便是：它们所呈现方式是不同的，因而有着不同的认知内容（cognitive content）。"马铃薯"一说出口，就迫使人们以马儿脖子上挂的小铃儿那个样子去想象这种薯；"土豆"一说出口，就引导人们展开这样的特殊方式的想象：一般的豆子是长在茎上的，而这种"豆"，却是长在土里边的，故曰"土豆"；同样，提到"洋芋"，便使人们想到这是一种芋状块根，只是这个东西不是土生土长的中国货，是从外国（南美洲）传进来的，故曰"洋芋"。这些不同的呈现方式明明提供了不同的认知活动，怎么能说这样的全等陈述没有信息呢？这就为修辞提供了深刻的启示。所谓呈现方式不同，刚好是以不同效果、不同技巧（请注意"启明星"、"金星"中的"启明"与"金"；"马铃薯"、"土豆"与"洋芋"中的"马铃"、"土豆"与"洋芋"）去指称对象。或者说，认知内容不同的呈现方式为修辞提供了种种路径。越是以独特的方式去命名指称对象，越是有可能出现的不同的呈现方式与认知内容，越是有可能出现精彩的修辞。

1.2 从描述（摹状）事物属性与交待事物指称出发

根据罗素关于摹状语（descriptions，也可称为描述语）的理论（Russell 1956）以及后来唐纳兰（Donnellan 1966）发展出的限定摹状语的两种用法——属性描写用法与指称用法——对"法国现任国王"（the present king of France）进行逻辑分析可以帮助我们避免对存在论的承诺。上面这个摹状语听起来是奇怪的，因为法国根本就不存在现任国王。但是，你这样一说，就等于承认了一个本来不存在的东西。这便是所谓的"对存在论的承诺"（the ontological commitment）。后来，罗素的逻辑分析是这样解决问题的：根据排中律的要求，对于"现任法国国王是秃头"这一命题来说，要么是它的肯定命题为真，要么是它的否定命题为真。于是得到下面这样两个命题："现任法国国王是秃头"或者"现任法国国王不是秃头"。无论怎么说，二者之中的任何一个都对一个存在即"现任法国国王"进行了承诺。这两个结论都是不理想的，是我们想否认的。罗素指出了这样句子中的隐匿的逻辑形式(the hidden logical form)：

(i) 法国至少有一个国王。(错)

(ii) 法国至多有一个国王。

(iii) 那个事物……是秃头。

只要一详查其逻辑形式，就会发现第一个条件就错了(因为现在的法国没有国王)，所以结论"那个事物……是秃头"就错了。请注意，他用"那个事物"取代了"现任法国国王"这个摹状语。于是就避免了对一个不存在的实体的承诺。这里我们感兴趣的焦点不是罗素的逻辑形式的分析方法，而是摹状语本身。他在无意中给了我们一种启示：在得到了"飞马"、"金山"这样一些不存在实体的摹状语之外，我们也得到了另一些描述事物属性与交待事物指称的有着对应实体的摹状语(可以与世界或者说与世界中的某一个实体配对)，如"如沐春风的小姑娘"、"打不倒的矮个子"等等。这些摹状语中，有的是部分修辞手法(如沐春风的小姑娘)，有的是整体修辞(打不倒的矮个子)。也就是说，只要你是在描述事物属性与交待事物指称，你就会进入修辞活动。从这个角度说，修辞活动浸透着我们人类的生活。这样说毫不夸张。这样的"修辞生活"存在着必然性：在人类的一切交际活动之中，怎么也避免不了事物属性的描写，避免不了事物指称的交待。这是一种大修辞观。

1.3 从讨论事物的非严格(非固定)指示记号出发

克里普克(Kripke 1970)的命名与必然理论指出：严格的指示词(固定的指示记号)在所有的可能世界中和所有的时间中都指称同一个对象(如"何振梁")。但大部分摹状语却是非固定的指示记号，因为它们的指示能被不同的可能世界中的不同对象所满足，如"申奥的灵魂人物"、"一生都献给申奥的中国人"、"代表中国的奥运会委员"可以是除开何振梁以外的许多人。这种非严格的指示记号中，有相当一部分是修辞，如上面说的"灵魂人物”中的“灵魂”。另外的例子是,与严格指示词“杨利伟”相对的非固定指示记号可以有许多:“百里挑一的航天员”、“我国自己培养的第一代航天员”、“做事特别专注的人”、“38岁的中国第一代‘太空使者’”。通过观察,我们可以发现,这些非固定指示记号有限度地介入了修辞活动:“太空使者”显然是修辞性的,而人类活动中,给出非固定指示记号的几率又非常之大,所以,从普遍的情形来看,讨论事物的非严格(非固定)指示记号这样的修辞活动仍然是大量的。从实质上来说,这和罗素的摹状语理论的情形几乎毫无二致。但是,两者产生的理论背景不同:摹状语理论的产生,是为了避免存在论的承诺而查清摹状语后面隐匿的逻辑形式,而非固定指示记号理论的产生,是为了探讨命名与必然之间的关系。

1.4 从工具性语言出发

塔尔斯基(Tarski 1944)的对象语言与工具性语言(object language and metalanguage)理论认为,谈论、解释对象语言的语言便是工具性语言。我的引申是:可以发现这样一种句式结构,即“一般性描述与追加的比喻”的句式结构正好是对象语言与工具性语言的关系,一般性描述看作对象语言,追加的比喻可看作工具性语言。如“他心肠太硬,像石头”就是这种句式结构,前一部分“他心肠太硬”是一般性描述(严格地说,“硬”也是比喻,因而也是修辞),后一部分“像石头”是追加一个比喻(所谓明喻)。现在,我们把前面的一般性描述看作对象语言,那么,后面追加的比喻(“像石头”)则可作为解释性的工具语言,因为它是谈论、解释前面一部分语言的语言。追加的比喻是一种形象化的指引。于是,当我们使用工具性语言的时候,我们就可能与修辞活动接上关系。因为,任何工具性语言的使用,定会在谈论、解释的效果上做出不懈的努力,使听话人高效地获得某种解释。这一情形下,解释性语言明晰化、形象化的努力越是大,修辞的效果就越是好。

我们还可以从这种“一般性描述与追加的比喻”的句式结构中扩展出类似的超句式结构。请看这样的情形:有某人大段地引用了别人的话语作为对象语言。此后,他紧跟着追加一段自己的评论(当着工具性语言),这后面的一段评论中，就很可能出现许多修辞活动。比如有一个人首先给出选自别处的引言"……"，随即讥讽地追加了一段工具性语言："这简直是天方夜谭。这样隔靴搔痒的话还是不说为妙。""天方夜谭"与"隔靴搔痒"显然是比喻即修辞性的表达式。在这样一种"一般性描述与追加的比喻"超句式结构中，后面的追加，往往是为了使听话人高效地获得某种解释，所以，所用语言的解释性必然明晰与形象。同样，这样的努力越是大，修辞的效果就越是好。

扩展性的工具性语言中很可能出现修辞手法的运用，只是它以一定程度的偏离原型的形式（离、巧、效）去解释对象语言。

1.5 从认知相似性出发

维特根斯坦的家族相似性（the family resemblance），用来批评传统的共相观念。他认为，种种游戏并没有一种共同的特征，而是形成了一个家族，这个家族的成员具有某些家族相似之处。这个概念之下，各种现象 A、B、C、D 并不具有惟一一种或一组共同性质，而是 A 相似于 B，B 相似于 C，C 相似于 D，以此类推下去。一些事物之所以归在一个一般语词之下是因为它们具有相似的特征（Wittgenstein 1958）。而传统的共相观主张，一个范畴对属于该范畴的所有成员都是平均无差别的，事实上，有些典型的所谓共相概念，如"鸟"，对各种鸟也不是无差别的，喜鹊、老鹰是典型的鸟，而鸵鸟、企鹅是非典型的鸟。

本文的引申是：修辞表达正是一个相似表达家族中的成员之一，只是这个成员偏离原型的方式给人留下了独特的效果。"他是个猪脑袋"以"猪脑袋"的比喻加入了常说的"蠢人、笨人、白痴、蠢驴、猪脑袋……"家族之中。这样的家族可试称为"相似表达家族"。相似表达家族的结构可能是：以最原型的表达式为"家长"（这也是修辞！），家族成员是既相似又偏离于原型的各种表达式。出现修辞用法的机理是：选择了一个既相似又偏离于原型的最新最巧的表达式（如"猪脑袋"）。离开原型的企图是常常会发生的，因为人的天性永远在寻找新颖的表达，这就是相似表达家族出现的内驱动力。这种相似表达家族的变换（以新的表达代替旧的表达，家族成员会越来越大，越来越新）是基于认知相似性。从认知上说，“笨人”相似于“蠢人”，“白痴”相似于“笨人”，“蠢驴”相似于“白痴”，“猪脑袋”相似于“蠢驴”。又比如，在认知某一个年级的某大学生成绩为最优这一对象时，可选用“第一名、头名、尖子、冠军、状元、佼佼者、魁首……”这一相似表达家族。此中，“尖子”、“冠军”、“状元”、“佼佼者”、“魁首”都是修辞性的表达法。当使用语言认知某一对象时，很难不出现相似表达家族，当相似表达家族出现时，又很难不出现修辞性表达手法。

1.6 从寻求命题事态出发

维特根斯坦的图像论认为，命题是事态的图像，一边是发生的事情，另一边是图画之类对事情的表现与摹画，“一个命题是一个事态的描述”。这里可能会为修辞留下空间。因为这种表现与摹画，与维特根斯坦后期的“家族相似”论几乎一致。描述命题事态，既是一种形象的构建，又是一种认知活动。我们刚才说过，“当使用语言认知某一对象时，很难不出现修辞性表达手法。”这里就不再讨论了。

1.7 从寻求语言与存在之间的关系出发

我们首先提出这样一个也许有趣的问题：山上的一块石头，又像又不像“猴子”；它的姿态又像又不像“捞”；“猴子”的手所触的空间，又像又不像“海”。有人（如导游或者游客）贴上一个“猴子探海”这样的高效表达的标签，我们是在欣赏那块石头呢，还是在欣赏这个“猴子探海”标签的修辞效果呢？若说是在欣赏石头，显然不正确，因为在有人向你说出那个标签之前，你不曾发现那块石头像猴子，那块石头下的空间更不像海；若说是在欣赏语言这个标签（“猴子探海”强加给你一个世界，使你按照这个强加的世界模式欣赏对象，这一点是没有疑问的），那更不好相信了，因为你若对任何与猴子和海毫无相似之处的山石说出“猴子探海”，谁也不会生出猴子探海的美感来。

这个问题涉及到语言与存在之间的关系。海德格尔（Heidegger

1982a)的“语言是存在之家”理论说明:存在之家(the house of Being)不是存在者之存在(the Being of beings),而是存在之到场或现身(the presence of Being),更明确的是二重性现身(the presence of the two-fold),即存在与存在者(Being and beings)的现身。

存在与存在者这样二重性的区分的意义:实体(即存在者)与虚体(说出一个虚体,虽然找不到它的存在者,但是这虚体有意义,有认知内容,所以它还是算存在)都有了哲学地位。应该说,上面的“猴子探海”正好是一个有意义有认知内容的虚体。

在海德格尔的眼里,物是以任何形式存在着的东西(Heidegger 1982b:62)。请看下面两行表达式:

(1) 人造卫星、火箭……

(2) 观音菩萨、飞马、火焰山……

(1) 为实体,不涉及修辞,是存在者(物);(2)是存在/如其所是,虚体/抽象实体。无形存在也是存在,也能存在,接近修辞的可能性就大了,如“飞马”,像飞那样的马;“火焰山”,热如火焰的山。

什么情况下,一物存在,但未出场(现身)? 一物(包括可见物与不可见物)存在,但语言表述尚未成功时,那物虽存在着,但不算作“出场”。在这一点上,海德格尔是非常深刻的(与本题无关,不去说它)。这种情况下,即使表达成功了的语言,也不大会是修辞。如“人造卫星”、“火箭”就是如实表述。

什么情况下,一物存在,且已出场? 不仅一物存在,而且语言表述业已成功时,才算它“出场”了。如那个石头早已存在(一物存在),又像一个猴子,那身姿好像是在探海,于是,人们给它一个标签——“猴子探海”(语言表述成功),这时,接近修辞的可能性就大大增加了。如相同情形之下的“飞马”、“火焰山”、“天堂之门”与“地狱之行”等等,都可算作修辞表达。在将虚体用语言表述出来,即迫使一物出场时,尤其要综合地采用以下办法:寻找不同的呈现方式与不同的认知内容,描述事物属性与交待事物指称,讨论事物的非严格(非固定)指示记号,动用认知相似性,寻求命题事态。这种综合运用的情况,使修辞活动大大加强起来。

2. 一个猜想

根据上面那个哲学活动（企图通过分析语言来解释世界（存在）的哲学活动，在涉及呈现方式、描述属性与认知活动时，也同时为修辞的解释打开一种思路），我们提出如下猜想：凡是语言使用过程中，涉及呈现方式、描述属性与认知活动时，必涉及修辞活动。

3. 等待证伪

上面几个证实，对于一个科学命题来说，不足为训。因为过得硬的归纳，必须穷尽性地占有事实（所有的事实）。可是，事实永远无法穷尽。因此，等待反例去驳斥本文的猜想（凡是语言使用过程中，涉及呈现方式、描述属性与认知活动时，必涉及修辞活动）是一个很好的出路。在反例驳倒之前，这个猜想都是可信度高的命题。

4. 这个猜想的启示

第一，凡有认知活动要说话的时候，都有修辞活动。第二，人类最普遍的生存方式（使用语言）——形而下，居然和形而上的思考（哲学活动）掺和在一起；第三，行为、语言行为与修辞，是掺和在一起的。我们生活在修辞活动之中，是一个并非夸张的论断。

（原载于《福建师范大学学报》2003 年第 6 期）

XII.

语言哲学翻译论

——兼论工具性语言扩展式

1. 引言

当国内穷年累月地讨论要不要翻译理论、翻译理论对实际操作有什么用的时候,国外的同行在干什么呢?他们的翻译理论研究已经推进到热火朝天地探讨后现代批评、后殖民批评、翻译诗学、叙事学、文化批评、意识形态、解构主义、文化身份等等方面去了。本文借翻译平台讨论语言哲学,指出语言哲学可能是翻译理论的源头之一。

2. 理论源头:真值的语义理论

著名的语言哲学家 A. Tarski (1902–1980)为了最终地提出真(值)的语义理论①(the semantic theory of truth),需要克服许多困难,其中之一是,

---

① 国内一些著作,将 the semantic theory of truth 译成"真理的语义理论",窃以为对 truth 的译法不妥。汉语里的"真理"所具有的内涵与事物真假的"真"或命题真假的"真",完全不同。这里的 truth 就是指的真假的"真"。Truth 作定语时,可译成"真(值)的"或者"真之"(以便与形容词"真的"相区别)。于是,我们就有了"真(值)的语义理论"或者"真之语义理论"、真之概念(the concept of truth)"满意的真之理论"(the satisfactory theory of truth)、"真值条件"(the truth conditions)和"真之定义"(a definition of truth)、真之冗余理论(the redundancy theory of truth)等等概念的汉语译名。

如何避免像说谎者悖论那样的语义悖论。他的智慧是，在论文"形式化语言的真值概念"（The Concept of Truth in Formalized Languages, Tarski 1944）中，提出一个真（值）的形式化定义（a formal definition of truth），试图以此避免像说谎者悖论那样的语义悖论。

语义悖论是由那些说它们自身不为真或否定自己的真值的句子结构引起来的。最简单的例子是"This sentence is not true"（"这个句子不（为）真"）。说这个句子是悖论，是因为：若说这个句子为真，那么它就是假的；若说这个句子为假，那么它就是真的。最著名的例子是最先由 Eubulides 设计的说谎者悖论："这个克里特人说：'所有的克里特人都是说谎者'。"1902年 B. Russell 在弗雷格的逻辑方案中发现了一个集合理论悖论（被称之为"罗素悖论"），于是这便加深了自我指称（self-referentiality）会导致困境的意识（Baghramian 1999: 41）。A. Tarski 的真之理论（亦即真之语义理论）的出发点是宣称：适用于所有语言的普遍的、一般的真之定义，也就是说，传统的真理符合论（correspondence theory of truth）[①]与连贯论会碰到像说谎者悖论那样的语义悖论。接下来，他的结论就是：试图在同一的语言当中列出一个给定语言的所有句子的真值条件时，悖论也就随之而生。怎么办呢？A. Tarski 解决悖论的办法是，首先区分工具性语言（a metalanguage）与对象性语言（an object language）。我们用工具性语言来谈论对象性语言，我们用工具性语言来解释和分析对象性语言即被讨论的语言的特性（黑体为本文作者所加）。为了避免自我指称问题，他建议，"为真""为假"这两个词应该放在工具性语言里作谓语，而不是放在对象性语言里作谓语（Tarski 1944, Baghramian 1999: 42）。

请注意谓语放到工具性语言中去的提醒。下列的 T 约定（解释见下）以下列方式提供了英语句子的真值条件：

'It is snowing' is true iff (if and only if) it is snowing.

'Grass is green' is true iff grass is green.

---

① 真之符合论：一种具有自在性的客观认识，常常是针对自然科学的真理性认识而言，它是事物自身的客观规律，不受人们主观因素的影响。人们认识了这种真实并用语言确切而严密地描述，这时语言表达的意义是同客观情况完全相符的。说话人与听话人无论有什么主体特征，都不影响这个描述的真值。

'Man is mortal' is true iff man is mortal.

以上三句中的"为真"是不是都放到工具性语言里当谓语去了？双条件句（the biconditional,"当且仅当"为两个条件,故名）的左侧一边引号里的句子是对象性语言,引号之外的下半个句子是工具性语言。看看这样的办法是否解决了语义悖论：当我们再说某个句子不为真的时候,我们的处置办法就是,将不为真的那个句子放到对象语言里（即引号中）,将'is not true'放到工具性语言里去,即"……" is not true. 因为避免了自我指称不为真,即句子避免了否定自己的真值,语义悖论便消失了。"工具性语言"便这样被语言哲学家 Tarski 概念化出来了。

当然,Tarski 的最后目的显然不是为了解决语义悖论的问题。他最终的目的是要建立真之语义理论。下面的内容对于本文作者稍后讨论的工具性语言的扩展式极为重要。

此后,Tarski 对一种形式语言的真之概念下了定义（从下面可知,他这一定义是与"真之定义"或"真之语义理论"是同义的——本文作者注）。任何满意的真之理论（any satisfactory theory of truth）必须符合下列条件：第一,实质上充分;第二,形式上正确。又,对于"实质上充分"来说,必须满足两个条件。实质上充分的第一个条件说明,真（值）是依据某一特定语言 L 的句子来阐述的。这样,Tarski 采取新的语义和语言性的进路（semantic and linguistic twist）研究传统的真之概念。实质上充分的条件之二,亦 Tarski 的真之语义理论的主要组成部分,是所谓 T 约定（Convention T）。T 约定阐明,"为了用一门语言 L 的工具性语言表示的真之定义是充分的,T 约定必须使语言 L 中所有的句子为结果,所有的句子都必须从表达式'x 为真,当且仅当 *p*'中获得。表达式中,X 代替语言 L 的任何句子的名称或结构表达式,而 *p* 代替把那个句子解释（translation）[①]成工具性语言的表达式。"（Tarski 1944,Baghramian 1999：42）接下来就是他给出了我们已经在上面引用过的三个双条件句,即 T 约定提供了英语句子的真值条件。从理论上来说,那三个句子是远远不够的,因为"T 约定必须使语言 L 中所有的

① 这里虽用了 translation,却不应该译成"翻译"（按汉语中的理解,"翻译"显然是偏向在不同语言文化之中的转移解释）,而应译成"解释"——T 约定明确指出"用一门语言",Tarski 用 translation 指的正是在同一种语言中且强调在同一种语言中转移与再解释。

句子为结果”。于是,我们再加上:

“A. Tarski was born in Warsaw” is true iff A. Tarski was born in Warsaw.

……(表示英语中所有的句子)

或者用汉语(也是一门语言 L)句子:

“正在下雪”为真,当且仅当正在下雪。

……(表示汉语中所有的句子)

在双条件句的左侧的引号里,我们放入句子的名称,其右侧,是以工具性语言表达的那个句子的解释或表达式。这样的等式叫做 T 句子(T-sentences),它可以格式化为:*x* 为真,当且仅当 *p*(其中,*x* 是一个句子的名称,*p* 代表那个句子解释成了工具性语言)。这个表达式可以为任何给定的语言的每一个陈述句(indicative sentence)生成一个 T 句子,这样就确保了 Tarski 真之定义的实质上的充分(Tarski 1944,Baghramian 1999: 42)。这一段话对我们下面的工具性语言的扩展式的论证相当重要。

Tarski 的理论对逻辑与语言哲学形成了相当强烈的冲击。这个理论被 D. Davidson 接受以后发展成为意义与解释的理论(Davidson 1984a),颇有影响,且不说许多现代语言哲学家都拥戴 Tarski 的真之语义理论的某些看法。当然,对这个理论的重要的或者正确的解释方面,还未取得普遍的一致。

3. 从工具性语言的扩展式到语言哲学翻译论

本文要做的工作有四步:(1)提出工具性语言的扩展式。从整体上简略地了解工具性语言扩展式,对理解翻译的实质是关键的一步。(2)指出翻译就是工具性语言扩展式内的一种,一般工具性语言与翻译所不同者仅在于,前者是在一门语言内进行,而翻译是在两门语言文化中进行。(3)将工具性语言中以一门语言进行的解释改造为以不同语言进行的解释。(4)对这个改造给出理论上可行性的论证。

3.1 提出工具性语言的扩展式

首先说,什么是工具性语言?工具性语言是解释、分析和讨论对象性语言的语言。也就是说,工具性语言是对对象性语言的解释和再度解释。当然,这个概括是对 Tarski 真之语义理论的引申。

什么是工具性语言的扩展式?在真之定义(真之语义理论)里的 T 句子中的 p(it is snowing)还可以看做是对 x('it is snowing')一字不差的反复,但我们一定要究其实质是,p 与前面的"is true if and only if/为真,当且仅当"一起做了工具性语言。工具性语言的扩展式所指的工具语言,确实是对对象语言的解释、分析和讨论,但绝对不是重言反复或者照本宣科。工具性语言的扩展式有如下几种模式。

模式之一:在同一个叙述语篇中,一部分对另一部分的解释(分析与讨论),例如:

> 'It is snowing' is true iff it is snowing.
>
> 'Grass is green' is true iff grass is green.
>
> 'Man is mortal' is true iff man is mortal.
>
> On the left-hand side of the biconditional, in quotation marks we place the name of the sentence and on the right-hand side the translation or the expression of that sentence in the metalanguage; such equivalences are called T-sentences and can be schematized as: *x* is true iff *p*. (Baghramian 1999: 42)

我们把上面一个语篇的前三行作为(A)部分,下面四行作为(B)部分。试问,哪一个部分是对象性语言,哪一个部分为工具性语言?很明显,(A)部分为对象性语言,(B)部分是工具性语言。而仅从第一个句子看,'It is snowing'是对象性语言,is true iff it is snowing 为工具性语言。必须注意的是,(A)部分与(B)部分之间的关系是对象语言与工具语言的扩展式,而'It is snowing'is true iff it is snowing 的引号内与引号外关系却不是扩展式,而是 Tarski 最初用以提出 T 约定(提供了句子的真值条件)并区分出最原始的对象语言与工具语言的原始句型(所谓 T 句子)。

可以归纳到这个模式下的还有:

一本著作的书名是对象语言,整本书的叙述是工具语言;

词典模式：所立词项是对象语言，词项下面对它的解释是工具语言。

模式之二：文学作品中作者对人物对话方式的描写，例如：

"I thank you," *said* Scarlett *formally*.①

"*畜生！*"*阿 Q 怒目而视地说，嘴角上飞出唾沫来*。②

Scarlett 说了什么？即对象语言是什么？文学作品中，对象语言关心的是人物说话的直接内容，而不是说话方式。"*I thank you*"便是对象语言。另外一方面，她是如何说出这段话的？也就是说，作者是如何描写她说这段话的？她说这段话时，使她的声腔正式冷淡，板出一个办事的模样，这便是她说那句话的方式。在文学作品中，工具语言关心的是说话的方式，而不是说话的内容。这便是描写、解释、分析语言的语言。*said ... formally* 是工具语言。同理，"畜生！"是对象语言，而"阿 *Q* 怒目而视地说，嘴角上飞出唾沫来"是工具语言。

语用学对工具语言的关注，表现在专门讨论了工具性语用意识，即工具性语用意识的指示语，如"坦率地说"、"据报道"等等。还讨论了语言意识形态的自我监控：语言使用者总是监督着自己产出或解释话语的方式，例如话间的犹豫和纠错就是在监督着自己的产出方式（*Verschueren* 1999：187-198）。

模式之三：评论语篇对原语篇的解释

这一模式中，最典型的代表是经典（原语篇）与对经典的诠释（评论语篇）。

任何原文本，如法典、哲学、文学作品或政论文或其他体裁的原文本或者原语篇，都可以是对象语言。而对它们进行评论的另一个文本——通常叫评论文本或者评论语篇，整个儿都是工具语言。为什么？因为后者形成了对前者的解释、分析与讨论的关系。一般地说，引人注意的原文本，或因其思想深刻，或因其道德震撼，或因其事关重大，或因其为国家民族奠基，都会引发大量的工具语言即解释语言。如一部宪法、法典，一部划时代的思想著作或哲学著作，一部伟大的文学作品，一个国家领袖的关系国家民

① Ripley, A. 1993. *Scarlett*, The Sequel to *Gone with the Wind*, A Time Warner Company. p.554.

② 鲁迅，1956，阿 Q 正传[A]，鲁迅选集（第一卷）[C]。北京：中国青年出版社，第 71 页。

族生死存亡的讲话,一次关系到两个国家或多个国家或全世界和平安危的外交声明,等等,都是这样的原文本,即对象语言。这种情况下,工具语言(评论文本)对对象语言(原文本)所形成的解释、介绍、推荐、调控、引导的关系和对象语言本身联合起来,对一个国家民族的政治制度、前途命运、道德引导、经济基础、上层建筑、社会生活等等发生全面而深刻的影响。

必须指出,对一个原文本(如一部宪法、法典,一部划时代的思想著作或哲学著作,一部伟大的文学作品,一个国家领袖的关系国家民族生死存亡的讲话,一次关系到两个国家或多个国家或全世界和平安危的外交声明,即对象语言)的解释不是一次就能完成的一次性行为,而是多次的解释,对解释进行解释,对评论进行评论,对分析进行分析。这便是工具性语言的高频率的再度解释现象①。

3.2 翻译就是工具性语言扩展式内的一种

一般工具性语言与翻译所不同者仅在于,前者是在一门语言内进行,而翻译是在两门语言文化中进行。说到底,翻译就是一种语言内的解释关系扩展到不同语言文化间的解释关系中去。因此,翻译是工具性语言的扩展,语言哲学翻译论由此而来。

3.3 改造

改造的内容是:将工具性语言中以一门语言进行的解释改造为以不同语言进行的解释。伴随着改造的是承认(理所当然地承认)实质上充分之下的第二个次条件——T约定;坚持满意的真之理论的第二条——形式上正确;保住T约定的核心;利用T句子(等式)。

本文作者提出的语言哲学翻译论,其最终目标是,将T句子改造成:“x为真,当且仅当p”式中对象语言x与工具语言p为不同的语言,即如:

---

① 关于工具性语言的高频率再度解释,作者在另一篇论文“论工具性语言扩展式”中进行了详细讨论。

"It is snowing" 为真，当且仅当正在下雪。

或者：

"正在下雪"is true iff it is snowing.

语言哲学翻译论很可能为翻译理论开辟出另外一条道路。这个最终结果包括 Tarski 的满意的真之理论。满意的真之理论，必须符合下列条件：条件之一，实质上充分；条件之二，形式上正确。又，"实质上充分"之下有两个次条件。次条件一，真（值）是依据某一特定语言 L 的句子来阐述的。次条件二，是所谓 T 约定（见理论源头）。

具体地说，新论：

（1）改造满意的真之理论的第一条——实质上充分——之下的两个次条件的前提环境（强调一门语言），将其变为：对象语言与工具语言为不同的语言。两个次条件强调的是："依据某一特定语言 L 的句子来阐述的"，"用一门语言 L 的工具性语言表示的真之定义是充分的"。很清楚，这是在一门语言中安排对象语言与工具语言并完成对对象语言的解释与阐述。对于（不同语言的）翻译来说，承认用同一种语言来解释，就等于自己毁灭。因为翻译是在不同语言文化之间进行的。因此，新的翻译论必须改造实质上充分的两个条件的前提环境。

（2）承认（理所当然地承认）实质上充分之下的第二个次条件——T 约定："T 约定必须使语言 L 中所有的句子为结果，所有的句子都必须从表达式'*x* 为真，当且仅当 *p*'中获得。"我们可以在对象语言即左边的引号内换上一门语言中所有的句子。这正中我们的下怀。我们就是要将所有的句子（理论上无穷尽的句子）翻译成工具语言。例如，我们可以在左边的引号内换上'Grass is green'、'Man is mortal'……。当然右边的工具语言（这时是另一门语言）也会作相应的变动。这个变动正好是翻译操作所欢迎的东西。这是自不待言的。

（3）坚持满意的真之理论的第二条——形式上正确：It is snowing 与"正在下雪"形式上都正确，时态对应。假如把"昨天下过雪"放到工具语言里，则通不过，因为时态不对应。又假如把"正在下雨"放到工具语言里，也不行，因为语义项通不过。

（4）保住 T 约定的核心——T 约定的核心不是"用一门语言"，而是

“工具性语言表示的真之定义是充分的”(需要克服的理论上的巨大困难正是它,见 2.4 之讨论)。

(5) 利用 T 句子(等式)。“T 约定”与“T 句子”是不同的两个概念。T 约定是实质上充分的第二个条件(请回见理论源头),而 T 句子是格式化为“*x* 为真,当且仅当 *p*” 这样的等式。新论就是利用这个等式的形式。

3.4 对这个改造给出理论上可行性的论证

这个论证可以归结为:我们如何能保住 T 约定的核心不落空?

凭什么我们可以断言汉语工具语言“当且仅当正在下雪”可以保证英语对象语言‘It is snowing’的真之定义是充分的? 或者反过来说,凭什么我们可以断言英语工具语言 iff it is snowing 可以保证汉语对象语言“正在下雪”的真之定义是充分的呢? 这个问题的一般形式是:凭什么可以断言,以不同的工具语言来解释对象语言可以保证对象语言里的真之定义是充分的?

本文将 Davidson、Quine、Wilson 所称的“信念心态沟通原则”(principle of charity)拿来论证以不同的工具语言来解释对象语言可以保证对象语言里的真之定义是充分的。但是,必须说明的是,这个原则的本意并非直接如此。该原则的本意是为了建立语言的意义理论,阐明意义的基础与信念系统之间的关系,阐明如何给一个事物分配(赋予)一定的意义。于是,Davidson 认为,要想弄清楚某件事为一种信念心态(a belief),我们必须能够解释某件事;要想解释某事或赋予某事一定的意义……我们就得把说话人的信念心态(the speaker's beliefs)从整体上看做是真的或与我们的信念心态一致。最原始的翻译者(the radical interpreter,首次深入一个陌生的语言社团且无第一本词典可资借鉴的翻译者——本文作者注)必须利用“信念心态沟通原则”来编写他的翻译手册(最原始的翻译词典)。Davidson 论证,如果我们所知道的全部就是说话人认为是真的句子,而且,如果我们不能设想他的语言就是我们自己的语言,那么,我们连翻译的第一步都无法迈出。既然对信念心态的认识来源于解释词的能力,那么,我们从一开始便必须假设存在着普遍的一致。因此,信念心态沟通原则便是认定某人具有某种信念心态的前提条件。其言下之意是,要理解某人的语言,必须依赖双方具有相同的对世界的看法。当然,不同的信念系统(belief systems)之间总是存在着重大的差异,但是,Davidson 认为,我们只有在共同的信念心态的背景下才能弄清差异的意义,因为如果没有"广泛的共同点"的前提,"争论者就不会有他们争论的空间了"(Davidson 1984b: 200)。本文作者认为,上面的论述已经把不同语际之间的翻译的可能性说得非常透彻了。那便是:"把说话人的信念心态从整体上看作是真的或与我们的信念心态一致。"操不同语种的人,"存在着普遍的一致"的信念心态,"双方具有相同的对世界的看法",而且,我们所听到的句子,说话人也认为是真,"设想他的语言就是我们自己的语言",因为"只有在共同的信念心态的背景下才能弄清差异的意义"。比如说,中国人认为"雪是白的"为真,难道英美人认为"Snow is white"为假吗?或者,法国人认为"La neige est blanche"(雪是白的)为真,难道英美人会认为"snow is green"(雪是绿的)从而断言法国人的判断为假?

非常凑巧、非常有趣的是,下面这一段论述与我们这里所讨论的问题十分贴切。"所谓 Davidson 的语言整体观(holistic view of language),即一个句子的意义依赖于该语言其他句子的意义。他的语言整体观是接受'信念心态沟通原则'的主要证据。[……] Davidson 的整体观理论以及语言的组合性(compositionality)规则,确定了诸如'"La neige est blanche" in French is true if and only if snow is green'('"雪是白的"在法语中为真,当且仅当雪是绿的')这样的 T 句子最终不能(不能!)进入翻译手册或意义理论。按照 Davidson 的观点看来,任何一种语言,包括我们自己的语言,都包含了或依赖于一种对事物大致上正确的、普遍认同的看法"(Davidson 1984, Baghramian 1999: 163)。他所举的例子中,对象语言(法语)与工具语言(英语)正好是不同的!上面"这样的 T 句子最终不能进入翻译手册或意义理论"(不能被人所接受),不是因为工具语言与对象语言不同种,而是因为工具语言的解释违背了"普遍认同的看法"(工具语言说"雪是绿的")!普遍认同的看法是:雪是白的,当法语说 La neige est blanche 的时候,你用 is true if and only if snow is green 这样的英语(工具语言)去解释它,当然不能被接受。

所以,我们的结论是:只要不违背信念沟通原则,用不同种的工具语言表示的真之定义是完全可以充分的。但这种沟通只是整体上的实现,它掩盖不了局部上的不可沟通。这种局部上的不可沟通是由异质文化(heterogeneous culture)引起的。信念沟通原则与异质文化之间的斗争,永远使语际翻译呈现大局上的可译性与小局上的不可译性(不相容)的状态。彻底的可译性是幻想与夸大,根本不可译性却是误解与庸人自扰。

4. 讨论

(1) 语言哲学翻译论在认知内容与认知方式上的价值。语言哲学翻译论,改造了满意的真之理论的第一条即实质上充分之下的两个次条件的前提环境,承认了实质上充分之下的第二个次条件——T 约定,坚持了满意的真之理论的第二条即形式上正确,保住了 T 约定的核心(真之定义是充分的),最后,利用了 T 句子(等式)形式。无独有偶的是,另外两个有普遍影响的翻译论——"信、达、雅"论的"信"与等值论的"等值",与我们这个扩展式的原型即"真之语义理论"里的"真",不仅同工,连"曲"也是同的:信、等值、真。这刚好是新理论能站住脚的一个有力佐证,也反证了前两个理论抓住"信"与"等值"是抓住了真之主流。它们三者互为印证。

如果认为求真是语言哲学翻译论的核心,就会产生这样一个问题:翻译中求真的问题是一个已解决了的问题,大家都知道翻译就是求真过程,语言哲学翻译论又跑出来论证一遍,这不是毫无意义吗? 回答是:语言哲学翻译论只是增加了一个看问题(即翻译)的视角。正如一般的翻译理论尤其是翻译学哲学(包括翻译论和解释翻译学)并不是可操作的翻译技术,而只能是对翻译的一种视角、一种观点一样,语言哲学的翻译论也只能是一种对翻译的一种视觉。变换视角,是理论的追求之一,也是人的智力眼光的一个"癖好"。不同的理论解释同一个对象,人类的科学就是这样走过来的。但是,变换了视角的理论与别的理论并不是同义反复(tautology),而是在认知内容、认知方式上有别的同义。这便是语言哲学翻译论在认知内容与认知方式上的价值。

（2）语言哲学可作为翻译理论的源头之一。这是通过语言哲学翻译论提供了一个打通语言哲学与翻译理论的平台而实现的。正因为改造了 Tarski 真之语义理论，这个翻译论才称之为工具语言的扩展式。以实质而论，翻译就是工具性语言对对象性语言的解释。一次翻译就是一次解释，多次翻译就是再度解释。翻译的再度解释可以是高频率发生的。如中外的许多经典性原文本都无一例外地有着高频率再度解释。从这里我们可以窥测人类语言性行为的一个重要内容是“高频的再度解释”。因此，人们完全有理由指出，本文作者在这里只是借用了翻译这个平台，深入地讨论了语言哲学中的工具性语言的扩展式。那么，我要说，借翻译这个平台讨论别的领域里的问题（比如语言哲学中的问题），甚至能深入地揭示别的领域里的问题，这正是翻译理论的活力。语言哲学可作为翻译理论的源头之一。这正是人文科学之间的互相打通，甚至社会科学与自然科学之间的互相打通（钱学森在系统论里就有这方面的论述）。因此，从这里也可以顺便地回答另一个经常碰到的诘难：要求所有的翻译理论都必须能帮助翻译的实际操作，不仅是对翻译的苛求，而且也是对翻译理论价值的贬低。翻译理论的价值之一在于，向人们提供了一个基础，去讨论更多的其他人文学科的智慧。比如，诠释学（hermeneutics）[①]就可以放到翻译里讨论。

（3）语言哲学翻译论里的“真的保住”（求真），仅仅是理想状态。语言哲学翻译论的核心是保住了“T 约定的核心即真之定义是充分的”这一条，然而，求真受到了来自各个方面的挑战。符号的不对等在翻译中是常常发生的，如英语中的人称代词 I 在译者的笔下变成了“赫胥黎”，是大家早已接受的事实。而且，由于各种原因，在特殊的语境下，人们追求的正是工具性语言与对象性语言的不对等，就是说，求真在局部上得不到保证也是允许的。因此，语言哲学翻译论里的“真的保住”，仅仅是理想状态。

① 本文作者的另一论文“论工具性语言扩展式”就触及了诠释学问题。

5. 结论

从本文要做的四步工作中,我们可以看出:从整体上了解工具性语言扩展式,对理解翻译的实质是关键的一步。翻译就是工具性语言扩展式内的一种,一般工具性语言与翻译所不同者仅在于,前者是在一门语言内进行,而翻译是在两门语言文化中进行。这便是语言哲学的翻译论。从它的可行性论证中,我们进一步认识了人的语言性行为(相对于非语言性行为)的一个重要内容,对对象语言的解释与高频的再度解释活动——对一个(经典)原文本的多次翻译就是高频率的再度解释。本文最后指出了语言哲学翻译论的意义:(1)在认知内容与认知方式上的价值;(2)语言哲学似可作为翻译理论的源头之一;(3)真的保住(求真),仅仅是理想状态。

(原载于《中国翻译》2003 年第 5 期)

XIII.

西语哲在中国：一种可能的发展之路

1. 什么是西方语言哲学？

“西方语言哲学”指的是 20 世纪初期至 70 年代发生在西方哲学的那一场由语言性转向（the linguistic turn）带来的分析革命（the analytic revolution）及分析哲学的产物。因此，“西方语言哲学”带上了鲜明的（语言）分析传统。它的初衷是“以语言为手段来重铸哲学的千年老题”（“the recasting of age-old philosophical questions in linguistic terms”, Baghramian 1999: xxx）。西语哲的手段是：在“哲学句法”（Russell 1972: 831）的层面上操作；西语哲的目的是：回答“哲学的千年老题”（指 Being“存在”、the world“世界”）。

2. 西语哲在西方：过去与当前

在国外，紧跟着哲学的语言性转向与分析革命之后，便有了跟踪式的研究。对西语哲的研究，总体说来是充分的、有成效的、持续不断的。于是就有了下面的共识性评价：认为 Frege（1952）指称与涵义理论解决了全等问题与空名问题，是语言分析哲学的创始理论之一；认为 Tarski（1944）和 Carnap（1950）等的形式语义理论是当代语义学的基础（这种意义理论总是要求对一个陈述进行非真即假的判断，称为西哲中的二值原则）；认为 Austin（1962）的言语行为理论与 Wittgenstein（1999b，1964）的语言使用论和 Grice（1989）的非自然意义理论及会话含意理论促成了语用学的形成与发展（好些以言行事是无法断其真假，尤其是，话语的意义已无法从字面上判断真或假，其真正意义隐藏在说话人意图之中，从此，寻求意义的努力便冲破了二值原则）；另外，对已经成为历史的这一段潮流的深入研究，还导致了西方当代语言习得、语言产出和语言理解、语言解释甚至翻译理论的重大发展。

研究西语哲最有影响的学者之一，公认是 Dummett（1993）。"他当初几乎是单枪匹马地从分析哲学传统奠定之初就开始追踪分析哲学的目的。近年来，他又盯住分析哲学起源的历史问题，发起了对分析哲学与大陆哲学追源索头的广泛探讨。"（Baghramian 1999：309）

在评价与介绍分析哲学方面，Martinich 所著 *The Philosophy of Language*（4th，ed.，2001）、Martinich 和 Sosa（2001）所著 *A Companion to Analytic Philosophy*、Bob Hale and Crispin Wright 所著 *A Companion to the Philosophy of Language*（1997）、Maria Baghramian（1999）所著 *Modern Philosophy of Language*，还有 Ayer（1982）所著 *Philosophy in the Twentieth Century*、Harris（1994）的 *Basic Topics in the Philosophy of Language*、Lycan（1999）的 *Philosophy of Language: a Contemporary Introduction* 等等，对分析传统意义上的语言哲学做了出色的梳理与评价。尤其要指出的是 Maria Baghramian 那一本的特色：书之首页的现代语言哲学的大事年表，将当时产生某一位哲学家（及其作品）的科学、艺术与文化事件和历史与政治事件作为背景都交待了出来，对今人理解当初为什么会出现这位哲学家及其作品很有助益。

在这些研究之中，也不乏对经典著述的修改、发展和补充，如 Davidson（20 世纪后半期）、Burge（20 世纪 80 年代）等的著述。Vendler（20 世纪 70 年代）是关注语言哲学与语言学之间的关系，并充分运用现代语言学的手段来讨论语言哲学问题的重要哲学家。他认为对语言进行经验性研究来发现语言规则是语言学家的工作，而哲学家的一部分工作是根据语言规则来发现某些分析的或必然之真（理）的，因此语言学对哲学是有帮助的。

当前西方语言哲学的发展(哲学很难说有“热点”),除了上述,还表现在以下几个方面的新情况:

第一,继续热衷于对那段已成为历史的分析潮流进行回顾、廓清与反思,以便更好地吸取养份。除了上述“Dummett 近些年又盯住分析哲学起源的历史问题,发起了对分析哲学与大陆哲学追源索头的广泛探讨”之外,又出现了引起西方哲学家关注的最新成果。如 Scott Soames 于 2003 年出版了 *Philosophical Analysis in the Twentieth Century*,而且在 2005 年又再版,可见对他成果的反应是热烈的。他与别人的梳理不同的特点是,将那段语言性转向以后的分析潮流分为了两个时期,一个叫做“分析哲学的黎明期”(The Dawn of Analysis),另一个叫做“意义研究时期”(The Age of Meaning),一眼望去就知道他对分析哲学意蕴的有特色的理解。他把 Moore 对道德论、认识论与哲学分析,把 Russell 对逻辑与语言的分析,把 Wittgenstein 的《逻辑哲学论》,把逻辑实证主义(Logical Positivism)、情感主义(emotivism)与道德论,把早期的 Quine 对后逻辑实证主义的视角(The Post-Positivist Perspective)的研究,统统归入“分析哲学的黎明期”,而把意义研究看成是分析哲学的标志性内容,甚至可以认为,是分析哲学本身,于是他将这一段时期定名为“意义研究时期”。这一段时期由如下研究课题形成:后期 Wittgenstein 的《哲学研究》;日常语言(哲)学派(别)的经典项目——真(并非一定是“真理”,大多数是真假之“真”——钱注)、善、心智与分析;更多的日常语言学派的经典课题——对彻底的怀疑主义(radical skepticism)的反应;Paul Grice 与日常语言学派的终结;Quine 的哲学自然主义;Davidson 的论真与意义;最后是 Kripke 的论意义与必然(Soames 2005)。这样的两段区分,值得深究的东西有两点:第一,把此前普遍认为是分析哲学的奠基之作——Frege 的 On Sense and Reference ——“忽略”了。第二,他对分析哲学的黎明期的理据,以及把意义作为分析哲学的“标志性建筑”(同时让其他课题不上标志榜)的理据,也是值得一究的。

第二,西方哲学界出了一件大事:由西方 12 位当今世界一流甚至是顶尖的哲学家,从 2002 年 3 月至当年 9 月 3 日,投票选出了近 50 年内最重要的哲学著作，得票最多的一组共12本①。颇具启发意义的是，这12个人与其作品中，被认为是分析哲学家及其语言哲学的作品占了一大半（至少是8位，注意带“*”号者），如下（按得票顺序）：

1. *Wittgenstein, L. *Philosophical Investigations*（《哲学研究》，1953）
2. *Quine, V. *Word and Object*（《语词和对象》，1960）
3. *Strawson, P. *Individuals: An Essay in Descriptive Metaphysics*（《个体：论描述的形而上学》，1959）（中译本，江怡译，中国人民大学出版社，2004年）
4. Rawls, J. *A Theory of Justice*（《正义论》，1971）
5. *Goodman, N. *Fact, Fiction and Forecast*（《事实、虚构和预测》，1954）
6. *Kripke, S. *Naming and Necessity*（《命名和必然性》，1972）
7. Anscombe, M. *Intention*（《意向》，1957）
8. *Austin, J. L. *How to Do Things with Words*（《如何以言行事》，1962）
9. Kuhn, T. *The Structure of Scientific Revolution*（《科学革命的结构》，1970）
10. *Dummett, M. *The Logical Basis of Metaphysics*（《形而上学的逻辑基础》，1991）
11. *Putnam, H.*The Many Faces of Realism*（《实在论的多副面孔》，1987）
12. Foucault, M.*The Order of Things: An Archaeology of the Human Science*（英译书名如此），（《词与物——人文科学的考古学》，1966）

上述名单中，分析哲学家至少占了8位。我们想一想这样的事实：语言性转向是发生在20世纪初期至20世纪70年代，按说，作为潮流的鼎盛期已经过去了近30年，可是最近的投票选择显示，最近50年内最重要的12位哲学家里竟有一大半（8位）是分析哲学家，可见他们在当代哲学家心目中的地位是很高的，其影响也是巨大的。

第三，普遍认为，当代西方哲学的主流显然不再是以细致地分析语言为手段（在哲学句法层面上反复展开）了。为了检验这个论断是否真如所是，本文作者做了一个随机抽样调查。调查对象是三期 *International Journal of Philosophical Studies*（《哲学研究国际杂志》②，2004（4））这一期

---

① 参见《个体：论描述的形而上学》，Peter Strawson，江怡译，中国人民大学出版社，2004年，总序二，陈波。

② 杂志的主办单位：Routledge Taylor & Francis Group，编者：Maria Baghramian，爱尔兰都柏林大学哲学系教授。

上的四篇论文:“历史的不确定性:德里达政治学的康德背景”,“阿奎纳斯与现代因果论”,“对存在(是Being)的追问:福柯的海德格尔转向”,“道德责任感与操作问题(the problem of manipulation)再思考”。其他栏目内没有涉及到语言哲学。2005年第一期上的论文共五篇:“汤普森·克拉克与他心问题(The Problem of Other Minds)”,“当良心召唤时,此在(*Dasein*)还会回应吗?——海德格尔式的真实性与道德生活的可能性”,“在意义的确定论与意义的柏拉图主义的中间(惟一的一篇讨论词语意义的论文!——本文作者注)”,“普罗蒂拉斯论同一性的存在论(ontology)”,“理性空间的自然主义化”。其他栏目内有一篇稍稍涉及到词语的分析,那便是:“真之全等概念的真实节制(the true modesty):回应Pascal Engel的一条注释”。2005年第二期上的论文共四篇:“再论胡塞尔-海德格尔关系”,“威廉·詹姆斯论情感与意图”,“‘分析的’阅读,‘大陆的’文本:德里达的‘论宽仁’的个案”,“哈贝马斯与有效性主张(validity claims)”。其他栏目内,稍稍涉及到语言分析的有:一、“批评栏目:什么使我们探求事物的实质?对David Charles的批评回答,《亚里士多德论意义与实质》”,二、“书评栏目:达米特的《真值与过去》”。

这里的随机调查只是做了一个小小的印证:语言分析的哲学的大潮是过去了,但仍有星星点点的遗迹。也可以说,西方哲学在经历了语言性转向之后,又转回了原处。

指出这一点,没有什么遗憾可言,因为主流手段的改变,丝毫没有抹去当初分析语言的哲人探索时的智慧。“又转回了原处”只是意味着不再以语言的分析为主,并不意味着当初的语言性转向只是白白地跑了一圈。解释这一点是有重要意义的:第二点“50年内最重要的12位哲学家里竟有一大半(8位)是分析哲学家”这一事实与第三点“语言分析的哲学的大潮是过去了,但仍有星星点点的遗迹”这一结论看起来好像是矛盾的:既然有这么多的分析哲学家被当代的顶尖哲学家念念不忘地肯定,但语言分析手段在当代的哲学中怎么只会有星星点点的遗迹呢?其实一点也不矛盾。第二点肯定的是分析哲学家的智慧,而不是肯定他们最终地解决了或者最终地回答了多少哲学难题。也许这就是哲学与一般经验学科的本质区别之一:哲学要“计算”的只是智慧,而不是彻底回答与解决了多少难题。这一点认识也许是最应该为愿意钻研哲学的外语学者所应记取的。这一认识与本文的主题——探索出西语哲在中国发展的可能有效的出路——关系极大。

针对这一认识与我们的需要而言，当代语言学对语言哲学如此丰富的成果和营养的利用和借鉴还需要加强。而有意识地将"考察和利用语言哲学的营养和智慧"作为一个专门课题来研究，目前就是在西方也还少见。另一方面，语言哲学借鉴语言学的情况更少，多数语言哲学家并不认为语言学会对哲学有什么帮助，他们的大部分工作是在评价一些经典语言哲学著述。

3. 西语哲在中国：不远的过去与当前

在国内，对西语哲的研究比西方的相应工作大约推迟了二十年光景。最先开始介绍与评述西语哲的一批学者及其作品，是涂纪亮的《分析哲学及其在美国的发展》(1987)、《语言哲学名著选辑》(1988)、《英美语言哲学概论》(1996)、《现代西方语言哲学比较研究》(1996)；徐友渔的《哥白尼式的革命》(1994)、徐友渔等的评价性编著《语言与哲学——当代英美与德法传统比较研究》(1996)；牟博、杨音莱、韩林合等人翻译的《语言哲学》初版(1998)；杜任之的《现代西方著名哲学家述评》，江怡的《走向新世纪的西方哲学》(1998,2004)、《维特根斯坦：一种后哲学的文化》(1996)；王路的《走进分析哲学》(1999)。这些著作对在中国传播与普及西方语言哲学起了很大作用。

《读书》杂志多年来也发表过一些学者对西语哲的介绍与评论。徐友渔等人(1996:286)在介绍西方语言哲学与欧陆哲学时，也强调了"人、语言和存在是一而三、三而一的"这一思想。无通(1993:115)认为，"语言不仅是交流工具，而且是存在的根本。"他说："这也许就是英美分析哲学和欧洲人文哲学共同掀起的'语言性转向'带给我们的最深刻的启示。"

牟博近年来旅居美国所做的工作值得注意，他编著的 *Comparative Approaches to Chinese Philosophy* 对中西语言哲学的交流起了积极的作用。近年出版的陈嘉映的《语言哲学》(2003)，除了介绍西方语言哲学的种种论题外,不乏作者自己的多有新见的思想与论证。

江怡从事当代西方分析哲学和语言哲学的研究和教学工作,在国内哲学界已经成为重要的学科带头人之一,并在国际哲学界崭露头角。他在分析哲学、语言哲学、维特根斯坦哲学以及当代英美与欧洲大陆哲学的比较研究方面都取得了令人瞩目的成绩,形成了自己的学术风格和重要的哲学观点。关于维特根斯坦,他创造性地提出了“应当把他的思想看做是连接英美哲学与欧洲大陆哲学的桥梁”以及“把维特根斯坦思想理解为一种后哲学文化的重要观点”(见《维特根斯坦:一种后哲学的文化》)。这些在国内维特根斯坦思想研究领域已经成为重要的代表性观点,由此也奠定了他在国内哲学界中的重要地位。他在分析哲学方面发表了大量论文,并以分析哲学为主线完成了中国社会科学院的研究课题——《当代英美哲学中的实在论与反实在论研究》和八卷本的《西方哲学史》(学术版)中的第八卷《现代英美分析哲学》(2005)。江怡在语言哲学研究中的主要观点如下:1.语言哲学研究应当是一种问题研究,它关注的不是某个哲学家的思想,而是不同的哲学家对某个或某些问题的观点;2.语言哲学研究应当以意义研究为中心;3.语言哲学研究应当被看做是传统形而上学研究在现代的继续,因为语言哲学最终关注的仍然是形而上学问题;4.语言哲学是与其他哲学分支学科的研究密切相关的,特别是心智哲学和逻辑哲学应当是语言哲学研究的主要相关学科;5.语言哲学作为一门学科,它可以与其他哲学思潮和理论相结合。

我国在分析哲学领域内卓有成就的另一位中青年哲学家是张志林(1995,2002,1991,1998,2005)。他的工作可分为两个部分。其一是对分析哲学作总体反思,并力图改进其研究方法;其二是用分析哲学提供的方法研究语言哲学和科学哲学(拓展到技术哲学)领域里的基本问题。他以问题为取向,试图有所创见。他以问题为取向的研究方法与本文的立论不谋而合。他在五个方面作了引人瞩目的工作:(1)分析哲学的反思与改进(参见他所承担的国家社科基金项目“分析哲学运动及其遗产”);(2)意义、指称、真理;(3)因果观念与休谟问题;(4)科学解释与技术解释;(5)维特根斯坦哲学。

能读西方语言哲学文献的一些学者,大都在大学的哲学系或中央及各个省市的社科院下属的哲学研究所工作，他们做出了许多引进、介绍以及研究的工作，本文不及在此一一涉及。

总体上来说，中国哲学界有关西方语言哲学的工作，译著和评介比较多，批评和创造虽然有，但比较少。这种情况，我们将在下面论及“中国哲学家提出问题的两种方式”时再次涉及。这也是一个自然的发展阶段。

对语言哲学和当代语言学之间的对话和互惠研究就更少。这方面，钱冠连与刘宓庆的工作或可提及。他们两人几乎同时地吸收西语哲营养并自觉地运用在自己的研究之中。刘宓庆在2001年首度出版的《翻译与语言哲学》一书中，将他的翻译理论一分为三：一是研究方法论，二是哲学视角，三是价值观论。从他的“翻译理论的哲学视角”中，可以看出他充分地引用了西语哲中的意义观来构建自己的翻译学意义理论的架构，有了自己的创见。

钱冠连从1999年至今，发表了10篇西方哲学方面的系列论文，除了介绍之外，还有意识地关注了两个方面：一是西语哲给语言学带来了什么营养与智慧，二是利用西语哲的理论，发展出有自己见地的横跨语言、社会与人文社科的某些问题，如工具性语言的扩展式（历史的发展，人与人之间的解释关系，见诸“论工具性语言的扩展式——西方语言哲学研究之八”，2003a）、语言哲学修辞论（见诸“语言哲学修辞论：一个猜想——西方语言哲学系列研究之十”，2003b）、语言哲学翻译论（见诸“语言哲学翻译论——兼论工具性语言扩展式”，2003c）等等。除了系列论文（1999－2005）之外，他的新的专著《语言：人类最后的家园——人类基本行为的哲学与语用学研究》（2005）是对Heidegger的“语言是存在之居所”的研究与推进，提出了“人以语言使自己出场（不仅仅是存在）。人的出场比物的出场更有意义”。该书实现了当年出版且当年再版，说明读者对他这些观点与材料感兴趣。钱冠连在这两个方面有意的关注，如果算是一研究动向，这种动向恐怕是有某种意义的，虽然现在概括这种动向的意义为时尚早。另外，语言学界（外语界）现在有一些学者开始关注语言哲学的营养。隋然（2002，2003）和李洪儒（2001，2003）在对分析哲学的探讨中，某些评价也多有思想与创见。耿菲菲、关德娓、彭炫和温科学对语言学与语言哲学的关系和语言哲学对西方修辞学的影响等问题做了中肯的分析。温科学在《20世纪西方修辞学理论研究》（2004）中指出，“当代修辞学不再局限于传统的劝说研究,而是与哲学思考交织在一起。修辞学复兴的理论动力是回归哲学,以语言哲学为先导,从语言背景出发讨论意义问题,进而对修辞哲学进行新的尝试,分析修辞的本质,探讨人类修辞的动机,构建'新修辞学'的理论框架,完成对传统修辞学的改造。"这本书就从这里出发,探索当代修辞学理论的发展历程,给中国修辞学理论建设提供了一个新的思考空间。

4. 西语哲在中国:寻找一种可能有效的发展之路

总体说来,虽然西方语言哲学和语言分析原本有一层天然密切的关系,但它与语言学(作为一个现代学科)互惠往来与对话还是不多,也不够深刻。从西语哲中有意识地吸收营养,以创造出结合中国哲学与文化的新的理论形态与新的研究风格,确实是一件立即要做的事了。特别是在当今某些语言学分支(如语用学)的研究陷入困境、无重大理论突破之际,挖掘西方语言哲学的营养与智慧,必将拓宽语言学研究视野,给语言学研究带来新的研究课题和研究方法,使语言研究不断深入,给语言学的研究发展带来新的转机。这里尤其要吸取吕叔湘(1986a)批评过的一个非常不体面的现象:"过去中国没有系统的语法论著,也就没有系统的语法理论,所有理论都是外来的。外国的理论在那儿翻新,咱们也就跟着转。""跟着转",一跟三四十年,别人变我们变,别人不变我们不变,就像我们自己的脑袋是"白茫茫一片",在外国理论面前,完全得了"跟着转,不自立"的失语症。每一个学科都这样覆辙重蹈,岂不是一个永恒的悲剧?当下,西方语言哲学开始在外语界引起注意并普及,从一开始就以历史教训为警,从一开始就尝试一条新的路子,一反"跟着转,不自立"之道,采取"虚心学,且自立"这样边引进边创造的路子:开始时读他的书,落脚时做我自己的事。这就是本文的立意。

这个立意,多多少少有助于提高中国 10 万之众的大学外语教师与更多语言专业硕士生与博士生的研究水平与教学水平,使他们的研究与教学具有哲学的、长远的眼光与智慧。窃以为,这在学术研究、学科建设与外语教学上，既具有长远战略意义，也不乏实践意义。

在提出符合上述"开始时读他的书，落脚时做我自己的事"的路子之前，必须思考并回答如下两个问题：

第一，西语哲，曾对那个时代的西方哲学、思想、文化与语言研究发生了极其深刻的影响。那么，时至今日，西语哲中所研究过的问题与研究方法与理念，是否可能对现代的语言研究以及一切与其相关的领域发生新的影响？如果可能，将有些什么样的影响与推动？中国语言学家、外语教师及语言专业学生可能从中吸收什么样的新的智慧与营养，以便从更为基本的层次上拓展自己的研究视野？

第二，从西语哲的老问题中捋出的新方向、新问题，会不会形成一种既包含最初西语哲的分析传统中的智慧，又对现代语言研究（不固定在某一个语言学的领域内）形成新的贡献这样一种新的研究风格与潮流？

深入地思考并试图回答好上述两个问题，我们的思路就会变得清晰起来。

这个路子的大致设想是：充分挖掘与利用西方语言哲学资源中的营养与智慧，从它的老题目中发掘出新方向，不必回到堆积如山的哲学老题中去纠缠，而去关注如何将语言问题和现实的外部世界、人的行为、社会交际与日常生活息息相关起来。这样的研究如果做得好，坚持得久，可能形成一个独特的新的研究风格与潮流——或可叫做"后-分析的语言哲学"，简称"后语言哲学"。

简要地说，"后-分析的语言哲学"的三个方面的涵义是：(1)我们继承与发掘分析哲学中的营养与智慧；(2)我们在中国文化、哲学与汉语的语境中虽然不时提起西哲的千年老题（"存在"和"世界"），但不是将它的老问题翻出来再炒作一遍，也不落入在老的理论帽子下加上新的汉语语料这个窠臼，而是节外生新枝；(3)我们的新枝（新的理论发现）落实在与现代语言研究相关的所有领域内。因此，它不是西方哲学的分支，也不是语言学的一门"学科"分支，而是从西语哲种种"问题"[如"全等陈述"（identity statements）、"空名"（empty names）、"说谎者悖论"（the liar paradox）等等]中引出来的一切与现代语言研究相关的跨学科的新的理论发现。简言之，它不是一门新学科（因而也就没有一个学科的理论框架），而是以"问题"（某一理论）为中心的新理论发现。

西方哲学中也有与我们这里概括出来的"后-分析语言哲学"(英文试用 post-analytic philosophy of language)相似的说法。但是,它的涵义是特指 Putnam、Dummett、Kripke 这些人发展、修改与补充了西方上一代人如 Frege、Moore、Russell 的观点,但仍然遵守了语言分析的路数。显然,这样的涵义与我们在中国文化、哲学与汉语的语境中酝酿起来的包含上述三个方面涵义的"后语言哲学"不是一回事。

本研究的定位基本如上述:不专注于现代语言学的某一个学科(因为西语哲初衷就不是为了解决语言学问题),而是与 Being(存在)、the world(世界)相关的跨语言学科的多个领域。

这样研究的总体框架,基本上可用"节外生新枝"一言以蔽之。对它的解释是,以西语哲原理论为营养与引发剂,解决与外部(物理)世界、人的行为、社会交际与日常生活息息相关的种种语言问题。这样的新枝,不是执意地创立新的语言学科门类,因此不可能给出像一个学科那样的理论框架,而是发现各种新的交叉性理论,最终的理论创造成果以一个一个的"问题"(某一理论)为中心,比如以下问题:西语哲为何可以是现代语言研究的营养钵,工具性语言系统,感觉经验的不可说,中国古代哲学有无纯语言理性思维,程式性言语事件的哲学探究,语言使用中的递归现象的哲学研究,语言哲学产生新的修辞观问题,等等等等。我们预期,这样的交叉性理论是一个开放性的无穷尽的系统。正因为这样,这个课题没有学科意义上的章节之分,只有"问题"之分,形成系列论文。这正如当初的分析哲学也没有独特的主题与理论框架,只有一个一个的问题(围绕西哲的千年老题)研究一样。

"节外生新枝"的模式的具体展示是:出发点→落脚点→新的理论问题(不是原来的老问题加上汉语语料,甚至也不是给老问题找到了新的出路)。仅举两例。

第一例:当年著名的分析哲学家塔尔斯基在给出真(理)之形式定义(a formal definition of truth)时,为了避免语义悖论(如"撒谎者"悖论),提出了区分工具性语言与对象语言的对策(Tarski 1944)。现在,我们可以从中提取出一个新的方向:论证出一个宏观的工具性语言系统,深刻地阐明社会的发展、人的言语行为与人与人之间的解释关系。

第二例:当年西语哲中曾有过著名的"呈现方式"(Frege 1952)、"摹状语"(Russell 1956b)和"使一物出场"(Heidegger 1982a/1982b)等等的研究。当今,中国的修辞学界正在试图从老的修辞思路中"突围"①,这一情况启发我们生出一个全新的方向是:修辞可以看成是一种哲学活动——凡是语言使用过程中涉及呈现方式、描述属性与使一物出场时,必涉及修辞活动。这个猜想的启示是:第一,凡有认知活动并且要说话的时候,都有修辞活动;第二,人类最普遍的生存方式(使用语言)——形而下,居然和形而上的思考(哲学活动)掺和在一起;第三,人的行为、语言行为与修辞是掺和在一起的。我们生活在修辞活动之中。

为了说清这个节外生新枝的思路,很有必要联系中国哲学家提出问题的两种方式。一种是提出一种全新的惊世骇俗的命题,给你一个全新的宇宙观、世界观与人生观。比如中国古代的老子、庄子、名家这样一些先贤提出的某些命题,至今仍然令人百思不得其解。另一种是中国现代或当代哲人提出问题的方式,即"跟随着原来文本发挥出创造性来"。下面的这段叙述可以作为这种方式的概括。叶秀山(2002:前言 9-10)指出:"我们一般做哲学的,尤其是做哲学史研究的,还是要老老实实地读书,弄懂文本的意思,那么'代'它说的'话',就可能既是文本要说还没有说的话,也是你自己的话。作为文本来看,它是进了一步,发展了,也许深入了;……你'跟随'着它发挥的话,同样也会是创造性的。""这就是我们学哲学而又做历史的对于何谓'创造性'的理解。""对于哲学来说,'学'字当头,'思-创造性的思'自在其中。"我认为这种"'学'字当头,创造性的思自在其中"的办法是可取的,尤其是值得我个人取法于中的,但我也赞成另外一种路径(它来自西方语言哲学的普遍背景之中):"批"字当头,建立自己的新命题(不是他们自己的宣言,是我的概括)。我就此两类路径请教了三位颇有成就的中国当代哲人。有两位倾向于"跟随着原来文本发挥出创造性来",有一位倾向于"'批'字当头,建立自己的新命题"。可是我们不得不承认,实际上,"学"字当头时也往往伴随着批判,"批"字当头时也往往伴随着继承。本文提出的新思路,第一段吸取"'学'字当头,创造性的思自在其中",第二段吸取了"'批'字当头,建立自己的新命题"的后半段,即不把自己的创造性湮

① 见《宗廷虎修辞论集》,吉林教育出版社,2003,第 81-95 页。谭学纯、朱玲,《广义修辞学》,安徽教育出版社,2002,第 14-24 页。

没在对别人的评述与诠释之中,"跟随"原来文本一段后,理出有价值的"引子"与"由头"后旋即离开老题,产生新题目,即"大头"文章还得自己整出来。总的来说,便是我所谓的"学字当头,生出新题",即节外生新枝。窃以为,以提出一种新思想新东西为目标,亦破亦立,是一种路径,(学)旧中生新,也是一种路径[①]。如果在一个阶段内不以提出新思想为目标,只破不立也是允许的,这正等于根据医疗仪器做体检的医生,只指出人的病灶(只是指误,即"批字当头"),不开药方(即不立),以便在另一个阶段让另外的医生开药方,是完全可以的也是必要的。

以方法论而分,归纳可以出新,演绎也可以出新。

为了符合西语哲在中国寻找出一种可能有效的发展之路,研究方法可以考虑是:

第一,思辨性的研究:(西)语言哲学的来路是哲学,因此本研究也是思辨性的研究。它高度依赖辩证逻辑,也依赖形式逻辑(推理)。另一方面,本课题也可以运用猜想,等待证伪。猜想与证伪在产出重大理论上有突出的功能。

第二,本课题是人文社科之内的跨学科性质,因此,它能借用一切人文社科所使用的研究方法。

第三,正因为是跨学科性质,而与语言研究结合的方面是那样的广阔,其中也可能有实证性的调查研究,这一部分必须结合语言事实,不排除调查与实证。

在以上"节外生新枝"的模式阐述的两例中,除了第三项(实证与调查)以外,思辨与一切适合于人文社科的方法大致上都用到了。

要按这种新的思路研究,我们必须做好如下的调研计划:

第一,找出尽可能多的西语哲文献资料;

第二,本课题的成果最终要落实到现代语言研究上,因此,除了实证性质明显的音位学与语音学以外,要调查与思考的第一组对象是:传统的语法、句法、语义学、词汇学(与词典学)、修辞、社会语言学、功能语言学(尤其

① 甚至无中生有。老子既说"道生一,一生二,二生三,三生万物",又说"天地万物生于有,有生于无"。胡适接着评论道:"道与无同是万物的母,可见道即是无,无即是道。"(胡适 1997:41)篇幅有限,无法在此展开。"无中生有"深度涉及了中国哲学,必须另外讨论。

是语用学)、心理语言学、人类学(文化学)、语言教学(外语教学)、中国哲学(等等)中尚未解决的问题;要调查与思考的第二组对象是:外部世界、人的行为、社会交际与日常生活中的现象与问题——此中尚未解决的问题我们努力解决,对已经解决的问题,提出新的视角与思路。这个过程体现了节外生新枝模式。

第三,方法论方面的知识准备要尽量充分。

对于这样新的思路来说,必须突破的重点是:(1)如何将语言问题和外部世界、人的行为、社会交际与日常生活息息相关起来,以形成一个独特的新的研究风格与潮流:"后语言哲学"(如果我们做得好,做得持久的话);(2)从西语哲种种"问题"出发,引申出以现代语言研究为基础的、跨学科的新理论"问题"来。简言之,以老问题引出新问题。

与此相关的难点:第一个方面,我们凭什么选择出西语哲中的某一个问题做出发点?我们又凭什么把这个选择出来的问题,落实到现代语言研究的某一个问题上去,即何以为落脚点?尤其是,我们凭什么有把握说我们将二者嫁接以后可以生出一种跨学科的、有理据的新理论问题来?第二个方面,这样嫁接出来的交叉性理论几乎是无穷尽的。这种无穷的嫁接要求我们的知识储备必须非常充分,这迫使我们时时更新知识,下结论时不妨如临深渊、如履薄冰。

这种困难可以归结为一句话:办法与路径倒是明确的,可是我们不能保证做出来的成果是有理据的新理论。这里起作用的东西是智慧。可是智慧正是我们最需要、最缺乏的东西。但我们应该有尽可能多的有志于此的学者来争取得到这种最需要、最缺乏的东西。在任何学术活动中,个人的智慧是重要的,但个人的智慧永远是不够的。

我们可以尝试以各种路径克服这样的困难。比如,我们可以倒过来先看看现代语言学中有什么问题没有解决,然后再回头到西语哲中寻找解决问题的智慧途径;或者,将我们此前所遇到过的种种语言学的问题存放在头脑中,一旦看到西语哲文献中的某一个解决问题的智慧的光芒,我们就可以以这一智慧尝试去解决存在中的问题。于是,问题又回到我们是否有足够的智慧。

关于如何得到这个智慧,我们倒是有一个可能性。即,我们必须时时刻刻地问一问：当初，分析哲学家们在解决他们那个时代令人头疼的争论问题——如“本体论承诺”、“说谎者悖论”、“空名”等等——时，用的是什么办法？这些办法的背后深藏着什么样的智慧？先是模仿，多多模仿，然后再独立地生长出自己的智慧来解决我们自己要嫁接的问题。

本课题的主要创新之处在于产生出“后语言哲学”三个涵义这样的新的研究方法与新的研究路径来。此处不再重复。为了加深印象，我们以两个例子使创新的路径具体化与简约化：第一例，以西语哲中“撒谎者”悖论为出发点，以语言研究中的工具性语言为落脚点，创造出新的理论问题——“宏观的工具性语言系统，深刻地阐明社会的发展、人的言语行为与人与人之间的解释关系。”第二例，以西语哲中“呈现方式”、“摹状语”和“使一物出场”等为出发点，以语言研究中修辞的困境为落脚点，创造出这样一种新的修辞观：“在涉及呈现方式、描述属性与认知活动时，必涉及修辞活动。人类最普遍的生存方式（使用语言）——形而下和形而上的思考（哲学活动）掺和在一起；我们生活在修辞活动之中。”

5. 结语

当下，西方语言哲学开始在外语界引起注意并普及，从一开始就以历史教训为警，从一开始就尝试一条新的路子，一反“跟着转，不自立”之道，采取“虚心学，且自立”这样边引进边创造的路子：开始时读他的书，落脚时做我自己的事。这就是本文的立意。

西方语言哲学在中国的一种可能发展之路，可设想为，充分挖掘与利用西方语言哲学资源中的营养与智慧，从它的老题目中发掘出新方向，不必回到堆积如山的哲学老题中去纠缠，而去关注如何将语言问题和现实的外部世界、人的行为、社会交际与日常生活息息相关起来。这样的研究如果做得好，坚持得久，可能形成一个独特的新的研究风格与潮流——或可叫做“后-分析的语言哲学”，简称“后语言哲学”。

“后语言哲学”的三个涵义，简言之，一是吸取西语哲的营养，二是不炒作它的老问题，三是产生以新的“问题”为中心的新理论。

这样的路子，在任何意义上，都不是惟一的可行的路子。如果它是正确可行的，要真正形成气候，毫无疑问地需要一切有志于西语哲的学者的智慧与长久的努力。

（原载于《外语学刊》2007 年第 1 期）

XIV.

Introducing Philosophy of Language to Chinese Learners: A Dialogue[①]

1. The Pregnancy of "the Linguistic Turn"

Baghramian:

Philosophy of language is an attempt to understand the nature of language and its relationship with speakers, their thoughts, and ***the world*** ... Philosophers of language are also concerned with questions about the relationship between language and ***the world***: Does language describe ***the world*** or does it, in some way, construct our picture of ***reality***? Does language distort ***reality*** or does it enable us to give accurate accounts of what there is? Are the truth and falsehood of our statements determined by ***the world*** or by our linguistic conventions? What is the connection between names and ***the objects*** to which they refer? (Baghramian 1999: xxviii, emphasis added.)

Qian:

Anybody who claims to be a lover of Western philosophy (henceforth

---

① The research has been supported by the MOE Project of the Center for Linguistics and Applied Linguistics of Guangdong University of Foreign Studies. 本研究系"(西)语言哲学与现代语言研究"(教育部人文社会科学重点研究基地 2005 年度重大研究项目,项目批准号:05JJD740178,课题组负责人:广东外语外贸大学外国语言学及应用语言学研究中心 钱冠连)的子课题。另外,本研究得到广东外语外贸大学外国语言学及应用语言学研究中心的资助。

WP) would be advised to pay attention to terms such as "the world", "reality", and "(the) object" in the above quotation. As key terms in WP (for a discussion of other key terms, see section 6), the first two are often seen as equivalents and sometimes may be substituted by one another, although they have their own different nuances and occasions of use. These terms are not only oriented towards *the world* but also the question of *Being*, which itself is a part of what is known as "ontology", a long standing and pivotal point of WP. Such an approach presents striking differences with Chinese philosophy①, especially that of the antiquity, which has mainly been oriented toward the innermost being of man (*renxin*②) and the unification of Heaven and man (*tian ren he yi*). That is to say, Western philosophers have been interested in what is at the heart of the cosmos, *the world*, while philosophers of China have focused on what is in one's deep soul or the innermost being of man.

Meanwhile, what has become known as the linguistic turn in WP is, I believe, in a process of fermentation. This relatively new trend in philosophy has *the inherent potential* to develop fully into the mainstream philosophical approach known as analytic philosophy, which in turn has been more than 1900 years in the making (this aged mellow wine was brewing for a long time, one might say!). This is why this section is titled "The Pregnancy of 'the Linguistic Turn'".

Baghramian:

What Qian has called "The Pregnancy of 'the Linguistic Turn'" has manifested itself in the past two decades in a resurgence of interest in analytic philosophy of mind and analytic metaphysics — philosophical developments which have been influenced and shaped, to a large degree, by the

① As noted in *Emergence of the History of Chinese Philosophy*, Antonio S. Cua delivered that "as philosophy is a Western term, Chinese philosophy is an invention of Western-trained Chinese scholars .... From ancient times to the present, ethics is a recognized branch of Western philosophical inquiry, and ethics has its counterpart in ancient Chinese thought ... of course, the word 'philosophy' has no equivalent in Chinese before translations of Western philosophical works in the nineteenth century." For more discussion, see *Cua*, A.S. 2000.

② It is the standard spelling system of Chinese that is used in our writing, with the letters being printed in italics as such distinct from English letters.

preoccupations that dominated philosophy of language in the twentieth century.

Qian:

Yes, I have noticed your wording, "a resurgence of interest in analytic philosophy of mind and analytic metaphysics".

Baghramian:

The history of philosophical concern with language is as old as philosophy itself. Plato, in *Cratylus* explored the relationship between names and things and engaged in what today would be recognized as philosophy of language①. Most philosophers since Plato have shown some interest in language ... The ancient philosophers, beginning with the Presocratics, established a tradition of metaphysical speculation that continued through the Middle Ages. They were primarily concerned with questions about *the nature of existence, the categories of things that exist, their essences, their unity and diversity and so on*. (Baghramian 1999: xxviiii-xxx, emphasis added.)

Qian:

Chinese learners of WP are advised to focus on the italicized passage in the above quotation, because it relates to some of most fundamental issues discussed in WP, — issues that constitute the permanent background against which WP has been expanding and evolving waves by waves.

Consider the term Ontology. "On" within it pronounces as [əu] in Greek, whose meaning is approximately equal to "to be"/ "Being" in English. It is a question having to do with "Being" that has been the core category of WP since Socrates and Plato.

The typical question raised by the philosophers in the phase of ontology in WP was "*What is there?*" But as Baghramian points out, "with Descartes, the locus of philosophical concern changed from the issue of *what there is* to what we know." (See below). This is a shift, one might say, from pure metaphysics to epistemological metaphysics.

One really difficult question facing every Chinese philosopher engaged with WP is how to translate the word "*ontology*". Some, for instance, Chen Kang, in the 1940s, translated it as *shi-lun* (the theory of "to be" [as a link verb]); some, as *benti-lun* (the theory of Noumenon/thing-in-itself), which

① *Cratylus*, 435 D, in Plato, 1961.

has been very popular since the 1950s; and *cunzai-lun* (the theory of existence) has become prominent roughly since the 1980s. The root problem is that in many Western languages the single term "being" holds three meanings and is ambiguous between "to have", "to exist", and "to be" (as a link verb signaling the "is" of predication), while in Chinese, "to exist" and "to be" (as a link verb) should be respectively assigned to two distinct words, *cunzai* (also *you*) and *shi*. Some translators identify the philosophical term "ontology" with "to exist", while others, with "to be" (as a link verb). Here arose the two different choices *cunzai-lun* (the theory of existence) and *shi-lun* (the theory of "to be"). Meanwhile, *benti-lun* (theory of Noumenon/thing-in-itself) obscures this discrepancy between the two. For me, *shi-lun* (the theory of "to be" as a link verb) is the favorite, yet *cunzai-lun* implying theory of existence is a workable alternative. Wang Taiqing points out that it is by means of "to be" (as a link verb) and "not to be" that we can construct a positive proposition or negative one in order to distinguish between truth and falsehood. It is from here that Parmenides in the Presocratics raised the two paths to knowledge. In addition, it is from here that Aristotle established logic as a discipline and engaged in a fruitful analysis of the relationship between the verb "to be" and "truth". So the translation of ontology into *shi-lun* (the theory of "to be") channels us to understand correctly the traditional ethos of WP so as eventually to accord due importance both to logic and to the sciences.① The proposition "*cogito ergo sum*" by Descartes, consequently, should have been translated as "I think, therefore I *am*" in stead of "I think, therefore I exist".②

As far as "*metaphysical speculation*" and "*metaphysics*" are concerned, I would stress that by no means they are meant to be understood as one-sided views of the world or the isolated view of how things are. The pejorative interpretation of "metaphysical speculation" and "metaphysics" was unfortunately permeating through both Chinese society and China's circle of scholars from the 1950s to the 1980s. According to the *Oxford Dictionary of*

① See Fan, M. S. 2005.

② See *On Plato and Parmenides*, translated and noted by Chen Kang, The Commercial Press, 1981, p.717.

Philosophy, "the term 'metaphysics' is now applied to any enquiry that raises questions about reality that lie beyond and behind those capable of being tackled by the methods of science."① As stated in a simple way, metaphysical speculation is the process of enquiry about and meditation over the cosmos or the world without resorting to laboratory instruments and empirical methods and findings. However, according to Heidegger, metaphysics is the truth about the whole of Beings, viz. the revealing of Beings. In Heidegger's words, what has long been called Western metaphysics rests on the difference between a sensuous and a suprasensuous world.② Logically, metaphysics belongs to the latter.

What we here want to add is that metaphysics was by no means new to the tradition of Chinese philosophy. "The above-being (*xing'ershang*) is called Dao③, while the below-being (*xing'erxia*), tool or instrument (*qi*)." (*The Yizhuan: Xicishang*) Dao is a metaphysical speculation in Chinese philosophy. In addition, regarding the question "What is the nature of Chinese philosophy, and what contribution has it to make to the world", Feng Youlan points out that we do find both ethical and metaphysical concerns in Chinese philosophy.④

Baghramian:

Concerns with deep metaphysical questions such as "*Why is there something rather than nothing?*" and "*What is being?*" for centuries have been the backdrop within which much of Western philosophical thinking has taken place. But these questions cut beyond the divisions between Chinese and Western philosophical schools; they force themselves upon us as thinking beings regardless of our cultural and historical background.

---

① Blackburn, S. 1994. *Oxford Dictionary of Philosophy* [Z]. Oxford: Oxford University Press, p. 240.

② See Heidegger, M. 1982a: 14. The original text is "Your experience, then, moves within the difference between a sensuous and a suprasensuous world. This is the distinction on which rests what has long been called Western metaphysics."

③ Dao designates way or ways; ultimate reality or the ultimate. For more information, see Mou, B. 2003: 324.

④ See Mou, B. 2003: 12.

Qian:

We, however, can not shake off our cultural and historical background, when being engaged in philosophy of our own.

Baghramian:

With Descartes, the locus of philosophical concern changed from the issue of what there is to *what we know*. The skeptical climate engendered by the Renaissance and the breakdown of old scientific and religious certainties gave urgency to questions such as "*How can we know anything at all?*" and "*What justification have we for our claims to knowledge?*" Both the rationalist and the empiricist philosophers, from Descartes onward, were, in different ways, engaged in the project of establishing foundations for claims to knowledge, and so were primarily concerned with epistemological questions. (Baghramian 1999: xxx, emphasis added.)

Qian:

The change in the locus of philosophical concern that Baghramian is targeting is deeply rooted in Descartes' introduction of methodological skepticism and his redefinition of the concept of mind. In Rorty's narrative, modern philosophy takes the form of epistemology or theory of knowledge. Philosophy of this kind originates in the seventeenth century and achieves its definitive form in the writings of Kant. Descartes inaugurates modern philosophy's epistemological turn by making two moves: introducing methodological skepticism as the principal tool for investigating the foundations of knowledge, and redefining "mind" as that to which each of us has privileged access. Given this conception of mind, skepticism itself acquires a new and more radical form. For the ancients, skepticism raised the question of whether we can attain certainty about the "real nature" of things. After Descartes, the question is recast as "to what extent, if any, our 'ideas' are accurate representations of 'external' reality?". The very existence of the external world is subject to doubt[①]. Thanks to the doubt concerning the existence of the external world, philosophers were directly channeled to turn their typical question of "what there is" to "*what we know*", that is, "*How can we know anything at all?*" and "*What justification have we for our claims*

① See Martinich, A. P. & D. Sosa. 2001: 428–429.

to knowledge?" From then onward, we entered the phase of what was called *epistemology*.

This re-orientation of core philosophical questions demonstrates that philosophical research does not actually lead to the solution or resolution of age-old philosophical questions, rather it engages in *the continuing exchange and recasting of typical questions* in different forms and from varying perspectives. This is a historical fact we have been witnessing in the development of both WP and Chinese philosophy. Ask a question and you will harvest much wisdom followed by a surprise. And, another question, the wisdom of another kind, and yet another surprise! *No permanent solution once and for all, but the pursuit of wisdom was, is and will be the central virtue of any philosophical engagement from whatever historical or cultural tradition.* This feature of philosophy also results in the rise of varying schools, with their emphasis on different subjects and methods. For instance, "from the age of Confucius onward, there arose men who criticized or opposed these institutions; who wished to revise them; who wished to establish new institutions in their place; or who were opposed to all institutions whatsoever. … Thus when the Confucians had advanced their arguments for the preservation of the past, other philosophers, holding divergent views, were forced, if they wished to gain a following, to explain in their turn the reasons why they considered their own doctrines superior. The Confucian philosopher, Xunzi①, refers to this situation when he says about the doctrines of twelve opposing philosophers, 'What they support (all) seems reasonable; their teachings are (all) plausible'."②

Baghramian:

Philosophy is a perennial search for understanding and self-understanding. There are several reasons for the permanence of philosopher's quest. First, the questions philosophers ask, due to their abstract and foundational nature, do not admit of ultimate replies; second, any responses to such questions, in

① See Feng Y. L. 1952:14. The original, therefore outdated, spelling of the name is Hsún Tzú used in that era when, in 1952, Feng Youlan wrote his book *A History of Chinese Philosophy*. Form now on, the modern spelling of the Chinese language is used in our writing.

② See Feng Y. L. 1952:14.

turn, give rise to further questioning so there is no end-point or finality in philosophy; and third, philosophy, I believe, is fundamentally a pluralistic enterprise, where it is always possible to construct more than one plausible response to any given question. One concern arising out of this picture of philosophy is whether there could be such a thing as progress in philosophy. Could we claim that the philosophy in the 21st century is more advanced than the philosophy in the ancient times? I believe we can give a guarded positive answer to this question. We have made progress in philosophy by learning to cast the ancient philosophical questions in a more perspicuous and rigorous fashion and in the process we have also come to ask some new questions. Philosophy of language in the analytic tradition has played an important role in enabling us to understand and reshape various aspects of this perennial quest and hence has played an important role in what, in this guarded sense, may be called "philosophical progress".

Qian:

The questions philosophers ask do not admit of ultimate replies, but we admit "philosophical progress" in the guarded sense.

Baghramian:

With the beginning of the twentieth century we witness a radical change. A preoccupation with language began to dominate philosophy and gave it *its "linguistic turn"*①. This change involved not only a quantitative increase in interest in matters linguistic, but also *the recasting of age-old philosophical questions in linguistic terms*. Language thus came to be seen as the primary means of both understanding and solving philosophical problems. (Baghramian 1999: xxx, emphasis added.)

Qian:

There are two important points that deserve the attention of Chinese learners. The first is that the translation of "the linguistic turn" as "*yuyan zhuanxiang*" (literally meaning that "language itself turns to something") is problematic, but the translation "*yuyanxing zhuanxiang*" (meaning that "philosophy linguistically turns to the analysis of language") is obviously appropriate to the essence of "the-linguistic-turn". Not that *language* turns to

① See Rorty, R. 1967: 9. Rorty attributes the term to Bergmenn.

something, but that *WP* turns to "the analytic method". The two approaches to this translation reflect two different understandings of the essence of the linguistic turn. The former is (mistakenly) concerned with language, but the latter (correctly) with philosophy. The linguistic turn leads to the inception of analytic philosophy, which then also becomes known as *(the) philosophy of language*① (henceforth the PL). The PL is not a branch of linguistics, but that of philosophy. The PL, construed in this narrow sense, aims at solving age-old philosophical problems and illuminating philosophical, rather than linguistic, sensibilities. One might even say that the PL is fundamentally not a branch (of philosophy), but, exactly, *a way*, *a style*, *even a tidal current or a trend* in WP at a particular time. Such an awareness of the trend to do WP is vital to Chinese scholars, for quite a few of them take it for granted that the PL is simply a branch of linguistics. *Only knowing what the PL truly is (and what it is not) would enable us to measure up to the expectations of those philosophers and their works.*

Now, let us listen to Maria Baghramian on the question of "the analytic philosophy" which, at least for a period in its early inception, was not distinguishable from "(the) philosophy of language".

Baghramian:

The roots of what came to be known as "the analytic revolution" can be found in Frege's revolt against German psychologism and Russell's and Moore's rejection of British idealism②. ... They also believed that reality cannot be studied directly without also studying the main medium for thinking about it and describing it, i.e., language. Their concern was with language as an abstract entity that expresses thought and whose structure, if analysed correctly, can reveal the structure of reality and *they had no, or very little, interest in the actual use of language* in its social context③. (Baghramian

---

① Both "philosophy of language" and "the philosophy of language" can be widely found in the literatures concerned. An example of the latter is the title of *The Philosophy of Language*, edited by A. P. Martinich, New York & Oxford, Oxford University Press, 2001. Here, Qian prefers "the philosophy of language" to the other sometimes, for it can be conveniently shortened as the PL.

② See Hylton, P. 1990, for a detailed discussion of the origins of analytic philosophy in Britain.

③ A notable exception was G. E. Moore whose work influenced the "ordinary language" approach to philosophy.

1999: xxx–xxxi)

Qian:

By means of an analysis of language, what those philosophers were interested in laying bare were the structures of thought and reality, rather than the actual uses of language. This also positively corresponds to the view that the PL is not a branch of linguistics, but a way, a style or a trend to do WP at that time.

It has been argued that analytic philosophy at its inception did not pose many new philosophical questions, rather it aimed to recast age-old philosophical problems in linguistic terms. We would endeavor to digest what Baghramian is proposing after pointing out to what she sees as the five main features of analytic philosophy (see also Section 4).

Baghramian:

It may be useful to point out that this lack of interest in the concrete conditions of language-use is also evident in the work of the seminal philosophers of language in the USA of the second half of the twentieth century, philosophers such as W.V.O. Quine, Hilary Putnam, Saul Kripke and Donald Davidson. Quine's philosophical engagement with language was shaped by his reaction to the writings of the Logical Positivists of the Vienna Circle (Carnap in particular), Putnam and Kripke, on the other hand, were reacting to the descriptivist theories of reference and meaning of Frege and Russell. These critical reactions, however, were still cast within the rather austere framework set by the originators of analytic philosophy and paid relatively little attention to the pragmatics of language-use.

Qian:

Language-use is radically different from the rather austere framework set by the originators of analytic philosophy.

Baghramian:

Analysis of language would reveal hidden logical structures and, in the process, help us solve age-old philosophical problems, *hence the term "analytic philosophy"*. (Baghramian 1999: xxxi)

Qian:

As a central concept, "analytic philosophy" was on a par with "*analytic philosophy of language*"— at least from the period of its inception in the early twentieth century to the end of 1930s. For instance, we read statements such as "a common feature of early *analytic philosophy of language* was a mistrust of ordinary languages." (Baghramian 1999: xxxii) and "I have chosen [the articles and book extracts appearing in my book] for their significance in shaping the trends and the direction of twentieth-century *analytic philosophy of language*" (ibid: xxxvii).

Just as Martinich has addressed, "Perhaps what makes current analytic philosophers analytic philosophers is a counterfactual: they would have done philosophy the way Moore, Russell, and Wittgenstein did it if they had been doing philosophy when Moore, Russell and Wittgenstein were." (See Martinich & Sosa 2001) Probably, this is further evidence we can depend on in order to show that the PL is a way or a style to do WP in the first half of the 20th century.

To sum up, the concrete causes of the emergence of the linguistic turn in philosophy are:

(1) the discovery of the new mathematical or formal logic by Frege;

(2) the revolt against German psychologism and rejection of British idealism;

(3) the establishment of and progress in the contemporary science of linguistics.

The most important explanation for philosophy taking the linguistic turn is that the ultimate tasks of philosophers are to understand fully the basic structure of the world and to obtain a set of complete criteria for observing human activities and social organization. However, no philosopher can accomplish all this just by sitting in an armchair. Instead what they have to do is to analyze concepts, and therefore, to speculate over concepts and to do so is to be concerned with language.

Baghramian:

With the advances in natural sciences, over the last three centuries, philosophy has increasingly narrowed its scope and proper ambition. Although both philosophy and science may aim to understand the basic structures of the natural and the human world, philosophers, unlike scientists, ask their questions at the highest levels of abstraction and rely on thought-experiments guided by their intuitions rather than on empirical investigations. Conceptual analysis is one of the few methods available to philosophers engaged in this abstract enterprise, hence its central role in the analytic tradition.

2. A Misunderstanding of "in-Linguistic-Terms"

Qian:

There has long been a misunderstanding of the very idea of "recasting age-old philosophical questions in linguistic terms" among quite a few Chinese learners of the PL. Although their understanding of "the recasting of age-old philosophical questions" may be tenable, what is problematic is their interpretation of the locution "in-linguistic-terms". They surmised that what is meant by the expression "in linguistic terms" is that philosophical propositions should ultimately appeal to language. In this way, to expand on a philosophical issue "in-linguistic-terms" in their eyes would simply boil down to writing books on or talking about philosophy by means of language. This view is, however, a somewhat simplistic assessment of a complex situation! Furthermore, they are also assuming that all the philosophical representations involved *in language-related treatments*, e.g., such a paradox as *baima fei ma* (White horses are not horses) proposed by Gongsun Long, a famous *Ming-jia* (School of Names, Logicians, in ancient Chinese philosophy), should have also been seen as a subset of the PL. Even if we accept that these are language-related philosophical issues, we do not see this as analytic philosophy in the strictest sense. Neither do we regard the methods used for the treatment of paradoxes of this kind as an instance of approaching philosophical problems "in-linguistic-terms" within a background relevant to the development of WP.

What under the sun, then, is meant by "in-linguistic-terms" in the strictest sense of this expression?

Some examples illustrating the key moves in introducing the linguistic turn within the analytic tradition might be useful:

The example of "the morning star is the evening star" as in "On Sense and Reference" by Frege in order to highlight the relationship between thought and the world[1] (Or what is called the "problem of identity".)

The example of "the present king of France is bald" and "The golden mountain does not exist" as in "Descriptions and Incomplete Symbols" by Russell in order to show how we can meaningfully speak of things that do not exist[2] (Or what is called the "problem of existence".)

The locution "X is true if and only if p." or "'Snow is white' is true if and only if snow is white" as in "The Semantic Conception of Truth and the Foundations of Semantics"[3] by Tarski, which is used to clarify and advance ancient debates over truth, etc.

Those are what we call *the prototypes for doing analytic philosophy*. Such prototypes, in the analytic tradition, often operate *at the level of philosophical syntax*. The aforementioned expressions that have been used to recast age-old philosophical problems are nothing but phrases or sentences, in other words, they illustrate "*the utility of philosophical syntax*" as suggested by Russell. Russell stated, "It gradually became clear that a great part of philosophy can be reduced to something that may be called '*syntax*'." Having quoted from Carnap that "all philosophical problems are really syntactical, and that, when errors in syntax are avoided, a philosophical problem is thereby either solved or shown to be insoluble", he comments, "I think this is an overstatement, but there can be no doubt that the utility of philosophical syntax in relation to traditional problems is very great."[4] The aforesaid examples are vivid representatives of what Russell has called "(philosophical) syntax". It is primarily in this sense that Russell, Frege, as well as the logical positivists, use the expression "in linguistic terms" in doing analytic philosophy. It would consequently be a mistake to ascribe to the locution "in-linguistic-terms" the view that all philosophical questions related to language should be seen as the PL or that "what is meant by the expression 'in linguistic terms' must have been that philosophical propositions should ultimately have appealed to

---

① See Frege, G. 1952.

② See Russell, B. 1956.

③ See Tarski, A. 1944.

④ See Russell, B. 1972: 830-831.

language." Nevertheless, we admit that, involvement in language-related issues has long been a frequent feature of philosophy long before the "analytic revolution".

The point is that *philosophy of language understood in this narrow sense and practiced in the tradition of "analytic philosophy" is concerned with language primarily at the level of philosophical syntax.*

Baghramian:

Philosophy of language, in this narrow sense, should be understood in the context of Russell and Frege's mistrust of natural languages. Russell believed that natural languages enshrine "the metaphysics of savages" and hence are unsuitable for expressing a scientifically accurate and up to date picture of the world. Frege, similarly, believed that natural languages are irredeemably vague and hence unsuitable for the more rigorous needs of science. It is this suspicion of natural languages that leads to what Qian calls the concern with "language primarily at the level of syntax".

3. The Perplexities for Chinese Learners of the PL

Qian:

The vast literature on WP is full of thorny problems for the Chinese learners of the PL for the following reasons:

(1) On the one hand there is a gap between general, or what one may call encyclopedic knowledge, and WP, and, on the other, there exists a further gap between WP and Chinese philosophy. Thus, Chinese students or scholars without any background knowledge of WP face the two giant gaps, and consequently it should not come as a surprise that they would be on the horns of a dilemma in dealing with a sea of new terms, concepts, categories and propositions.

(2) Any philosophical proposition, whose conceptual background and significance have not been revealed, dangerously tends to become a mountain which is too high for Chinese learners to surmount. By "conceptual

background and significance", we mean the numerous discussions, debates, disputes, controversies, and attack-counterattacks over key philosophical assumptions and principles that have occurred since the inception of analytic philosophy. Any one of these debates or disputes, when almost casually mentioned in philosophical books or articles, could become a blind spot for Chinese learners who are undertaking research in a particular area of the PL.

(3) A limited scope of knowledge one has stored in this respect can mercilessly prevent one from approaching WP and, then, the PL. One may become victims of one's inadequate knowledge of mathematics, logic, physics, and even chemistry, biology, and other kinds of empirical sciences, when being engaged in the PL. Disciplines of that kind plus humanities are indispensable resources for understanding the PL.

Taking the aforementioned complications into consideration, we maintain that a useful approach to works on the PL is not, therefore, to attempt to clarify every single point our eyes could touch, sentence by sentence, comma by comma. There should be no need to have caught all the trivial problems, for they had their radically different and exotic backgrounds and origins. Furthermore, the trivial issues may deviate from the main objectives of a particular thesis and hence in following the trail of such trivial issues, we may be drawn away from the main point or aims of our research. What we have to do, first and foremost, is to trail one or some main point(s) an author is going to solve in a given essay and then return to the details at a later stage when we have a better command of WP.

It is painstaking to do philosophy, for, as Wang Guowei (1877–1927)① points out, what is lovable (e.g., literature or art) is not faithful, while what is faithful (e.g., philosophy) is not lovable. That is why he, having once done philosophy in his early years, gave it up and turned his academic interest to history, literature, etc.

---

① Wang Guowei was a great scholar whose notability only was next to the greatest scholars such as Chen Duxiu, Hu Shi and Lu Xun in his time (1877–1927). He has uniquely contributed to the fields including Chinese philosophy, education, aesthetics, literature, history, Chinese character, philology, archeology, etc.

Baghramian:

Philosophy, both in the East and the West, is one of the highest achievements of mankind. It asks the most fundamental questions regarding any area of enquiry and attempts to respond to these questions with rigor and depth. It is not surprising, then, that the study of philosophy should prove difficult. But with the difficulty there comes also *an enduring intellectual satisfaction of highest order.*

What all students of philosophy, whether in China or the West, need to do in approaching a philosophical text is to try to understand the questions that an author is attempting to address and the reasons why these questions are deemed to be important. To understand the motivations behind a philosophical text or approach will provide the students with the first essential steps towards coming to terms with vastly complex topics and issues.

4. From "Analytic Philosophy" to "Philosophy of Language"

Qian:

In this section, we would briefly trace some of the connections between analytic philosophy and philosophy of language.

In his monograph *A History of Philosophy*, published in 1914 (first edition), and then in 1962 (a complementary edition)①, Frank Thilly gave a brief survey of "analytic philosophy" in the last section of the chapter entitled "Pragmaticism, Positivism and Analytic Philosophy" (1962). But there was no mention of the label "philosophy of language" in either edition. Similarly, Bertrand Russell in *A History of Western Philosophy* (published in 1945), in Chapter XXXI entitled "The Philosophy of Logical Analysis", carried a limited investigation of "analytic philosophy" but did not specifically mention "philosophy of language". What these two books on the history of WP shared was:

① See Thilly, F. 1914.

(1) they did not mention the label "philosophy of language" and

(2) they singled out a section devoted briefly to what is now called "analytic philosophy".

The aforementioned facts demonstrate that

(1) chronologically, the label "philosophy of language" followed that of "analytic philosophy" and

(2) modern philosophy of language is *the outcome of the linguistic turn, i.e., the result of the development of analytic philosophy as a mode or method of conducting philosophy. We guess that the phrase "philosophy of language" as a formal label became popular after the 1960s*, while before this we could see only the sporadic and occasional use of this expression in some books or documents.

To our great surprise, the entries for "analytical philosophy" (Blackburn 1994: 14) and "language, philosophy of" (Blackburn 1994: 210) in the *Oxford Dictionary of Philosophy* did not actually mention each other! In the latter, we have not yet found such a statement as "philosophy of language originated from analytical philosophy" or the like. This has truly given us food for thought.

My point is that we should understand *the PL (construed in this narrow sense) as the outcome of the linguistic turn in the analytic tradition*. In this case, it is helpful for Chinese learners to recognize the main features of analytic philosophy. According to Baghramian (1999: xxxi), the main features of analytic philosophy, in its infancy, were: (a) the emphasis on rigorous argumentation and clarity, both as a goal and as methodology; (b) lack of interest in the history of the subject; (c) emphasis on the connections between philosophical concerns and those of the natural sciences; (d) belief in the importance of language as a means of understanding philosophical questions, including questions about the relationship between the world, or reality, and thought; (e) the adoption of the method of analysis and reliance on formal logic as a tool to analyse and clarify philosophical problems.

Now, we are approaching the very heart of the PL.

Through the analysis of language, what analytic philosophers have obtained is an insight into the world and not simply or primarily into language for they did not mean to investigate language for its own sake. Investigation of language is the optimal path to understanding reality and thought. In addition, we could analyze and understand the structure of thought once we correctly analyze the structure of language.

Knowledge of the world is expressed through the language we use. Inquiries into the world have thus turned, at least in part, into inquiries into language. Such a viewpoint may be called a "semantic ascent". *Quine (1953) turns the discussion of discrepancies of things into that of discrepancies of words.* It is by means of the acquisition of a set of theoretical terms (within a theoretical language) and locating them as part of a network of interrelated sentences that the comprehension of a scientific theory takes place. For Quine a theory is ultimately a linguistic entity to which we give our assent or from which we dissent. *The debate over philosophical ontology, furthermore, can be rendered into a semantic debate over words and how to use these words.* It should not, then, be a surprise that Quine turns the dispute over ontology into one about language①.

Baghramian:

It is interesting to also note, in this context, that Quine in much of his writing does not distinguish between language, theory and conceptual schemes and also denies the distinction between philosophy and science. For Quine, metaphysics, properly understood, is science conducted at the highest level of abstraction and the only acceptable form of epistemology is epistemology naturalized; furthermore, he believes that meaning, as traditionally understood, is simply a chimera. Thus, in his hands philosophy, in general, surrenders its autonomy to science and philosophy of language, in particular, loses its core: the quest for a theory of meaning.

5. Philosophy of Language in a Broad Sense

Qian:

The PL in a broad sense, i.e., beyond the strictest sense of the term

① See Quine, W. V. O. 1953.

"analytic philosophy" as dealt with by Frege, Russell, etc., is being nowadays talked about more than before.

Once we approach the PL in this broad sense, we see that non-analytic philosophers, for instance Heidegger among others, have indeed much to contribute. The works of the philosophers of the European continent should be seen as and treated as complementary to those of Anglo-American philosophers of the analytic tradition. Before discussing this problem, we would better cite a famous statement made by Rudolf Carnap about "the principle of tolerance" in his "Empiricism, Semantics, and Ontology"①:

> To decree dogmatic prohibitions of certain linguistic forms instead of testing them by their success or failure in practical use, is worse than futile; it is positively harmful because it may obstruct scientific progress .... *Let us be cautious in making assertions and critical in examining them, but tolerant in permitting linguistic forms.*

Let us also be "tolerant in permitting linguistic forms" as proposed by Heidegger, for what he philosophically said about language might indeed be construed as a "linguistic form". One instance is his claim that "Language is the house of Being."

"Being" is an overriding hint for the PL. The importance of the concept of "Being" can never be overestimated for the PL.

> Some time ago I called *language*, clumsily enough, *the house of Being*②. If man by virtue of his language dwells within the claim and call of Being, then we Europeans presumably dwell in an entirely different house than Eastasian (East Asian — Qian) man.③

By this famous proposition "Language is the house of Being", Heidegger means that

—"Only where the word for the thing has been found is the thing a

---

① According to Baghramian, this paper, which was included in the enlarged edition of *Meaning and Necessity*, presents Carnap's most mature thinking on the issues that had preoccupied the logical positivists for over forty years. For more information, see Baghramian, M. 1999: 65.

② Philosophically, or according to Heidegger, "Being" with "B" in the capital letter is originated from "on" of "ontology", while "being" with "b" in the small letter designates a thing or a man that exists.

③ See Heidegger, M. 1982a: 5.

thing"①;

—"The word alone gives being to the thing"②;

—"... if the word ... had not (been) spoken: then there would be no sputnik."③ Stated another way, we would hold that, if the word had already (been) spoken, then there would be the thing, e.g., the sputnik.

The nature of language lies in revealing what Being is. This is the reason why WP is as it is.

We are, now, to listen to the illuminating voice of Heidegger who maintained,

> Something ***is*** only where the appropriate and therefore competent word names a thing as being, and so establishes the given being as a being. Does this mean, also, that there is being only where the appropriate word is speaking? The being of anything that ***is*** resides in the word. Therefore, this statement holds true: Language is the house of Being.④(Emphasis added)

In his *Language: The Last Homestead of Human Beings: Philosophical & Pragmatic Probe into the Basic Survival Ways of Man*⑤, Qian Guanlian endeavors to state that it is only language that makes Being revealed, present and opened. However, 'language is the last homestead of human beings' (short as the Theory of the Last Homestead) by Qian is a comprehensive proposition, philosophical and pragmatic, which is to strive for enquiring into the basic survival ways of man and into the relationship between language and human beings. This research is not directed to all the behaviors of man, but to his linguistic behavior and fixed speech events. This philosophical and pragmatic observation aims, eventually, to give an account of the reliance of human beings on language for their survival, further, it aims to give a philosophical rest-place for linguistic behavior.

One of the ways in which human beings both as individuals and a species negotiate their survival, is by their considerable reliance on language and its

① See Heidegger, M. 1982b: 62.

② Ibid.

③ Ibid.

④ Ibid., 63.

⑤ See Qian, G. L. 2005.

use. This reliance of man on language takes three forms, (1) Man lives within language, (2) Man has to live within it, (3) Man has to live within fixed speech events. It is by means of these three basic survival modes that we live as we do, that we are as we BE, and especially *by means of speaking, we make ourselves present or revealed, simultaneously as we make a thing in the world present or revealed. No man may be present where words break off.* This is the main thought of the Theory of the Last Homestead.

Baghramian:

At least since the 1930s philosophy in Europe has been marked by a deep division between what has become known as the analytic and continental traditions. Very few philosophers of language in the English speaking countries working in the tradition set by Frege and Russell will have any interest or knowledge of the writings of Heidegger and his followers. The converse is true of those working in the continental tradition. Although there are some encouraging signs that, here and there, the rift is beginning to close, it still remains true that most Western students embarking on a philosophical study of language are expected to give their academic allegiance to one of the two camps and frame their research projects accordingly. Chinese students who are coming to the subject of philosophy of language from a fresh perspective may be able to bridge this gap more readily.

Qian:

I think that Maria Baghramian, who gives her academic allegiance to "an enduring intellectual satisfaction" of the two, is a rare and commendable exception.

6. What Chinese Learners Should Learn from the PL Nowadays

Qian:

What should Chinese learners learn from the PL nowadays, if embarking on this new path and career?

There are three points which we need to carefully chart.

Firstly, we need to learn the conclusions and doctrines proposed by various key philosophers in their dissertations, primarily because from these conclusions and doctrines we could also logically move back and retrace some trains of thought, approaches or paths that these philosophers may have taken prior to reaching their final conclusions. But we do not imply in any sense that these conclusions are ossified dogmas that we need to keep in our mind as something like ironclad cases or cold-cases so as to measure every problem we have by their yardstick. They would never function as standard answers to any new and fresh questions that we may have on different occasions. Never. This is why the philosophical verdicts obtained by our predecessors have very often been refuted, disproved, criticized, doubted and challenged by subsequent generations of philosophers on more reasonable or plausible grounds, — very often: from time to time, from occasiôn to occasion as well as from generation to generation. Those conclusions, we admit, are important and brilliant, but what is more significant for us, Chinese learners of the PL, is the wisdom, the trains of thought and the methods employed rather than the conclusions as such.

Second, what we should focus on, learning from the PL, is Being, from which we may also learn what ontology is about. The term 'Being' is the crystallization of WP. In order to facilitate such an inquiry it may be helpful to introduce a set of philosophical terms *which may be considered as a crystallization of WP* and which are very commonly used in a vast array of philosophical literatures. They are listed in the order of their use-frequency from high to low, as follows:

— the world

— reality

— object

— entity

— thing

— being (to be) / the Being

— existence (to exist)

Third, through the PL, we could discover and find

— the wisdom (cf. Wittgenstein's dictum, "Philosophy is a battle against the bewitchment of our intelligence by means of language"[1]) that philosophers have shown in their writings; [By wisdom, we mean a (penetrating) intelligence, (clear or the most surpassing) intellect, sagacity, good sense, the sensible, cleverness, wit, witty sayings or applications, brilliance, talent and capacity, fine taste, intellectual capacity, to name only a few];

— the methods that philosophers have used in their writings;

— the sharp eye-sights they have possessed, when engaging in philosophical work.

We should also note that it is more important to gain a general philosophical understanding from philosophy in both West and East than to merely remember philosophical facts. Two inspiring instances to illustrate this point are: Russell argues that "[Aquinas] was even more remarkable for systematizing than for originality. Even if every one of his doctrines were mistaken, the *Summa contra Gentiles*[2] would remain an imposing intellectual edifice."[3] Matthew says, "We must find a middle way between Plato and Aristotle. Plato's ideas are 'utterly erroneous'; they establish wisdom, but not knowledge. On the other hand, Aristotle is also wrong; he establishes knowledge, but not wisdom."[4] By the two examples Russell means that he would tacitly prefer wisdom to knowledge. So would we.

In addition to wisdom, wise methods and sharp eye-sight, we also may be able to draw from the PL the following:

— trains of thought that key analytic philosophers have followed, when making new philosophical discoveries;

— new ideas, horizons and insights they have had;

— inspiration that we might draw from their works;

— their method of refuting the views of other philosophers and their arguments, upon which some new arguments of their own are based;

— skills and paths they have taken to perfect their representations and

① See Wittgenstein, L. 1999: § 109, p.47^e.

② Its Chinese version is *Yi Jiaotu Boyi Jiyao*(《异教徒驳议辑要》).

③ See Russell, B. 1972: 461.

④ Ibid, 466.

descriptions of an object, a concept, and a category they have chosen to illuminate;

— a set of logically necessary and sufficient conditions, or alternatively the guidelines, they have wisely established for solving or resolving specific philosophical problems or disputes.

The above are useful insofar as they may help one to discover or create new concepts and categories of one's own. Note that *whether or not one can create any new concepts and any new categories is indicative of one's ability of striking originality. And, this is the final destination of a researcher, if one claims sincerely to be a researcher!*

It is instructive to note how to avoid the phenomenon known as "*Jianglang Cai jin*" (The scholar named as Jianglang has exhausted his talents) and how to strive for never-exhausted wisdom. Traditionally, it would take more or less ten years to have fostered an expert on one subject or discipline. But it would never take the same length of time to bring up an expert *full of good ideas*. Never. In China, there has been more than one tragic case of a scholar, who, having written his articles or books for all his born days, if not his cradle-to-grave days, turns out to have had very little brain.

In addition to the above-mentioned points, my hope in teaching the PL to the Chinese students is to draw their attention to

— the topics discussed in the PL, from which the students are encouraged to comb out some new direction of their own;

— abstract ideas and entities, from which the students are stimulated to develop their ability to completely use language and its resources. (For if a "scholar" is not interested in abstract ideas or entities, he or she would be unable to entertain abstract concepts by means of language and would hence waste half of the resources of language);

— the theories, without which we would have no foundation to establish any school or genre in any field of enquiry;

— creativity and innovation, without which we, as a nation or individuals, could never find our place to settle down and get on with our pursuit in the world.

7. The Conclusion: Wisdom Is Evergreen

Baghramian:

In a classic collection of articles on philosophy of language, *The Linguistic Turn*, which he edited in 1967, Rorty claimed that "the problems of philosophy are problems of language."① More recently he has announced that philosophers of language, such as the later Wittgenstein, Quine and Davidson, have brought about the death of philosophy as a subject matter with a distinctive method of its own. I believe Rorty in the 1990s is just as mistaken as Rorty in 1960s was. The problems of philosophy are not problems of language, although a correct understanding of language can help us to ask better philosophical questions. *Philosophy, including philosophy of language, is very much alive, and the contributions of critics such as Rorty ensure its continuing vitality. Fortunately for us, philosophy has retained its admirable habit of burying its undertakers.* (Baghramian 1999: xlvii)

Qian:

I daren't say that the inspirations of the analytic revolution, which has shaped a large segment of Western philosophy in the last hundred years, will remain dominant, but I dare say that the wisdom and intelligence brought forth within the PL will remain fresh and inspiring. Wisdom is evergreen.

(原载于《中国外语》2006 年第 4 期,与 Maria Baghramian 合作)

① See Rorty, R. 1992/1967: 371, for a critique of his earlier views of language.

XV.

从西语哲的经典问题到后语言哲学

1. 两种传统的西方语言哲学

1.1 分析传统的语言哲学

本文作者曾在“西语哲在中国：一种可能的发展之路”（钱冠连 2007：3）的开篇中指出：**‘西方语言哲学’指的是 20 世纪初期至 70 年代发生在西方哲学的那一场由语言性转向（the linguistic turn）带来的分析革命（the analytic revolution）及分析哲学的产物。因此，西方语言哲学带上了鲜明的（语言）分析传统。它的初衷是“以语言为手段来重铸哲学的千年老题”**（“the recasting of age-old philosophical questions in linguistic terms”，Baghramian 1999：xxx）。西语哲的手段是：在“哲学句法”（Russell 1972：831）的层面上操作；西语哲的目的是：回答“哲学的千年老题”（指 Being“存在”、the world“世界”）。

1.2 欧洲大陆传统的语言哲学

但是——一个重要的“但是”，我们同时认为，拒斥欧洲大陆语言哲学是害偏食症的一种不明智的行为。欧洲大陆语言哲学，是以胡塞尔（Edmund Husserl）及其现象学（*Phenomenology*）、海德格尔（Heidegger）及其对现象学的转换(Dermont 2000)以及《通向语言之途》(Heidegger 1982a, *On the Way to Language*)、高达玛(Gadamer,另译"伽达默尔")哲学、哈贝玛斯(Habermas)哲学、诠释学(Hermeneutics)的发展等等为代表的哲学,它们对语言以及涉及到语言的高度理性的思考,成了有别于英美分析传统的**欧陆语言哲学**。

因此,我们在相关的例证部分,也吸取了欧洲大陆语言哲学的营养。

2. 分析传统的语言哲学的至少 41 个经典问题

为了转入对后语言哲学的研究,我们有必要对分析传统的语言哲学的有代表性的经典问题作一罗列,以便看清这些作为后语言哲学的营养源头之一的经典问题与后语言哲学的诞生与发展之间的脉络与联系。

1. 同一陈述(Identity statements)

2. 空名问题(Empty names ["Sense and references" by Frege, 1952, 1960])

3. 存在论承诺或本体论承诺(Ontological commitment)

4. 隐晦性或隐晦句(Opacity)

5. 摹状词理论[Theory of Descriptions (Russell 1956)]

6. 语义悖论[The semantic paradoxes (such as the paradox of the liar)(Tarski 1944)]

7. 逻辑实证论(者)与证实原则(logical positivist and principle of verification)

8. 抽象体的存在[The existence of abstract entities (such as proposition, properties, concept, relation, numbers)(Carnap 1950)]

9. 语言游戏理论[language games (played or enacted within a form of life)(Wittgenstein, L. 1953)]

10. 哲学的"假问题"与真问题之分(Demarcating Philosophical

"pseudo-problems" from genuine philosophical questions)

11. 言语行为理论[The theory of speech acts①(Austin 1962)]

12. 奠基在意义理论之上的意图[Grice's intention based on theory of meaning (Grice, H. P. 1957)]

13. 意义的自然理论(物理主义)与规范性[Naturalism (physicalism) vs. normativity in meaning]

14. 信念网络[The web of belief (which has a center and a periphery) (Quine 1953)]

15. 翻译的不确定性[The doctrine of indeterminacy of translation (the linguistic behaviourism) (Quine)]

16. 意义的整体论[Meaning holism(Quine 1953, Davidson)]

17. 原初翻译或解释[Radical interpretation (a modification of Quine's method of "radical translation")]

18. 宽容原则[The principle of charity (sharing a world-view) (Davidson, and Quine, following Wilson) (Davidson 1984b: 200)]

19. 限定摹状词的指称用法与归属性用法[The referential and attributive uses of (definite) description]

20. 模态逻辑[Modal Logic (Saul Kripke 1959: 1-14)]

21. 可能世界[Possible worlds (which are just the ways the world might have been)]

22. 指称的因果关系论(Causal theories of reference)

23. 分析—综合之区分的否认[The analytic-synthetic distinction. (Quine); Necessary truths (therefore, a posteriori) vs. contingent truths (therefore, a priori) (Saul Kripke 1980)]

---

① Maria Baghramian pointed out in *Modern Philosophy* of Language (1999: 109) that "Austin's influence on current analytic philosophy of language is negligible". It seems for me that, in China, the attention to his theory of speech acts is far more than what it should be worth. This problem arises from our obvious ignorance of western philosophy. In addition, Maria B. says that a lot of attention is still paid to Austin in those linguistics circles where the study of pragmatics (as opposed to syntax and semantics) is emphasized. The reason for interest in Austin in China is that Chinese linguists are approaching the PL from a linguist's perspective.

24. 严格指示词[Rigid designators (Kripke)]

25. 哲学的功能主义[Functionism in philosophy (Putnam 1975a)]

26. 意义与真值理论中的实在论与反实在论(Realism vs. anti-realism in theories of meaning and truth.)

27. 语义的外在主义(外在主义的意义理论)[Semantic externalism / externalist theory of meaning (hence Putman's famous Twin Earth experiment)]

28. 内在主义的意义理论[Internalist theories of meaning (Searle on cluster theory)]

29. 语言分工论[The division of linguistic labor (Putnam 1975)]

30. 名字的因果理论[The Causal Theory of Names (Evans 1985)]

31. 名字使用的实践[The name-using practice (Evans 1982)]

32. 量化模态逻辑[Quantified modal logic (*possibly and necessarily* as well as *some and all*) (Marcus 1946, 1947, 1993)]

33. 以语言为中心的信念理论[language-centered theories of belief (Marcus 1993)]

34. 语言习得问题(语言与生俱来理论)[Issues relating to language acquisition (Chomsky), UG as a "theory of our biological endowment"/ some genetic component]

35. 思维语言[The language of thought (Fodor)]

36. 内容的外在主义与反个人论[Content externalism and anti-individualism (Burge 1989)]

37. 彻底自然主义的意义理论[A complete naturalistic theory of meaning/an evolutionary biological perspective to the philosophical study of the human mind and language (Millikan 1984)]

38. 私人语言论证[The Private Language Argument (Wittgenstein)]

39. 话语的语境敏感性(The context sensitivity of utterances)

40. 以语言本身为研究对象的语义学家与兴趣集中在语言使用人的语用学家之间的争论(Debate between semanticists, those who consider language itself as the object of their study and pragmatists, those who focus

their interest on the users of language.)

41. 隐喻及其意义[Metaphors and their meanings (e.g., Davidson)]

西语哲中的"问题",远远不止上述所列。窥知一个问题的提出、形成、修正、争论、再修正、再争论、再形成(这个问题)的过程,就是哲学家和一切学问家释放智慧的过程。我们意不在那个问题,而在过程中释放的智慧。可以说,**一个经典问题,就是一个智慧之源。借问题,学智慧**。这就是我们列举至少 41 个经典问题的缘由与用心之所在。

3. 西语哲的后语言哲学:实践与开拓

2.1 一个教训

这里尤其要注意吕叔湘(1986b)批评过的一个非常不体面的现象:"过去中国没有系统的语法论著,也就没有系统的语法理论,所有理论都是外来的。外国的理论在那儿翻新,咱们也就跟着转。"

"跟着转",一跟三四十年,别人变我们变,别人不变我们不变,就像我们自己的脑袋是"白茫茫一片",在外国理论面前,完全得了"跟着转,不自立"的失语症。每一个学科都这样覆辙重蹈,岂不是一个永恒的悲剧?当下,西方语言哲学开始在外语界引起注意并普及,从一开始就以历史教训为警,从一开始就尝试一条新的路子,一反"跟着转,不自立"之道,采取"虚心学,且自立"这样边引进边创造的路子:开始时读他的书,落脚时做我自己的事。这就是本文的立意。

3.2 对西语哲的后语言哲学的理论要点

后语言哲学的思路大致是,充分挖掘与利用西方语言哲学资源中的营养与智慧,从它的老题目中发掘出新方向,不必回到堆积如山的哲学老题中去纠缠,而去关注如何将语言问题和现实的外部世界、人的行为、社会交际与日常生活息息相关起来(钱冠连 2007)。

不把自己的创造性湮没在对别人的评述与诠释之中,“跟随”原来文本走一段之后,理出有价值的“引子”与‘由头’后旋即离开老题,产生新题目,即“大头”文章还得自己整出来。总的来说,便是我们所谓的“学字当头,生出新题”,即节外生新枝。

后语言哲学的定位:不专注于现代语言学的某一个学科(因为西语哲初衷就不是为了解决语言学问题),而专注于与 Being (存在)、the world (世界)相关的跨语言学科的多个领域。

后语言哲学的总体框架,“节外生新枝”,生出一个一个的“问题”来。

3.3 后语言哲学的两个实例

下面所举两例的共同点有二:

一、作者所列举如下的两个实例,都远离了他原本的研究领域。往往有这样的情形,一个研究者有时不得不远离自己本来的研究领域“侵入”到其他的领地。这种情形下,西方语言哲学中的智慧都会跑出来对他研究的这些新问题给以充分的支持。**这些新的理论问题,越是远离任何一个研究者的本来研究领域,越是能显示西语哲智慧对这些新问题形成的启迪**。这个宣称看起来奇怪得令人惊讶,其实一点也不。如果哲学的眼光不能帮你洞察一切,你何以能解决从现实的外部世界、人的行为、社会交际与日常生活中出现的与语言相关的一切问题?换句话说,哲学眼光就是能帮助一切语言领域里的人智慧地处理一切具体问题。这样,作者想证明的一个观点是:一个人知道一切是绝对不可能的,但是他知道那个照亮一切的一,即哲学,却是大有可能的。

二、后语言哲学要与汉语文化语境里的语言问题相关。这样,这种回声就为现代语言学研究开拓出一个可靠的资源。相信充分注意汉语语境里的问题不会给“后语言哲学”的普遍规律(如果这个工作做得好有某种普遍规律的话)带来任何损害,正如蒯恩在自己的著述中多次指出自己用了英语为语料[如在《词语与对象》(Quine, W. V. O. 1960. *Word and Object* [M])第 80 页中申明以英语为语料可能有偏狭],可是并未妨碍后人将此书看成是近50年来世界最有影响的12本哲学之一，且是名列第二位！

现在业已做出的工作是：

先秦名家“诡辩”命题的纯语言思辨理性（刘利民）；

明达语言维度（王爱华）；

论感觉经验的不可说（梁瑞清）；

法律语言使一个国家真正出场（钱冠连）；

语言哲学修辞论（钱冠连）。

第一例：语言哲学修辞论（钱冠连）

游人指着山上的一块石头，有的说“那块石头像猴子捞月”，有的说“那块石头像乌龟探海”，有人说像别的什么。问题出来了：我们是在欣赏石头，还是在欣赏我们自己的比喻（语言）？如果我们不说出那些比喻，那块石头不可能成为审美对象；如果没有那一块石头，比喻也不是审美对象。我们既是在欣赏石头，更是在欣赏语言——比喻。当我们描述那块石头的属性的时候，当我们选择呈现方式的时候，我们就在高效地使用语言，是比喻使这块石头的形象出场。这便是修辞。

当年西语哲中曾有过著名的“呈现方式”（Frege 1952）、“摹状语”（Russell 1956）和“语言使一物出场”（Heidegger 1982a，1982b）等等的研究。当今，中国的修辞学界正在试图从老的修辞思路中“突围”[①]，这一情况要求我们生出一个全新的方向是：修辞可以看成是一种哲学活动——凡是语言使用过程中，涉及呈现方式、描述属性与使一物出场时，必涉及修辞活动。这是一个猜想。这个猜想的启示是：第一，凡有认知活动并且要说话的时候，都有修辞活动；第二，人类最普遍的生存方式（使用语言）——形而下，居然和形而上的思考（哲学活动）掺和在一起；第三，人的一般行为、语言行为与修辞，是掺和在一起的。我们生活在修辞活动之中。

第二例：法律语言使一个国家真正出场（西方语言哲学系列研究（11），钱冠连）

§1 看到邓朴方那个样子，就想到中国应该有法律程序；想到法律程

---

① 见《宗廷虎修辞论集》，吉林教育出版社，2003，第81－95页。谭学纯、朱玲，《广义修辞学》，安徽教育出版社，2002，第14－24页。

序,就想到法律语言;想到法律语言,就想到法律语言学;想到法律语言学,就想到法律语言学者的责任。

§2 中国到了居然将法律语言学召唤出场的时代,我们就没有理由悲观了。

§3 海德格尔(Heidegger 1982a, 1982b)认为,"语言使一物成为一物……语言使一物出场或现身。"

进一步,我认为,当我们以话语使世上的一物出场或现身的时候,同时也在使自己出场或现身。语言缺失处,无人存在。(钱冠连 2005)

于是,法律语言学使一个民族出场或现身。

§4 没有法律语言,就没有真正意义上的国家出场或现身。一国的武力与经济这些实力,不可能使一个国家真正出场与现身,因为它们可能带来灾难性的或动物性的后果。

§5 法律语言给随时可能乱蹦乱跳的社会按上了紧箍咒。

§6 乱糟糟的事,有各种各样的解决方式:吵架方式、拳脚相加方式、心理调教方式、哲学方式、法律诉求。其中,人生哲学方式是软性的、起永久作用的,但大多数人不能享受到这种方式。经得起推敲的、稳定的方式,却只是法律。法律语言学则是建立起一套如何使法律走上经得起无懈可击的推敲与稳定轨道的体系。

§7 弗洛伊德在《图腾与禁忌》一书中说,禁忌(taboo)就是人类初民时期的法律。一个民族里有禁忌语,是因为在特定的时间与场合人们都会使用它。那么,国家法律就是把违法与犯罪的"事"当成禁忌"语"固定在文本之内。违法与犯罪的事,便成了禁忌之事。

§8 无序说:"我要让社会这驾马车乱蹦乱跳。"

法律反击道:"我要对你念紧箍咒。"

法律语言学对法律说:"我一句一句地、准确地教你如何念好紧箍咒。"

§9 法律说:"人人都可能犯罪。这是我存在的前提。"

法律语言学说:"我所说出的一切都是如何与怎样地高效地扼制犯罪者,使他们估量犯罪成本,从而减少犯罪。"

§10 人生是围绕着如何避免苦难这个中轴而展开,于是宗教出场了,因为它的旗帜是"我渡你走出苦海。"

其实,法律是扼制苦难的根源的方法之一。

§11 法律最终要靠语言建立一个阐述体系。也可以说,法律语言学是有效扼死给人类带来痛苦根源的语言体系之一。

§12 社会和谐的关键词的关键词:公正与法律的严肃。

§13 在日常生活与一般科学研究中,把简单的事说简单,是明白人;把简单的事说复杂,是糊涂人;把复杂的事说得清楚而又简单,是智者;把极其复杂或微妙的事情干脆不说只做,也是智者。但是,对法律语言而言,该滴水不漏地述说却模糊与简约,是放跑违法者或者冤枉好人;该量化的时候不量化,法律不再是准绳,法律不再是好人的救生圈与坏人的脚镣与手铐。

§14 法律是批判人的潜在的兽性从而张扬人的潜在的善性的话语体系。将这个话语体系"写"出来的人,是立法者;将这个话语体系实施兑现的人,是执法者;从语言学的角度研究这个话语体系生成规律的人,是法律语言学家。(The end)

3.4 新标签"后语言哲学"的说明

……在"西语哲在中国:一种可能的发展之路"(钱冠连 2007)中,作者使用了"后-分析的语言哲学"这样一个标签,并定义了它的**三个方面涵义**:

(1) 我们继承与发掘分析哲学中的营养与智慧;

(2) 我们在中国文化、哲学与汉语的语境中虽然不时提起西哲的千年老题("存在"和"世界"),但不是将它的老问题翻出来再炒作一遍,也不落入在老的理论帽子下加上新的汉语语料这个窠臼,而是节外生新枝;

(3) 我们的新枝(新的理论发现)落实在与现代语言研究相关的所有领域内。因此,它虽然是哲学性的,却不是语言学的一门"学科"分支,而是从西语哲种种"问题"中引出来的一切与现代语言研究相关的跨学科的新的理论发现。简言之,它不是一门新学科(因而也就没有一个学科的理论框架),而是以"问题"(某一理论)为中心的新理论发现。

作者发现,这个标签的英文"post-analytic philosophy"(译成汉语便是"后分析哲学")早已被人使用,虽然涵义完全不一样。post-analytic philosophy 的背景大致是:它是 20 世纪 60–70 年代以来的一种哲学倾向。后分析哲学的主要代表人物是 Quine、Davidson、Kuhn、Putnam、Dummett、Kripke 等人。他们对前期分析哲学的困境的解决表现出一系列不同的新特征。放弃逻辑经验主义对综合命题与分析命题的严格区分,既是分析哲学内部逻辑经验主义衰亡的象征,也是后分析哲学开始萌芽的标志。

可以看出,他们的宗旨及做法,与钱冠连(2007)使用的"**后-分析的语言哲学**"的三个方面涵义完全不一样。现在,我们将"后-分析的语言哲学"这个标签,干脆改成"后语言哲学",这个术语与英语里的 post-analytic philosophy 相比,涵义上与字面上都不相同了。

全文结论:所谓西语哲的后语言哲学,是从西方语言哲学资源中汲取营养与智慧,从它的经典题目中发掘出新的理论问题,特别注意将语言和现实的外部世界、人的行为、社会交际与日常生活息息相关起来。

钱冠连学术著述目录

专著

1.《美学语言学:语言美和言语美》,海天出版社,1993(第一版);高等教育出版社,2004(第二版)。

2.《汉语文化语用学》,清华大学出版社,第一版1997;第二版2002.(教委推荐全国研究生教学用书,广东省哲学社科三等奖)。

3.《语言全息论》,商务印书馆, 2002 (第一版),2003(第二版)。

4.《语言:人类最后的家园:人类基本行为的哲学与语用学研究》,商务印书馆,2005,(广东省哲学社科一等奖)。

5.《钱冠连语言学自选集》,外语教学与研究出版社,2008。

[附:《一语多说》,华中理工大学出版社,1988]

论文(语言学与西方语言哲学)

1. 对中学外语教学的几点意见,《湖北民院学报》,1982/1。
2. 两个公式, 两个大量:中学外语教学法的探讨,《湖北民院学报》,1982/2。
3. 培养大学生创新能力的探索,《湖北民院学报》,1983/17。
4. 语言冗余信息的容忍度,《现代外语》,1986/3。
5. 言语假信息——兼论 Grice 合作原则的拯救,《外国语》,1987/5。
6. "不合作"现象,《现代外语》,1989/1。
7. 《语用学概论》简介,《现代外语》,1989/2。
8. 面像身势与话语必须和谐:一条会话合作原则,《外语教学》,1989/2。
9. 语用学在中国的起步与发展,《现代外语》,1990/2。
10. 论维索尔伦的元语用选择,《外国语》,1990/4。
11. 感召唤,《外语学刊》,1990/5。
12. 语用学:语言适应理论——Verschueren 语用学新论评述,《外语教学与研究》,1991/1。
13. 语言符号的局限和语用学,《外语研究》,1991/4。
14. Pragmatics in China, *Pragmatics* (The IPrA), June, 1991.

15. 《理论语言学基础》的两个特色,《现代外语》,1991/3(第一作者)。
16. 言语的生命意识,《现代外语》,1991/4。
17. 从文化共核看翻译等值论,《中国翻译》,1994/4。
18. 一位西方学者评《美学语言学》,《外语教学与研究》,1994/2。
19. 论构建语用推理模式的出发点,《现代外语》,1994/3。
20. The Tolerance of Native Speakers for Pragmatic Failures Committed by Chinese Learners of English in Intercultural Communication, HUST Press, Wuhan, China, July, 1994.
21. 文化共核对翻译的调剂意义,《中国翻译百论》,1994。
22. 新语用机制,新在哪里?《外国语》,1995/1。
23. 语言学家不完备现象,《外语研究》,1995/2。
24. 语言功能不完备原则的启示,《外语学刊》,1995/1。
25. 英汉对比研究的理论目标,《首届英汉对比研讨会论文选》,1995。
26. "阅读时尽量不查词典"辨,《外语界》,1995/2。
27. 粤方言进入普通话,《语文建设》,1995/6。
28. 词语的"化石"功能,《词库建设通讯》,1996/8。
29. 美学语言学说略,《外语与外语教学》,1996/3。
30. 语言理论框架的跨国对比,《第二届英汉对比研讨会论文文选》,1996。
31. 语用学:人文网络言语学,《读书》,1996/11。
32. 翻译的语用观,《现代外语》,1997/1。
33. 语言学的非语言现象,《语言学论文集》,1997。
34. 第五届语用学会:前瞻与后顾,《外语与外语教学》,1998/1。
35. 方言特权不可鼓励,《语文建设》,1998/8。
36. 证实或证伪:语言规定思想论《语言学论文集》,1998。
37. 语言与文化的全息关系,《语言与文化研究》(第一卷),1998。
38. 语言全息律,《外语与外语教学》,1998/8。
39. 从汉语实际出发,语用学会怎么样?《语用·认知·交际》,1998。
40. 认知自返现象,《福建外语》,1999/1。
41. 一个新思路:美学语言学,《外语研究》,1999/2。
42. 对比语言学者的一个历史任务,《外语研究》,1999/3。
43. 语用学的哲学渊源——西方语言哲学研究之三,《外语与外语教学》,1999/6。
44. 哲学轨道上的语言研究(上)——西方语言哲学研究之一,《外国语》,1999/6。
45. 哲学轨道上的语言研究(下)——西方语言哲学研究之一,《解放军外国语学院学报》,2000/1。

46. 外语研究创新略论,《外语与外语教学》,2000/1。
47. Pragmatics 九年首文研究,《现代外语》,2000/3。
48. 语用学统一理论框架: J. Verschueren 的 *Understanding Pragmatics* 述评,《外语教学与研究》2000/ 3。
49. 为非功利语言理论辩护——兼论语言理论三分类,《外语与外语教学》,2000/10。
50. 语用学基本原理与选题建议,《外语教学新视角丛书》,2001。
51. 外语学者对母语的建树:厦门会议主题报告,《厦门会议论文选》,2001。
52. 语言的递归性及其根源,《外国语》,2001/3。
53. 语言的离散性,《外语研究》,2001/1。
54. 不当交际工具使用的语言——西方语言哲学研究之二,《外语与外语教学》,2001/2。
55. 中西哲学的不同语言走向,——西方语言哲学研究之四,《解放军外国语学院学报》,2001/6。
56. 外语研究四难与学者个人素质,《福建外语》,2001/4。
57. 语用学:中国的位置在哪里?《外语学刊》2001/4。
58. 西方语言哲学三个问题的梳理——西方语言哲学研究之五,《现代外语》,2001/3。
59. 有理据的范畴化——语言理论研究中的原创性,《外语与外语研究》,2001/10。
60. 认知模块的选择与淘汰——"荒谬"句法的语用解释,《暨南大学华文学院学报》,2001/4。
61. 学派与学派意识——西方语言哲学研究之六,《语言文化教育研究》,2002/2。
62. 何谓语言全息论?《外语研究》,2002/2。
63. 证伪论与语言研究——西方语言哲学研究之七,《现代外语》,2002/2。
64. 语用学的大格局《外国语言文学》,2003/1。
65. 从科学走向语言哲学,《语言学:中国与世界同步》,2003。
66. 论工具性语言的扩展式——西方语言哲学研究之八,《语言科学》,2003/3。
67. 语言哲学翻译论——兼论工具性语言扩展式,《中国翻译》,2003/5。
68. 还是要整合性考试——谈纯分析性考试为何是失误,《外语教学与研究》,2003/5。
69. 语言哲学修辞论:一个猜想——西方语言哲学系列研究之十,《福建师范大学学报》,2003/6。
70. 让语用学走向民间,《当代语用学:理论与分析》,2003。
71. 证伪法的改造与语言研究——西方语言哲学研究之九,《外语学刊》,2004/4。
72. 纠错的一次观念性大转变——"写长法"发现了什么,《以写促学:英语"写长法"的理念与操作》,2004。
73. 外语研究的新阶段的标志,《中国外语》,2004/1。
74. 以学派意识看汉语研究,《汉语学报》,2004/2。

75. 外语研究的新阶段的标志(续),《中国外语》,2005/5。
76. 言语学猜想,《外语学刊》,2006/2。
77. 西语哲在中国:一种可能的发展之路(1千字摘要),《中国外语》,2006/1。
78. Introducing Philosophy of Language to Chinese Learners: A Dialogue,《中国外语》,2006/4(第一作者)。
79. 西语哲在中国:一种可能的发展之路(全文),《外语学刊》,2007/1。
80. 以学派意识看外语研究,《中国外语》,2007/1。
81. 西语哲在外语界的传播与未来的发展,《外语学刊》,2008/2。
82. 学科设置与研究对象的整合与细分,《中国外语》,2008/5。
83. 研究型读书法,《中国外语》,2008/6。
84. (西)语言哲学是语言研究的营养钵,《外语学刊》,2009/4。
85. (西)语言哲学如何被语言研究利用,《解放军外语学报》,2009/3。
86. 方法决定结果,《中国外语》,2010/1。
87. 中国修辞学路向何方,《中国社会科学报》,2010/8。
88. 人自称、人被称与物被称《外语学刊》,2010/2。
89. 思在崑仑山下:眼光与定力,《当代外语研究》,2011/10。
90. 论"反合"及其语迹,《当代外语研究》,2013/1。
91. 论语言哲学的基本元素—《西方语言哲学经典原著系列》总序,2012/10。
92. 模糊指称:无穷递增和无穷递减的跨界状,《外语教学与研究》,待发。

译著

J. Verschueren,《语用学诠释》钱冠连、霍永寿(译),清华大学出版社,2003。

散文集

《摘取我够得着的葡萄》,广东人民出版社,2007。
《眼光与定力》,复旦大学出版社,2012。

本书参考文献

Atlas, J. D. & Levinson, S. 1981. *It*-clefts, informativeness and logical form [A]. In P. Cole (ed.). *Radical Pragmatics* [C]. New York: Academic Press.

Austin, J. L. 1962. *How to do things with words* [M]. Oxford: Clarendon Press.

Austin, J. L. 1970. Performative utterances [A]. In J. O. Urmson and G. J. Warnock (eds.). *Philosophical Papers* (2nd edition) [M]. Oxford: Oxford University Press.

Austin, J. L. 1970/1950. "Intelligent behaviour": a critical review of Gilbert Ryle's "The concept of mind" [A]. In O. P. Wood & G. Pitcher (eds.), *Ryle* [C]. London: Macmillan and Company Ltd.

Ayer, A. J. 1963. Can there be a private language? [J]. *Proceedings of the Aristotelian Society*, Supplementary (28).

Baghramian, M. 1999. *Modern Philosophy of Language* [C]. Washington, D. C.: Counterpoint.

Barthes, R. 1984. *Elements of Semiology* [M]. New York: Hill and Wang.

Bernstein B. 1971. A sociolinguistic approach to social learning. In *Class*, *Codes and Control.* Vol. 1: *Theoretical Studies towards a Sociology of Language*. B. Bernstein (ed.). London: Routledge and Kegan Paul.

Bertalanffy, L. 1955. *General System Theory: Main Currents in Modern Thought* [M]. New York: George Publishing Company.

Bertalanffy, L. 1962. General System Theory — A Critical Review [J]. *General Systems* (7).

Bertalanffy, L. 1973. *General System Theory: Foundation, Development, Applications* [M]. New York: George Publishing Company.

Birdwhistell, R. L. 1970. *Kinesics and Context: Essays on Body Motion Communication* [M]. Philadelphia: Pennsylvania University Press.

Blackburn, S. 1994. *Oxford Dictionary of Philosophy* [Z]. London: Oxford University Press.

Bloomfield, L. 1926. A set of postulates for the science of language [J]. *Language* (2).

Boas, F. 1911. *The Introduction to Handbook of American Indian Languages*. Washington:

Government Printing Office.

Brandom, R. B. 2008, *Between Saying and Doing: Towards an Analytic Pragmatism* [M]. New York: Oxford University Press.

Bromberger, S. & Halle, M. 1991. Why phonology different [A]. In A. Kasher (ed.). *The Chomskyan Turn* [C]. Massachusetts: Basil Blackwell.

Bryan, M . 1988. 南砚(译),《开放社会之父》[M].长沙:湖南人民出版社.

Bunnin, N. and Yu, J. Y.. (eds,) (2001) *Dictionary of Western Philosophy: English-Chinese* [D]. Beijing: People's Publishing House.

Burge, T. 1989. Wherein is language social? [A]. In Alexander George (ed.). *Reflections on Chomsky* [C]. Oxford: Blackwell.

Burge, T. 1992. The philosophy of language and mind: 1995 – 1990 [J]. *Philosophical Review* (101).

Burt, M. K. 1971. *From Deep to Surface Structure: An Introduction to Transformational Syntax* [M]. New York: Harper & Row.

Canfield, J. & Hansen, M. V. 1996, *A 3rd Serving of Chicken Soup for the Soul.* USA: Health Communications, Inc.

Carnap, R. 1932. Ueberwindung der Metaphysik durch logische Analyse der Sprache [J]. *Erkenntnis* 2 (4).

Carnap, R. 1937. *The Logical Syntax of Language* [M]. New York: Harcourt Brace Jovanovich.

Carnap, R. 1947. *Meaning and Necessity* [M]. Chicago: University of Chicago Press.

Carnap, R. 1956. Empiricism, semantics, and ontology [A]. In *Meaning and Necessity* [M]. Chicago: University of Chicago Press. First appeared in *Review Internationale de Philosophie*, 1950 (4).

Chomsky, N. 1957. *Syntactic structures* [M]. The Hague: Mounton & Co..

Chomsky, N. 1959. A Review of B. F. Skinner's Verbal Behavior [J]. *Language* (35).

Chomsky, N. 1965. *Aspects of the Theory of Syntax* [M]. Masssachusetts: The MIT Press.

Chomsky, N. 1972. Form and meaning in natural languages [A]. In M. Baghramian (ed.), 1999, *Modern Philosophy of Language* [C]. Washington D. C.: Counterpoint.

Chomsky, N. 1975. *Reflections on Language* [M]. New York: Pantheon Books.

Chomsky, N. 1986a. Language and problems of knowledge [A], a slightly revised version of a paper delivered at a conference in Madrid, April 28.

Chomsky, N. 1986b. *Knowledge of Language* [M]. New York: Praeger Publishers.

Church, A. 1951. Intensional semantics [J], originally published under the title "The Need for Abstract Entities". *The American Academy of Arts and Sciences Proceedings* (80).

Cook, J. 1965. Wittgenstein on privacy [J]. *Philosophical Review* (74).

Coulson, S. 1995. Cognitive science [A]. In Jef Verschueren, Jan-Ola Östman, Jan Blommaert and Chris Bulcaen (comps.). *Handbook of Pragmatics* [C]. Amsterdam: John Benjamins Publishing Company.

Cua, A. S. 2000. Emergence of the history of Chinese philosophy [J]. *International Philosophical Quarterly* (4).

Davidson, D. 1967. On saying that [J]. *Syntheses* (19).

Davidson, D. 1978. What metaphors mean [A]. In Sheldon Sacks (ed.), *On Metaphor* [C]. Chicago: University of Chicago Press.

Davidson, D. 1984a. Belief and the basis of meaning [A]. In *Inquiries into Truth and Interpretation* [C]. Oxford: Clarendon Press. First appeared in *Synthese*, 1974 (24) .

Davidson, D. 1984b. *Truth and Interpretation* [M]. Oxford: Oxford University Press.

Davidson, D. 1984c. *Inquiries into Truth and Interpretation* [C]. Oxford: Clarendon Press.

Dermot, M. 2000. *Introduction to Phenomenology* [M]. London and New York: Routledge.

Donnellan, K. 1966. Reference and definite descriptions [J]. *Philosophical Review* (75).

Dummitt, M. 1973. *Frege: Philosophy of Language*. London: Gerald Duckworth & Co. Lod.

Dummitt, M. 1975. What is a theory of meaning? (part 1) [A]. In S. Guttenplan (ed.). *Mind and Language* [C]: 97–138. London: Oxford University Press.

Dummitt, M. 1976. What is a theory of meaning? (part 2) [A]. In G. Evans & J. McDowell (eds.). *Truth and Meaning* [C]: 67–137. London: Oxford University Press.

Dummett, M. 1981. *Frege: Philosophy of Language*. 2nd ed., London: Gerald Duckworth & Co. Ltd.

Dummett, M. 1991. The logical basis of metaphysics [A]. In Duckworth B. C. van Fraassen (ed.). *The Scientific Image* [C]. Oxford: Clarendon Press.

Dummett, M. 1993. What do I know when I know a language? [A]. In *The Seas of Language* [M]. Oxford: Clarendon Press. First published as a paper presented at the Centenary Celebrations, Stockholm University, May 1976.

Du, S-H. 2010, A Linguistic Analysis and Conceptual Investigation of Jia-zhuang — Towards the Post Philosophy of Language in China [J]. *Foreign Language Research* (2).

Elson B. and Pickett V. B. 1965. *Introduction to Morphology and Syntax* (with *Laboratory Manual* 1968) (4th edition) [M]. Santa Ana, California: Summer Institute of Linguistics.

Evans, G. 1973. The causal theory of names [J]. *Aristotelian Society*, Supplementary

(47).

Evans, G. 1985. *Collected Papers* [C]. Oxford: Clarendon Press.

Fan, M. S. 2005. The ode to swan by Wang Taiqing [J]. *Reading* (2).

Feng, Y-L. 1952. *A History of Chinese Philosophy*. Princeton: Princeton University Press.

Feng, Y-L. 1992. *A History of Chinese Contemporary Philosophy*. Hong Kong: China Book House.

Feng, Y-L. 1996. *A Concise History of Chinese Philosophy* (2nd ed.). Beijing: Beijing University Press.

Firth, J. R. 1950. Personality and language in society [J]. *The Sociological Review* (42). Reprinted in *Papers in Linguistics* 1934-1951. Oxford: Oxford University Press, 1957.

Fishman, J. A. 1968. *Readings in the Sociology of Language* [M]. The Hague: Mouton.

Fodor, J. A. 1975. *The Language of Though.* [M]. Cambridge: Harvard University Press.

Fodor, J. A. 1983. *The Modularity of Mind* [M]. Massachusetts: MIT Press.

Fowler, R. 1971. *An Introduction to Transformational Syntax* [M]. London: Routledge.

Frege, G. 1952. On sense and reference [A]. In P. Geach and M. Black (eds.). *The Philosophical Writings of Gottlob Frege* [C]. Trans. Max Black. Oxford: Blackwell.

Frege, G. 1980. On sense and nominatum [A]. In P. Geach & M. Black (eds.). *The Philosophical Writings of Gottlob Frege* [C]. Trans. Max Black. Oxford: Basil Blackwell.

Fries, C. C. 1952. *The Structure of English: An Introduction to the Construction of English Sentences* [M]. New York: Harcourt.

Fromkin, V. (ed.). *Phonetic Linguistics, Essays in Honor of Pete Ladefoged* [C]. New York: Academic Press Inc.

Gadamer, H. G. 1986. *Wahrheit und Methode* [M]. Tubingen: Mohr.

Gazdar, G. 1979. *Pragmatics: Implicature, Presupposition and Logical Form* [M]. New York: Academic Press.

Geach, P. 1968. *Reference and Generality* [M]. Ithaca: Cornell University Press.

Geeraerts, D. 1995. Cognitive grammar [A]. In J. Verschueren, Jan-Ola Östman, Jan Blommaert and Chris Bulcaen (comps.). *Handbook of Pragmatics* [C]. Amsterdam: John Benjamins Publishing Company.

Grice, H. P. 1957. Meaning [J]. *Philosophical Review* (66).

Grice, H. P. 1975. Logic and conversation [A]. In P. Cole &J. Morgan (eds.). *Syntax and Semantics* vol. 3: *Speech Acts* [C]. New York: Academic Press.

Grice, H. P. 1989. Meaning [A]. In *Studies in the Way of Words* [M]. Cambridge, MA: Harvard University Press. First appeared in *Philosophical Review*, 1957 (66).

Gumperz, J. J. 1972. Sociolinguistics and communication in small groups [A]. In J. B. Pride & J. Holmes (eds.). *Sociolinguistics: Selected Readings* [C]. London: Penguin.

Habermas, J. 1970. Toward a theory of communicative competence [A]. In H. P. Dreitzel (ed.). *Recent Sociology: Patterns of Communicative Behavior* [C]. New York: Macmillan and Company Ltd.

Habermas, J. 1987. *The Theory of Communication Action*. vol. 1: *Reason and the Rationalization of Society* [M]. Boston: Beacon Press.

Habermas, J. 1998. *On the Pragmatics of Communication* [M]. Massachusetts: MIT Press.

Hale, B. & Wright, C. 1997. *A Companion to the Philosophy of Language* [M]. Massachusetts: Blackwell.

Halle, M. 1985. Speculations about the representation of words in memory [A]. In V. A. Fromkin (ed.). *Phonetic Linguistics, Essays in Honor of Pete Ladefoged* [C]. New York: Academic Press Inc.

Halliday, M. A. K. and Hasan, R. 1985. *Language, Context, and Text: Aspects of Language in a Social-Semiotic Perspective* [M]. Australia: Deakin University Press.

Hartmann, R. R. K. & Stork, F. C. 1972. *Dictionary of Language and Linguistics* [D]. London: Applied Science Publishers.

Hawking, S. W. 1988. *A Brief History of Time: From the Big Bang to Black Holes* [M]. United States and Canada: Bantan Books.

Hegel, G. W. F. 1999. *The Science of Logic* (1812-16). In *The Logic of Hegel*, translated by William W. The English Edition by Oxford University Press, Beijing: China Social Sciences Publishing House, Chengcheng Books Ltd.

Heidegger, M. 1978. *Brief ueber Humanismus* [M]. Wegmarken, Frankfurt: Klostermann.

Heidegger, M. 1982a. A dialogue on language [A]. In *On the Way to Language* [M]. New York: Harper & Row Publishers Inc.

Heidegger, M. 1982b. The nature of language [A]. In *On the Way to Language* [M]. New York: Harper & Row Publishers Inc.

Heidegger, M. 1982c. The way to language [A]. In *On the Way to Language* [M]. New York: Harper & Row, Publishers Inc. Originally published by Verlag Gunther Neske, Pfullingen, under the title *Unterwegs zur Sprache*, copyright 1959 by Verlag Gunther Neske.

Heidegger, M. 1983. Language [A]. In *Poetry, Language, Thought* [M]. Albert Hofstadter, (trans.). New York: Harper & Row.

Heidegger, M. 1993. *Basic Writings: From Being and Time* (1927) *to the Task of Thinking* (1964). D. F. Krell (ed.). London: Routledge.

Heidegger, M. 1999/1962. *Being And Time*, translated by John Macquarie & Edward Robinson, Beijing: China Social Sciences Publishing House, Chengcheng Books, Ltd. Reprinted from the English Edition by SCM Press Ltd.

Hempel, C. G. 1950. Problems and changes in the empiricist criterion of meaning [J]. *Revue Internationale de Philosophie* (11).

Hempel, C. G. 1951. The concept of cognitive significance: a reconsideration [J]. *Proceedings of the American Academy of Arts and Sciences* (80).

Horn, L. R. 1984. Toward a new taxonomy for pragmatic inference: Q-based and R-based implicature [A]. In D. Schiffrin (ed.). *Meaning, Form, and Use in Context: Linguistic Applications* [C]. Washington: Georgetown University Press.

Horn, L. R. 1989. *A Natural History of Negation* [M]. Chicago: University of Chicago Press.

Huang, Y. 1991. A neo-Gricean pragmatic theory of anaphora [J]. *Linguistics* (27).

Hudson, K. A. 1980. *Sociolinguistics* [M]. Oxford: Cambridge University Press.

Hylton, P. 1990. *Russell, Idealism and the Emergence of Analytic Philosophy* [M]. Oxford: Clarendon Press.

Hymes, D. 1964. Introduction: towards ethnographies of communication [J]. *American Anthropologist* (66).

Hymes, D. 1980. Foreword to *Communication Rules: Theory and Research* [A]. In Susan B. Shimanoff. *Communication Rules: Theory and Research* [M]. London: Sage Publications.

Jacobs, R. A. and Rosenbaum, P. S. 1968. *English Transformational Grammar* [M]. Waltham, Massachusetts: Blaisdell.

Jiang, T. 1984, *On the Contemporary Western Scientific Philosophy* [M]. Beijing: Chinese Social Sciences Press.

Jiang, Y. 1999. Studies of Analytic Philosophy in China, co-authored with Tongdong Bai, in *Chinese Social Sciences.* 1999. Vol.6. *Synthesis*, 175 (1), 2010.

Jiang, Y. 2008. *Thoughts as Mirror-images* [M]. Hefei: Anghui People's Press.

Jespersen, O. 1949. *Modern English Grammar* [M]. Vol. 3. London: George Allen & Unwin.

Johnson, M. 1987. *The Body in the Mind: The Bodily Basis of Meaning, Imagination, and Reason* [M]. Chicago: University of Chicago Press.

Karlgren, B. 1915. *Étude sur la?Phonologie Chinoise* [M]. Stockholm: Leiden.《中国音韵学研究》,赵元任、罗常培、李方桂(合译).上海:商务印书馆,民国三十七年出版.

Kasher, A. 1995. Philosophy of language [A]. In Jef Verschueren, Jan-Ola Ostman and Jan

Blommaert (eds.). *Handbook of Pragmatics* [C]. Amsterdam/Philadelphia: John Benjamin Publishing Company.

Katz, J. 1990. *The Metaphysics of Meaning* [M]. Cambridge, Mass.: MIT Press.

Kripke, S. 1959. A Completeness Theorem in Modal Logic [J]. *Journal of Symbolic Logic* (24).

Kripke, S. 1972. Naming and necessity [A]. In D. Davidson & G. Harman (eds.). *Semantics of Natural Language* (2nd edition) [C]. Dordrecht: Reidel.

Kripke, S. 1977. Speaker's reference and semantic reference [A]. In by Peter A French, Theodore E Uehling Jr, Howard K Wettstein (eds). *Contemporary Perspectives in the Philosophy of Language* [C]. Minneapolis: University of Minnesota Press.

Kripke, S. 1980. *Naming and Necessity* [M]. Oxford: Blackwell.

Kripke, S. 1982. *On Rules and Private Language* [M]. Cambridge: Harvard University Press.

Lakoff, G. 1987. *Women, Fire, and Dangerous Things* [M]. Chicago: University of Chicago Press.

Lakoff, G. & Johnson, M. 1980. *Metaphors We Live by* [M]. Chicago: University of Chicago Press.

Lakoff, G. & Turner, M. 1989. *More than Cool Reason* [M]. Chicago: University of Chicago Press.

Langacker, R.1987. *Foundations of Cognitive Grammar* [M]. Vol. 1. Chicago: Stanford University Press.

Langacker, R. 1990. *Concept, Image, and Symbol* [M]. Berlin: Mouton de Gruyter.

Langacker, R. 1991. *Foundations of Cognitive Grammar* [M]. Vol. 2. Chicago: Stanford University Press.

Langacker, R. 1995. Cognitive science [A]. In *Handbook of Pragmatics* [C]. Jef Verschueren, Jan-Ola Ostman & Jan Blommaert (eds). Amsterdan: John Benjamins Publishing Company.

Langton, C. G. 1989. Artificial life [A]. In C. G. Langton (ed.). *Artificial Life* [C]. London: Addison-Wesley.

Lao Tzu(老子),1998. *Tao Te Ching* 道德经,北京:外语教学与研究出版社.根据 Lao Tzu, 1997 *Tao Te Ching*, translated by Arthur Waley, Hertfordshire: Wordsworth Editions Limited Cumberland House. (The Editorial Committee for the Study of Chinese Ancient Civilization (CSCAC). 2010, *Laozi and Zhuangzi* 老子·庄子, Changchun: Jilin Publishing Group, Ltd.)

Lycan,W. G. 2008,*Philosophy of Language: A Contemporary Introduction* [M] (2nd ed).

New York: Routledge.

Leech, G. N. 1983. *Principles of Pragmatics* [M]. London: Longman Group Ltd.

Levinson, S. 1983. *Pragmatics* [M]. Cambridge: Cambridge University Press.

Levinson, S. 1987a. Minimization and conversational inference [A]. In Jef Verschueren & Marcella Bertuccelli-Papi (eds.). *The Pragmatic Perspective* [C]. Amsterdam: John Benjamins Publishing Company.

Levinson, S. 1987b. Pragmatics and the grammar of anaphora: a partial pragmatic reduction of binding and control phenomena [J]. *Linguistics* (23).

Levinson, S. 1991. Pragmatic reduction of the binding conditions revisited [J]. *Linguistics* (27).

Lewis, D. K. 1983. *Philosophical Papers* (2 vols) [M]. Oxford: Oxford University Press.

Lewis, D. K. 1986. *On the Plurality of Words* [M]. Oxford: Blackwell.

Liu, L-M. 2007, *Raising Questions in and of Language: A Study on Rationalistic Philosophy of Language of Pre-Qin School of Names* [M], Chengdu: Sichuan University Press.

Liu, R-Q, Magee, S. R., Zhao Tong & Yan Xiaotian. 1988. *Readings in Linguistics: Seventy-five Years since Saussure* [M]. Vol. 1. 北京:测绘出版社.

Magee, S. R. 1988.《现代语言学名著选读》[Z].北京:测绘出版社.

Malinowski, B. 1923. The problem of meaning in primitive languages [A]. In C. K. Ogden & I. A. Richards (eds.). *The Meaning of Meaning* [C]. New York: Harcourt, Brace & World, Inc.

Malinowski, B. 1935. *Coral Gardens and Their Magic* [M]. London: Allan & Urwin, 1978, Vol. 2.

Marcus, R. B. 1946. A Functional Calculus of First Order Based on Strict Implication [J]. *Journal of Symbolic Logic* (11).

Marcus, R. B. 1947. The Identity of Individuals in a Strict Functional Calculus of Second Order [J]. *Journal of Symbolic Logic* (12).

Marcus, R. B. 1990. Some Revisionary Proposals about Belief and Believing [A]. in *Modalities: Philosophical Essays* [C]. New York: Oxford University Press, 1993. First appeared in Philosophy and Phenomenological Research.

Marcus, R. B. 1993. *Modalities: Philosophical Essays* [C]. New York: Oxford University Press.

Martinich, A. P. 1990. Introduction [A]. In *The Philosophy of Language* [C] (2nd edition). New York/Oxford: Oxford University Press.

Martinich, A. P. 2001. *The Philosophy of Language*[C] (4th edition) [M]. New York:

Oxford University Press.

Martinich, A. P. & D. Sosa. 2001. *A Companion to Analytic Philosophy* [M]. Malden, Massachusetts: Blackwell.

Millikan, R. G. 1984. Epilogue to *Language, Thought, and Other Biological Categories* [M]. Cambridge, MA: MIT Press.

Montague, R. 1974. *Formal Philosophy* [M]. New Haven: Yale University Press.

Morris, C. 1938. *Foundations of the Theory of Signs* [M]. Chicago: University of Chicago Press.

Moore. G. E. 1966. *Lectures on Philosophy* [M]. London: Allen & Unwin.

Mou, B. 2003. *Comparative Approaches to Chinese Philosophy* [M]. Burlington, VT: Ashgate.

Nan, H. 1992. *What Did Laozi Say?* Beijing: Economic Daily Press.

Newton-Smith, W. H. 2001. Karl Popper [A]. In A. P. Martinich and D. Sosa (eds.). *A Companion to Analytic Philosophy* [M]. Oxford: Blackwell Publishers Ltd.

Nida, E. A. 1966. *A Synopsis of English Syntax* [M] (2nd edition). The Hague: Mouton.

Nuyts, J. 1992. *Aspects of Cognitive-pragmatic Theory of Language* [M]. Amsterdam/Philadelphia: John Benjamins Publishing Company.

Nuyts, J. 1993. Cognitive linguistics [J]. *Journal of Pragmatics* (20).

Pike, K. L. 1959. Language as particle, wave and field [J]. *The Texas Quarterly* (2). Reprinted in *Pike: Selected Readings* [C]. R. M. Brend (ed.). Mouton 1972.

Pitt, W. 1989. *America Unconquerable* [C]《名人演说一百篇》.北京:中国对外翻译出版公司.

Popper, K. R. 1959. *The Logic of Scientific Discovery* [M]. London: Hutchinson.

Putnam, H. 1975. *Mind, Language and Reality* [M]. Cambridge: Cambridge University Press.

Qian, G-L 2003. *The Theory of Language Holography* [M]. Beijing: The Commercial Press.

Qian, G-L. 2005. *Language: The Last Homestead of Human Beings — Philosophical & Pragmatic Probe into the Basic Survival Ways of Man* [M]. Beijing: The Commercial Press.

Qian, G-L. 2010. The calling-oneself-one, the referred-one and reference of things [A]. In *The Forum on the Philosophy of Language*[C], Vol. 1, Beijing: High Education Press.

Qian, Z-S. 1994. *Guan Zhui Bian* [M]. Beijing: China Book House.

Quine, W. V. O. 1953a. *From a Logical Point of View* [M]. Massachusetts: Harvard University Press.

Quine, W. V. O. 1953b. Two dogmas of empiricism [A]. In *From a Logical Point of View* [M]. Massachusetts: Harvard University Press.

Quine, W. V. O. 1956. Quantifiers and propositional attitudes [J]. *The Journal of Philosophy* (53).

Quine, W. V. O. 1960. *Word and Object* [M]. Massachusetts: MIT Press.

Quirk, R. et al. (eds.). 1972. *A Grammar of Contemporary English* [C]. London: Longman Group Ltd.

Reibel, D. A. and Schane S. A (eds.). 1969. *Modern Studies in English, Readings in Transformational Grammar* [C]. Engle-wood Cliffs, New Jersey: Prentice-Hall.

Robins, R. H. 1982. *A Short History of Linguistics* [M] (2nd ed.). London & New York: Longman Group Ltd..

Rorty, R. (ed.). 1967. *The Linguistic Turn: Recent Essays in Philosophical Method* [C]. Chicago: Chicago University Press.

Rorty, R. 1992. *The Linguistic Turn*. Chicago: University of Chicago Press.

Russell, B. 1903. *The Principles of Mathematics* [M]. Cambridge: Cambridge University Press.

Russell, B. 1905. On denoting [J]. *Mind* (14).

Russell, B. 1919. Descriptions [A]. In *Introduction to Mathematical Philosophy* [M]. London: George Allen and Unwin Ltd.

Russell, B. 1940. *An Inquiry into Meaning and Truth*, London: Jorge Allen and Unwin.

Russell, B. 1955. *A History of Western Philosophy and Its Connection with Political and Social Circumstances from the Earliest Times to the Present Day* [M]. London: George Allen and Unwin Ltd.

Russell, B. 1956a. The philosophy of logical atomism [A]. In *Logic and Knowledge: Essays* [M]. London: Allen & Unwin.

Russell, B. 1956b. Descriptions and incomplete symbols [A]. In *Logic and Knowledge: Essays*, 1905-1950 [M]. London: Allen & Unwin.

Russell, B. 1972. *A History of Western Philosophy* [M]. New York: Simon and Schuster.

Russell, B. & Whitehead, A. N. 1913. *Principia Mathematica* [M]. Cambridge: Cambridge University Press.

Sapir, E. 1929. The status of linguistics as a science [J]. *Language* (5).

Saussure, F. de. 1974. *Cours de linguistique generale*。*Course in General Linguistics* [M]. 1916. C. Bally and A. Sechehaye (eds). Revised English Edition. London: Collins.

Saussure, F. de. 1983. *Course in General Linguistics* [M]. Trans. Roy Harris. London: Gerald Duckworth & Co. Ltd.

Sbisa, M. 1995. Analytical philosophy [A]. In Jef Verschueren, Jan-Ola Ostman, Jan Blommaert (eds.). *Handbook of Pragmatics* [C]. Amsterdam/Philadelphia: John Benjamins Publishing Company.

Searle, J. R. 1958. Proper names [J]. *Mind* (67).

Searle, J. R. 1969. *Speech Acts: An Essay in the Philosophy of Language* [M]. Cambridge: Cambridge University Press.

Searle, J. R. 1979. Metaphor [A]. In A. Ortony (ed.). *Metaphor and Thought* [M]. Cambridge: Cambridge University Press.

Searle, J. R. 1992. Conversation [A]. In John Searle, H. Parret et. al. (eds.). (*On*) *Searle on Conversation* [C]. Amsterdam: John Benjamins Publishing Company.

Soames, S. 2005. *Philosophical Analysis in the Twentieth Century* [M] (2nd ed.). Princeton, New Jersy: Princeton University Press.

Sperber, D. & D. Wilson. 1986. *Relevance: Foundations of Pragmatic Theory* [M]. Cambridge: Harvard University Press.

Stockes, D. E. 1997. *Barsder Quadrant: Fundamental Science and Innovation of Technology* [M]. America: Brookings Institution.

Strawson, P. F. 1956. On referring [A]. In A. Flew (ed.). *Essays in Conceptual Analysis* [C]. London: Macmillan and Company Ltd.

Strawson, P. F. 1970. *Meaning and Truth* [M]. Oxford: Oxford University Press.

Talmy, L. 1978. Figure and ground in complex sentences [A]. In J.H. Greenberg (ed.). *Universals of Human Language* [C]. Vol. 4. Chicago: Stanford University Press.

Talmy, L. 1983. How language structure space [A]. In H. Pick & L. Acredolo (eds.). *Spatial Orientation* [C]. Netherlands: Plenum Publishers.

Talmy, L. 1985. Lexicalization patterns [A]. In T. Shopen (ed.). *Language Typology and Syntactic Description* [C], vol. 3. Cambridge: Cambridge University Press.

Talmy, L. 1988a. Force dynamics in language and cognition [J]. *Cognitive Science* (12).

Talmy, L. 1988b. The relation of grammar to cognition [A]. In B. Rudzka-Ostyn (ed.). *Topics in Cognitive Linguistics* [C]. Amsterdam: John Benjamins Publishing Company.

Tanesini, A. 2007. *Philosophy of Language A-Z* [M]. Edinburgh: Edinburgh University Press.

Taylor, J. R. 1989. *Linguistic Categorization: Prototypes in Linguistic Theory* [M]. Oxford: Clarendon Press.

Tarski, A. 1944. The semantic conception of truth and the foundations of semantics [J]. *Philosophy and Phenomenological Research* (4).

Tarski, A. 1999. The semantic conception of truth and the foundations of semantics [A]. In

M. Baghramian (ed.). *Modern Philosophy of Language* [M]. Washington, D. C.: Counterpoint.

Thilly, F. 1914/1962. *A History of Philosophy* [M]. New York: Henry Holt and Co.

Thomas, J. 1983. Cross cultural pragmatic failure [J]. *Applied Linguistics* (4).

Tsohatzidis, S. L. (ed.). 1990. *Meanings and Prototypes: Studies in Linguistic Categorization* [C]. London & New York: Routledge.

Urmson, J. O. 1992. The History of Analysis [A]. In Rorty R. (ed.). 1967/1992. *The Linguistic Turn: Recent Essays in Philosophical Method* [C]. Chicago: Chicago University Press.

Vemuri, V. 1978. *Modeling of Complex Systems: An Introduction* [M]. New York: Academic Press.

Vendler, Z. 1972. *On Saying Something* [M]. Res Cogitans, IT: Cornell University Press.

Verschueren, J. 1985. *International News Reporting: Metapragmatic Metaphors and the U-2* [M]. Amsterdam: John Benjamins Publishing Company.

Verschueren, J. 1987. *Pragmatics as a Theory of Linguistic Adaptation* [A]. *IPrA Working Document* [C] 1. Antwerp: International Pragmatics Association.

Verschueren, J. 1989. *Pragmatics, Metapragmatics and Intercultural Communication* [M]. Antwerp: IPrA.

Verschueren, J. 1999. *Understanding Pragmatics* [M]. London: Arnold.

Wang, Y. 2010. Subject-Object-Subject Multiple-Interactive Understanding Model (SOS): Theoretical Construction and Corpus Support [A]. In *The Forum on the Philosophy of Language* [C]. Vol. 1. Beijing: High Education Press.

Wang, Y. 2011. PAPL in China and Embodied Humanism: The 9th Paper on New Growth of Linguistics. *Foreign Language Research* (2).

Wittgenstein, L. 1958. *Philosophical Investigations* [M]. Trans. G. E. M. Anscombe. Oxford: Blackwell.

Wittgenstein, L. 1974. *Tractatus Logico-Philosophicus* [M]. London: Routledge & Kegan Paul.

Wittgenstein, L. 1980. *Culture and Value* [M]. Oxford: Blackwell.

Wittgenstein, L. 1975. *Philosophical Remarks* [M]. New York: Harper & Row Publishers, Inc.

Wittgenstein, L. 1986. *Philosophical Investigations* [M].Oxford: Basil Blackwell.

Wittgenstein, L. 1998. *Remarks on Colour* [M]. Oxford: Blackwell.

Wittgenstein, L. 1999. *Philosophical Investigations* [M]. Trans. G. E. M. Anscombe. Beijing: China Social Sciences Publishing House.

Whorf, B. L. 1956. J. B. Carroll (ed.). *Thought and Reality: Selected Writings of B.L. Whorf* [C]. Chicago: MIT Press.

Zhang, D. 1989. *On the Category of Concepts in Philosophy of Ancient China*, Beijing: Chinese Social Sciences Press.

Zhao, P. 2011. Zhao Puchu's Calligraphy [A], *Guangzhou Stop-press News* (B11). 27 Nov.

Ленин, В.И. 1947. *Философские тетради* [M]. стр. 143.

北京大学中国传统文化研究中心,1998,《北京大学百年国学文粹·语言文献卷》,北京:北京大学出版社。

布鲁诺·雅(著),1992,张莹(译),2000,《科学哲学》[M],北京:北京大学出版社。

陈　融,1985,格赖斯的会话含义学说 [J],《外国语》(3)。

陈　原,1980,《语言与社会生活-社会语言学札记》[M],北京:三联书店。

陈　忠,1984,信息到底是什么? [J],《哲学研究》(11)。

陈　平,1991,《现代语言学研究》[M],重庆:重庆出版社。

陈嘉映,2003,《语言哲学》[M],北京:北京大学出版社。

陈松岑,1985,《社会语言学导论》[M],北京:北京大学出版社。

程琪龙,1994,《系统功能语法导论》[M],汕头:汕头大学出版社。

程雨民,1983,格赖斯的"会话含义"与有关的讨论 [J],《国外语言学》(1)。

程雨民,1993,语用分析如何介入语言理解 [J],《现代外语》(4)。

程志民、江怡,2003,《当代西方哲学新词典》[D],吉林:吉林人民出版社。

杜金榜,1994,真理、意义与意义环境 [J],《现代外语》(2)。

冯世则,1997,托福,还是托祸? [J],《读书》(9)。

冯世则,1999,译者难觅,原因安在? [J],《读书》(10)。

冯友兰,1992,《中国现代哲学史》[M],香港中华书局 1992 年版。

冯友兰,1996,《中国哲学简史》[M],北京:北京大学出版社,1996 年第二版。

冯友兰(著),1948,涂有光(译),1996,《中国哲学简史》[M](第二版),北京:北京大学出版社。

冯友兰,1998,《中国哲学的精神——冯友兰文选》[M],北京:国际文化出版公司。

弗雷格(著),1950,王路(译),1998,《算术基础》[M],北京:商务印书馆。

高明凯,1963,《语言论》[M],北京:科学出版社。

桂诗春,1988,《应用语言学和中国英语教学》[M],济南:山东教育出版社。

郭贵春,2001,哈贝马斯的规范语用学 [J],《哲学研究》(5)。

海德格尔(著),孙周兴(译),1999,《在通向语言的途中》,北京:商务印书馆。

韩宝育,1987,语言符号的局限性 [J],《陕西师大学报》(4)。

胡明扬(主编),1988,《西方语言学名著选读》[C],北京:中国人民大学出版社。

胡　适,1997,《中国哲学史大纲》[M],上海:上海古籍出版社。
胡文仲、高一虹,1997,《外语教学与文化》[M],长沙:湖南教育出版社。
黄伯荣、廖序东,1988,《现代汉语》[M],兰州:甘肃人民出版社。
黄弗同(主编),1988,《理论语言学基础》[M],武汉:华中师范大学出版社。
霍永寿,2012,从述谓观中西语言哲学的研究路径[J],《外语学刊》,2012 年第 1 期。
霍永寿,2013,辞或命题:中西语言哲学基本范畴对比研究[J],《外国语文》,2013 年第 2 期。
季羡林,1998,对于当前学风的一些看法 [J],《新华文摘》(3)。
江　怡(主编),1998/2004,《走向新世纪的西方哲学》[M],北京:中国社会科学出版社。
江　怡,1996,《维特根斯坦:一种后哲学的文化》[M],北京:社会科学文献出版社。
江　怡,2000,两套话语 一种传统 [J],《读书》(6)。
江　怡,2009,《分析哲学教程》[M],北京: 北京大学出版社。
金克木,1997,《文化猎疑》[M],上海:三联书店。
克罗齐(著),朱光潜(译),1958,《美学原理:作为表现的科学和一般语言学的美学》[M],北京:作家出版社。
莱肯(著),陈波、冯艳(译),2010,《当代语言哲学导论》[M],北京:中国人民大学出版社。
老子与庄子,2010,《老子 · 庄子》[M],《国学典藏书系》丛书编委会,长春:吉林出版集团有限责任公司。
李　准,1981,教农民致富的人 [J],《新观察》(6)。
李洪儒,2001,从逻辑、哲学角度看句义理论的发展 [J],《外语学刊》(1)。
李洪儒,2003,施为语句的结构——形态特征及其解读 [J],《中国俄语教学》(4)。
李鸿儒,2011,《欧洲大陆哲学:历时与共时交叉点上的节点凸现》[M], 北京:外语教学与研究出版社。
李叔同,2006,《李叔同解经》[M],西安:陕西师范大学出版社。
李锡胤,1994,讨论《美学语言学》的一封信 [J],《现代外语》(1)。
李锡胤,1998,事格与句义 [J],《外语与外语教学》(7)。
李锡胤,2000, 转向:在别人还没注意时,先看出问题 [J],《外语与外语教学》(1)。
梁瑞清,2008a,语言地图说[J],《外语学刊》(3)。
梁瑞清,2008b, 在哲学语言学的路上[J],《钱冠连语言学自选集:理论与方法》[C],北京:外语教学与研究出版社。
梁瑞清,2012,《咖啡的芳香:语言、经验与意义》[M],西安:世界图书出版公司,
梁瑞清,2013,语言的指引性浅谈——以早期 Wittgenstein 和禅宗为例[J],《外语学刊》(3)。
廖秋忠,1983,语义学和语用学的探索介绍 [J],《国外语言学》(4)。

林　楠,1998,科学主义与后现代主义之外［J］,《读书》(11)。
凌　宇,1988,生命之火长明:记沈从文［J］,《人物》(4)。
刘利民, 2007,在语言中盘旋——先秦名家“诡辩”命题的纯语言思辨理性研究［M］, 成都:四川大学出版社。【《中国哲学年鉴 2008》推介书籍】
刘利民,2007,惠施“历物十事”的语言哲学新探［J］,《四川大学学报》(哲社版)(2): 77-83。【《新华文摘》2007 年第 12 期“篇目辑览”收录】
刘利民,2009,先秦‘辩者二十一事’的语言哲学解读［J］,《哲学研究》(9)。【《人大报刊复印资料》2010 年第 1 期全文转载】
刘宓庆,2001,《翻译与语言哲学》［M］,北京:中国对外翻译出版公司。
刘润清,1995,许国璋教授与英语教育［J］,《外语教学与研究》(1)。
刘润清,1997,《西方语言学流派》［M］,北京:外语教学与研究出版社。
刘润清,2003,谈外语实证研究［J］,《外语教学与研究》(6)。
刘铁芳,2001,我们怎样思考与说话［J］,《读书》(7)。
刘小明,1985,运动队里的老郎中［J］,《人物》(1)。
龙协涛,1984,《艺苑趣谈录》［C］,北京:北京大学出版社。
陆谷孙,1999,关于英语教学的三点杂感［J］,《外语与外语教学》(7)。
陆俭明,1991,80 年代汉语语法研究理论上的建树［J］,《世界汉语教学》(4)。
路式成、魏杰,1992,外国语言研究论文索引(1949-1989)［B］,上海:上海外语教育出版社。
路式成、魏杰,1996,外国语言研究论文索引(1990-1994)［B］,上海:上海外语教育出版社。
吕叔湘,1942,中国文法要略上卷初版例言［A］《吕叔湘文集》［C］(第一卷)。北京:商务印书馆。
吕叔湘,1980,《语文常谈》［M］,北京:三联书店。
吕叔湘,1986a,《中国语法学史稿》序［A］,载龚千炎(著),《中国语法学史稿》［M］,北京:语文出版社。
吕叔湘,1986b,给《修辞学习》创刊号的提词［J］,《修辞学习》(1)。
吕叔湘,1990,致第二届现代语言学现代汉语语法研讨会贺信［J］,《汉语学习》(4)。
吕叔湘,1999,《吕叔湘文集》(第二卷)［C］,北京:商务印书馆。
罗厚立,2000,业余“学术警察”心态与学术表述［J］,《读书》(7)。
罗兰·巴特(著),董学文、王葵(译),1987,《符号学美学》［M］,沈阳:辽宁人民出版社。
牟　博、杨音莱(编),1998,《语言哲学》［M］,北京:商务印书馆。
木　西,1991,人人酒楼为人人［J］,《人民日报(海外版)》(10 月 22 日)。
南怀瑾(讲述),蔡策(编)1992,老子他说［M］,经济日报出版社。
尼.布宁、余纪元(编著),2001,《西方哲学英汉对照辞典》［M］, 北京:人民出版社。

潘德荣,2002,经典与诠释 [J],《中国社会科学》(1)。

潘文国,2000,汉语研究:世纪之交的思考 [J],《语言研究》(1)。

普列汉诺夫(著),1983,《普列汉诺夫美学论文集》(中译本,第一册)[C]。北京:人民出版社。

启　功,1997,《汉语现象论丛》[M],北京:中华书局。

契科巴瓦(著),周嘉桂、高明凯 (译),1953,《语言学概论》[M],北京:高等教育出版社。

钱冠连,1986,语言冗余信息的容忍度[J],《现代外语》(3)。

钱冠连,1987,言语功能假信息 [J],《外国语》(5)。

钱冠连,1989a,“不合作”现象 [J],《现代外语》(1)。

钱冠连,1989b,面像身势必须与话语一致 [J],《外语教学》(1)。

钱冠连,1990,语用学在中国:起步与展望[J],《现代外语》(2)。

钱冠连,1991,语言符号的局限性和语用学 [J],《外语研究》(4)。

钱冠连,1993,《美学语言学》[M],深圳:海天出版社。

钱冠连,1994,论构建语用推理模式的出发点——兼评新格赖斯理论的两个推理模式 [J],《现代外语》(3)。

钱冠连,1995a,语言功能不完备原则的启示 [J],《外语学刊》(1)。

钱冠连,1995b,语言学家不完备现象 [J],《外语研究》(5)。

钱冠连,1995c,新格赖斯语用机制新在哪里? [J],《外国语》(1)。

钱冠连,1997/2002,《汉语文化语用学》[M],北京:清华大学出版社。

钱冠连,1998,语言全息律(纲要)[J],《外语与外语教学》(8)。亦可参见《高等学校文科学报文摘》,1998(6)。

钱冠连,1999a,对比语言学者的一个历史任务 [J],《外语研究》(3)。

钱冠连,1999b,哲学轨道上的语言研究(上)[J],《外国语》(6)。

钱冠连,1999c,语用学的哲学渊源 [J],《外语与外语教学》(6)。

钱冠连,2000a,哲学轨道上的语言研究(下)[J],《解放军外国语学院学报》(1)。

钱冠连,2000b,*Pragmatics* 九年首文研究 [J],《现代外语》(3)。

钱冠连,2000c,为非功利的语言理论辩护——兼论语言理论的三分类 [J],《外语与外语教学》(10)。

钱冠连,2001,语用学:中国的位置在哪里 [J],《外语学刊》(4)。

钱冠连,2002a,学派与学派意识——西方语言哲学研究之六[J],《语言文化教育研究》(2)。

钱冠连,2002b,证伪论与语言研究——西方语言哲学研究之七 [J],《现代外语》(2)。

钱冠连,2003a,论工具性语言的扩展式——西方语言哲学研究之八 [J],《语言科学》(13)。

钱冠连,2003b,语言哲学修辞论:一个猜想——西方语言哲学系列研究之十 [J],《福建师范大学学报》(16)。
钱冠连,2003c,语言哲学翻译论——兼论工具性语言扩展式 [J],《中国翻译》(15)。
钱冠连,2003d,《语言全息论》[M],北京:商务印书馆。
钱冠连,2005,《语言:人类最后的家园——人类基本行为的哲学与语用学研究》[M],北京:商务印书馆。
钱冠连,2007,西语哲在中国:一种可能的发展之路 [J],《外语学刊》(1)。此前曾以同名见之于《首都外语论坛》,中央编译出版社,2006 年第 1 辑。
钱冠连,2008,《钱冠连语言学自选集 理论与方法》[M],北京:外语教学与研究出版社。
钱冠连,2014,从西方经典的分析性语言哲学到中国的后语言哲学[J],"语言与价值"北京国际学术研讨会论文集. In Jiang Yi and E. Lepore (eds.) *Language and Value. ProtoSociology* (31).
钱学森、于景元、戴汝为,1990,一个科学新领域 [J],《自然杂志》(1)。
钱钟书,1994,管锥编[M],北京:中华书局。
钱钟书,1990,《钱钟书论学文选》[C] (卷 3)、(卷 4)、(卷 5)、(卷 6)。广州:花城出版社。
钱钟书,2001,《管锥编》[M],北京:生活·读书·新知三联书店。
权延赤,1989,走下神坛的毛泽东:卫士长答作家问 [J],《十月》(3)。
沈家煊,1988,讯递和认知的相关性 [J],《外语教学与研究》(3)。
沈家煊,1996,我国的语用学研究 [J],《外语教学与研究》(1)。
沈家煊,1999,做研究和写文章 [J],《外语与外语教学》(8)。
斯特劳森(著),1959,江怡(译),2004,《个体》[M],北京:中国人民大学出版社。
宋 玮,1991,茅盾最后的望 [J],《中国文化报》(3)。
隋 然,2002,语言学研究的分析哲学方法论 [A],载张后尘(主编),来自《首届中国外语教授沙龙的报告》[C],北京:商务印书馆。
隋 然,2003,译学研究的研究与分析哲学的分析 [J],《外国语》(1)。
索绪尔(著),高名凯(译),1982,《普通语言学教程》[M],北京:商务印书馆。
谭学纯、朱玲,2002,《广义修辞学》[M],合肥:安徽教育出版社。
田 洺,1999,宗教、迷信和科学 [J],《读书》(12)。
涂纪亮,1987,《分析哲学及其在美国的发展》[M],北京:中国社会科学出版社。
涂纪亮(编著),1988,《语言哲学名著选辑》[M],北京:三联出版社。
涂纪亮(主编),1996a,《现代西方语言哲学比较研究》[M],北京:中国社会科学出版社。
涂纪亮,1996b,《英美语言哲学概论》[M],北京:人民出版社。
汪丁丁,1997,讲故事的逻辑 [J],《读书》(10)。
王 路,1999,《走进分析哲学》[M],北京:三联书店。
王 蒙,1997,嘉言与警句 [J],《读书》(7)。

王爱华,2014,对厚语词的符号学解释[J],"语言与价值"北京国际学术研讨会论文集。In Jiang Yi and E. Lepore (eds.) *Language and Value. ProtoSociology* (31).
王爱华,2006,论明达语言性及明达语言维度观[J],《外语学刊》(3)。
王存臻、严春友,1985,宇宙全息论[J],《自然信息》(2)。
王存臻、严春友,1995,《宇宙全息统一论》[M],济南:山东人民出版社。
王世德,1986,《美学词典》[D],北京:知识出版社。
王世德,1987,《审美学》[M],济南:山东文艺出版社。
王　寅,2008 语言学新增长点思考之二:语言与哲学的交织对我们的启发——古希腊哲学家论语言,《中国外语》(1)。
王宗炎,1988,《英汉应用语言学词典》[D],长沙:湖南教育出版社。
王宗炎,1990,中国首届语用学研讨会侧记 [J],《外语教学与研究》(1)。
维特根斯坦(著),1921,郭英(译),1992,《逻辑哲学论》[M],北京:商务印书馆。
维特根斯坦(著),1958,李步楼(译),1996,《哲学研究》[M],北京:商务印书馆。
温科学,2004,《20 世纪西方修辞学理论研究》[M],北京:中国社会科学出版社。
文　旭,1999,中国语用学二十年 [J],《解放军外国语学院学报》(4)。
无　通,1993,我在牛津做游戏 [J],《读书》(4)。
吴晓明,1985,旋风 [J],《报告文学》(1)。
伍铁平,1983,世界上哪种语言最美?[J],《世界》(5)。
小　龙,1985,盛行欧美的接受美学 [N],《文汇报》(2 月 4 日)。
邢福义,1987,《语法问题探讨集》[M],武汉:湖北教育出版社。
邢福义,1997,《汉语语法学》[M],北京:东北师大出版社。
邢福义,2000,汉语语法研究的展望 [A],载吕叔湘等(著),马庆株(编),《语法研究入门》[C],北京:商务印书馆。
熊学亮,1996,单向语境推导 [J],《现代外语》(2)。
徐纪敏,1987,《科学美学思想史》[M],长沙:湖南人民出版社。
徐家桢,1986,浅论"前提"及影响前提的因素 [J],《思维与智慧》(1)。
徐盛桓,1984,语言的冗余性 [J],《现代外语》(2)。
徐盛桓,1991,语言系统和语言变异 [J],《现代外语》(1)。
徐盛桓,1993a,新格赖斯会话含意理论和语用推理 [J],《外国语》(1)。
徐盛桓,1993b,会话含意理论的新发展 [J],《现代外语》(2)。
徐盛桓,1993c,论"一般含意"[J],《外语教学》(3)。
徐盛桓,1993d,格赖斯的"准则"同列文森的"原则"[J],《外语和外语教学》(5)。
徐盛桓,1993e,论"常规关系"[J],《外国语》(6)。
徐盛桓,1994,上指预测的语用因素 [J],《现代外语》(1)。
徐友渔,1994,《哥白尼式的革命》[M],上海:三联书店。

徐友渔、周国平、陈嘉映、尚杰,1996,《语言与哲学》[M],北京:三联书店。
许国璋,1999,《许国璋论语言》[M],北京:外语教学与研究出版社。
许嘉璐等,1996,《中国语言学现状与展望》[M],北京:外语教学与研究出版社。
雅格洛姆 A. M.,雅格洛姆 N. M.,1964,《概率与信息》[M],上海:上海科学技术出版社。
杨伯峻,1958,《论语译注》[M],北京:古籍出版社。
杨成凯,1994,语用学理论基础研究 [A],载中国社会科学院语言研究所"汉语运用的语用原则"课题组编著,《语用研究论集》[C],北京:北京语言学院出版社。
叶蜚声,1982,雷柯夫、菲尔摩教授谈美国语言学问题[J],《当代语言学》(2)、(3)。
叶圣陶,1985,《语言论文集》[C],北京:商务印书馆。
叶秀山,1998,世间为何会"有""无"? [J],《中国社会科学》(3)。
叶秀山,2002,《中西智慧的贯通——叶秀山中国哲学文化论集》[C],南京:江苏人民出版社。
易健德,1987,《美学知识问答》[M],长沙:湖南大学出版社。
尹斌庸,1984,多余度与文字优劣 [J],《文字改革》(1)。
余　飞(编译),1989,唱片飞宇宙,天外觅知音 [N],《人民日报》(12 月 17 日)。
余　力,1991,语用学的几个问题 [J],《现代外语》(2)。
张　今,1998,思想模块假说(摘要)[J],《外语与外语教学》(2)。
张春隆,1985,语用学——一门新兴的学科分支[J],《外语学刊》(4)。
张绍杰,1995,会话隐含理论的新发展[J],《外语教学与研究》(1)。
张颖清,1980,生物全息律 [J],《潜科学》(2)。
张颖清,1985,生物全息学说和全息生物学 [J],《潜科学》(5)。
张志公,1991,《张志公文集(1)汉语语法》[M],广州:广东教育出版社。
张志林,1995,分析哲学的产生与发展 [J],《法灯》(香港)。
张志林,1998,《因果观念与休谟问题》[M],长沙:湖南教育出版社。
张志林,2002,21 世纪的哲学担当——与梁燕城对话 [J],《文化中国》(加拿大)(3)。
张志林、张华夏,2005,《技术解释研究》[M],北京:科学出版社。
赵南元,1994,《认知科学与广义进化论》[M],北京:清华大学出版社。
赵世开(主编),1990,《国外语言学概述》[C],北京:北京语言学院出版社。
赵元任,1934,The Non-uniqueness of Phonemic Solutions of Phonetic Systems,《历史语言研究所集刊》[C]第四本第四分册,1957。后被 Martin Joos 的 Readings in Linguistics 全文收录。
赵元任,1985,《赵元任语言学论文选》[C],叶蜚声 (译),伍铁平 (校),北京:中国社会科学出版社。
赵朴初,2011,书法 赵朴初[N],广州《新快报》,(B11) 2011 年 11 月 27 日。

仲伟纲、李宏印,1999,走近诺贝尔奖 [J],《自然辩证法研究》(5)。
周策纵,2000,给《语文建设通讯》题辞 [J],《语文建设通讯》(1)。
周国光,1988,身动学述略 [J],《语言学通讯》(2)。
周雪光,2001,方法·思想·社会科学研究 [J],《读书》(7)。
朱光潜,1988,《朱光潜全集》(4 卷) [C],合肥:安徽教育出版社。
宗廷虎,2003,《宗廷虎修辞论集》[M],吉林:吉林教育出版社。

参考的杂志

PRAGMATICS, Quarterly Publication of the International Pragmatics Association (IPrA), Antwerp, Belgium. 1989–1999.
《国外语言学》,1995–1999 各期。
《外语教学与研究》,1995–1999 各期。
《外国语》,1995–1999 各期。
《现代外语》,1995–1999 各期。
《外语与外语教学》,1995–1999 各期。

附录:王寅后语言哲学著述一览表

1. 中西语义理论的对比与翻译理论的建设,《中国翻译》,2000(3)。
2. 语言符号象似性研究简史,《山东外语教学》,2000(3)。
3. 认知语言学与两代认知科学,《外语学刊》,2002(1)。
4. 认知语言学的哲学基础:体验哲学,《外语教学与研究》,2002(2)
5. Lakoff 和 Johnson 的体验哲学,《当代语言学》,2002(2)。
6. 语义外在论与语义内在论——认知语言学与 TG 语法在内在论上的分歧,《外国语》,2002(5)。
7. 中西语义理论对比研究,《外语与外语教学》,2002(5)。
8. 象似说与任意说的哲学基础与辩证关系,《解放军外国语学院学报》,2002(2)。
9. 认知语义学,《四川外国语学院学报》2002(2)。
   中国人民大学书报资料中心全文转载《语言文字学》2002(7)。
10. 体验哲学与认知语言学对句法成因的解释,《外语学刊》,2003(1)。
    中国人民大学书报资料中心全文转载《语言文字学》,2003(4)。
11. 象似性原则的语用分析《现代外语》 2003(1)。
12. 中西隐喻对比及隐喻工作机制分析《解放军外国语学院学报》2003(2)。
13. 象似性辩证说优于任意性支配说《外语与外语教学》 2003(5)。
14. 原型范畴理论与英汉构词对比《四川外语学院学报》2003(3)。
15. 体验哲学:一种新的哲学理论,《哲学动态》,2003(7)。

16. 体验哲学和认知语言学对词汇和词法成因的解释,《外语学刊》,2004(1)。
17. 中西学者对体验哲学的论述对比初探,《外语与外语教学》,2004(10)。
18. 语言的体验性——从体验哲学和认知语言学看语言体验观,《外语教学与研究》,2005(1),人大书报资料中心《语言文字学》2005(5)全文转载。
19. 二山之石,必可攻玉——认知语言学中的ICM理论在语义分析中的应用,《中国外语》,2005(2)。
20. 再论语言体验性,《山东外语教学》,2005(2)。
21. 语篇连贯的认知世界分析方法——体验哲学和认知语言学对语篇连贯的解释,《外语学刊》,2005(4)。
22. 语义理论与翻译研究——认知语言学对翻译的解释力,《外语与外语教学》,2005(11)。
23. 体验哲学与认知语言学对语言成因的解释力,《国外社会科学》,2005(6)。
24. 《易经》与认知语言学:语言体验观比较——四论语言的体验性,《外语教学与研究》,2006(3),《高等学校文科学术文摘》,2006(4)。
25. 对"名实"与"能指所指"对应说的思考,《外语与外语教学》,2006(6)。
26. 荀子论语言的体验认知辩证观——语言哲学再思考:语言的体验性之五,《外语学刊》,2006(5)。
27. 论语言的体验性——基于体验哲学和认知语言学提出的语言新性质,《中国外语》,2006(5)。
28. 隐喻认知理论的新发展——语言的体验性之六:从神经学角度论证隐喻和语言的体验性,《解放军外国语学院学报》,2006(5)。
29. 解读语言形成的认知过程——七论语言的体验性:基于体验的认知过程,《四川外语学院学报》,2006(6)。
30. "创新"是语言学研究的真正增长点,《外语学刊》,2007(1)。
31. 语言世界观多元论——九论语言的体验性,《重庆大学学报》(社会科版)2007(1),《高等学校文科学术文摘》,2007(2)部分转载。
32. 语言学研究新增长点思考之二:语言与哲学的交织对我们的启发——古希腊哲学家论语言,《中国外语》,2008(1)。
33. 语言学研究新增长点思考之三:既超越又不超越的回归——兼谈体验哲学的超越性和语言研究的新增长点,《外语学刊》,2008(1)。
34. 认知语言学的"体验性概念化"对翻译中主客观性的解释力——一项基于古诗《枫桥夜泊》40篇英语译文的研究,《外语教学与研究》,2008(3)。
35. 后语言哲学探索——语言哲学、后语言哲学与体验哲学,《外语学刊》,2008(4)。
36. 认知语言学的意义新观:体验性概念化——十三论语言体验性,《解放军外国语学院学报》,2008(4)。

37. 本土化的合璧式创新——以语言体验性和隐喻认知观为例,《中国外语》,2008(6)。
38. 国外神经科学最新发现对语言体验性的论证——十六论语言的体验性:模拟论语义学,《外语教学》,2009(3)。
39. 从后现代哲学的人本观看语言象似性——语言学研究新增长点思考之六:象似性的哲学基础与教学应用,《外语学刊》,2009(6)。
40. 主客主多重互动理解,《哲学动态》,2009(10)。
41. 语言体验观及其对英语教学的指导意义——十八论语言体验性,《中国外语》,2009(6)。
42. 基于认知语言学的认知修辞学——从认知语言学与修辞学的兼容、互补看认知修辞学的可行性,《当代修辞学》,2010(1)。
43. 方法五论:新世纪外语界可循之道——中国后语哲得益于方法论思考(语言学研究新增长点思考之八),《中国外语》,2010(2)。
44. 体验哲学溯源,《外国语文》,2010(6)(第11届重庆市期刊好作品三等奖)。
45. 体验人本观视野下的认知符号学《外语研究》2011(3)。
46. 意义的二元观、涵义观和体认观——基于体验哲学的"一物多名"新解,《解放军外国语学院学报》,2011(5)。
47. 后现代哲学视野下的当代隐喻研究,《山东外语》,2011(4)。
48. 后现代哲学视野下的语言研究和新观,《英语研究》,2012(1)。
49. 哲学的第四转向:后现代主义,《外国语文》,2012(2)。
50. 后现代哲学的哲学与超越——特征与评价,《当代外语研究》,2012(5)。
51. 中国后语哲与体验人本观(语言学新增长点思考之十一),《外语学刊》,2012(4)。
52. 后现代哲学视野下的语言学前沿——体验人本观与认知语言学,《外国语》,2012(6)。
53. 指称论新观:命名转喻论——从摹状论、因果论到转喻论,《外语教学》,2012(6)。
54. 认知语言学和历史语言学的最新发展——历史认知语言学,《外语教学与研究》,2012(6)。
55. 新世纪语言学研究当与哲学紧密结合——基于后现代人本观的认知语言学,《外国语文》,2012(5)。
56. 新认知语用学——语言的认知-社会研究取向,《外语与外语教学》,2013(1)。
57. 索绪尔语言学哥白尼革命意义之所在(一),《外国语文》,2013(1)。
58. 体验哲学和认知语言学为语言哲学之延续——二十九论语言的体认性,《中国外语》,2013(1)。
59. 范畴三论:经典范畴、原型范畴、图式范畴——论认知语言学对后现代哲学的贡献,《外文研究》,2013(1)。
60. 索绪尔语言学哥白尼革命意义之所在(二),《外语教学》,2013(4)。

61. 后现代哲学视野中的认知语言学——哲学第四转向后的语言学新论(上),《外语学刊》,2013(5)。
62. 维特根斯坦“前期、后期、后现代”哲学之我思(上)。
63. 维特根斯坦“前期、后期、后现代”哲学之我思(下),《语言哲学研究》第二辑,2013,高等教育出版社。

王寅有关语言哲学的主要著作

1.《简明语义学辞典》,1993,济南:山东人民出版社。
2.《论语言符号象似性——对索绪尔任意说的挑战与补充》,1999,北京:新华出版社。
3.《语义理论与语言教学》,2002,上海:上海外语教育出版社。
4.《中西语义理论对比研究初探——基于体验哲学和认知语言学的思考》,2007,北京:高等教育出版社。
5.《语义理论与语言教学(第二版)》,2013,上海:上海外语教育出版社。
6.《语言哲学研究——21 世纪中国后语言哲学沉思录》,2013,北京:北京大学出版社。